Medicina Espiritual
A medicina do amor

© 2017 – Maria Eduarda Vidal

Medicina Espiritual
a medicina do amor
Maria Eduarda Vidal

Todos os direitos desta edição reservados à
CONHECIMENTO EDITORIAL LTDA.
Rua Prof. Paulo Chaves, 276 - Vila Teixeira Marques
CEP 13480-970 – Limeira – SP
Fone/Fax: 19 3451-5440
www.edconhecimento.com.br
vendas@edconhecimento.com.br

Nos termos da lei que resguarda os direitos autorais, é proibida a reprodução total ou parcial, de qualquer forma ou por qualquer meio — eletrônico ou mecânico, inclusive por processos xerográficos, de fotocópia e de gravação — sem permissão por escrito do editor.

Revisão: Tuca Faria
Projeto gráfico: Sérgio Carvalho
Ilustração da capa: Banco de imagens

ISBN 978-85-7618-402-7
1ª Edição – 2017

• Impresso no Brasil • Presita en Brazilo

Produzido no departamento gráfico da
CONHECIMENTO EDITORIAL LTDA
conhecimento@edconhecimento.com.br

Dados Internacionais de Catalogação na Publicação (CIP)
Angélica Ilacqua CRB-8/7057

Vidal, Maria Eduarda
 Medicina espiritual: a medicina do amor/ Maria Eduarda Vidal ; por orientação espiritual de Luigi Galvani — Limeira, SP : Editora do Conhecimento, 2017.
 254 p.

 Bibliografia
 ISBN 978-85-7618-402-7

 1. Cura pela fé 2. Cura pela fé e espiritismo 3. Amor 4. Energia vital 5. Perispírito I. Título II Luigi Galvani (Espírito)

17-0924   CDD – 133.9

Índices para catálogo sistemático:
1. Cura pela fé : Espiritualismo 133.9

Maria Eduarda Vidal

Medicina Espiritual
a medicina do amor

Por orientação espiritual de
Luigi Galvani

1ª edição
2017

Os direitos autorais dos livros são doados à Entidade Assistencial Izabel de Souza Carreteiro — Lar da Bela, instituição sem fins lucrativos sediada no bairro do Rio Verde, na região periférica do município de Araçoiaba da Serra/SP. A entidade, fundada em 1º de outubro de 1990, cuja mantenedora é o Grupo de Evangelização Espírita O Samaritano, desenvolve programa socioeducativo com 43 crianças da região.

Dedico este livro ao Dr. Luigi, incansável companheiro e mestre de minhas vidas.

> Nossa saúde física depende do nosso modo de pensar, dos nossos sentimentos e emoções.
>
> Dr. Edward Bach

Agradeço a Deus pelo dom da vida e do amor, fluido divino que forma e rege o Universo e nos entrelaça na grande família espiritual.

A Jesus, o Médico dos Médicos, por todos os seus ensinamentos de amor e caridade que nos revelam que a doença se encontra na alma, no espírito, e não no corpo físico, e que a terapêutica é a aplicação do seu Evangelho.

Meu eterno agradecimento ao querido Camille Flammarion, ao educador Eurípedes Barsanulfo e ao doce Francisco de Assis, por nos conscientizarem, apesar do nosso reduzido amor fraterno, da necessidade de sermos úteis, de procurarmos fazer o melhor, de sermos instrumento da Espiritualidade por meio do trabalho e de nossas mãos.

Um agradecimento especial aos queridos amigos espirituais Dr. Luigi, Dr. Li, Dr. Rosemberg, Dr. João, Dr. Marcelo, Dr. Hammed, Dr. Santana, Dr. Hans, Dra. Sandra, Dr. Carlos, Miramez, Irmã Rosa, D. Maria, Pé de Vento, Laurindo, Sr. Langerton, Dr. Bach, Willian e Andrew, e a toda a nossa equipe oriental. Sou infinitamente grata a esses parceiros notáveis.

Meu amor e agradecimento a Luciano, companheiro dedicado, carinhoso e paciencioso durante esses vinte e oito anos. Sem seu amparo eu jamais chegaria até aqui.

Aos meus filhos, Narayana, Clélio e Murilo, e netos, Giovanna, Lorena e Enzo, razão dos meus sonhos, da minha vida e do meu estímulo para me tornar um ser humano melhor.

Aos meus pais, João Ravásio Filho (*in memoriam*) e Martha Ignês G. de Almeida, que através de suas experiências e de seus exemplos aprimoraram meu interior, mostrando-me que somente pelo esforço, pelo trabalho e pela compaixão aos nossos semelhantes seremos verdadeiros servidores do Cristo.

Aos queridos amigos Marcus Vinicius Loures, André Luiz Ramos, Mirtes Almeida, Renata Stort, Rodrigo Palota, Luiz Augusto Ravásio, Iracy de Freitas, Vera Palmgren, Victor Passos, Rose Paravela Pelá e Pedro Gregori, que compartilharam amizade, confiança, dedicação e conhecimentos nesta obra. Amamos vocês!

Aos companheiros de ideal cristão do Grupo de Evangelização Espírita O Samaritano, em especial a nossa inspiração e nosso modelo, Maria Clotilde de Oliveira Boreli, pelo apoio, arrimo e confiança, e a todo o grupo da Corrente Médica Espiritual, família espiritual indispensável pela realização e sustentação de todas as nossas atividades.

Mil vezes obrigada às eternas amigas Vilma de Jesus Portela, Luzia Tonetto (*in memoriam*) e Nancy Tonetto pela força, amizade, pelas vibrações e pelo incentivo.

A todos os encarnados e desencarnados que direta ou indiretamente nos ajudaram na realização deste livro.

Sumário

Prefácio 13
Capítulo 1 - Corrente médica espiritual Dr. Luigi 23
Capítulo 2 - Modelo da ficha da entrevista fraterna 30
Capítulo 3 - A teoria vista na prática durante a corrente médica
espiritual 32
Capítulo 4 - O espiritismo e as religiões da China: Sinismo,
confucionismo, taoísmo e budismo chinês 47
Capítulo 5 - 1. A contribuição da medicina tradicional chinesa
(MTC) nos tratamentos da corrente médica espiritual .. 57
2. Pontos de acupuntura e chacras (centros de energia). 66
Capítulo 6 - Um pouco de estrutura da matéria 82
Marcus Vinícius Russo Loures
Capítulo 7 - 1. Fluido cósmico 98
2. QI 104
Capítulo 8 - 1. Processo reencarnatório: união do espírito à matéria..111
2. Embriogênese do corpo energético e físico (MTC)..118
Capítulo 9 - 1. Perispírito 126
2. Duplo etérico 131
Capítulo 10 - 1. Alma etérea (HUN) 137
2. Alma corpórea (PO) 141
Capítulo 11 - A lenda de ch'ienniang (um conto da dinastia tang)..144
Capítulo 12 - 1. Corpo mental 147
Victor Manuel Pereira de Passos
2. Pensamento 163
André Luiz Ramos
Capítulo 13 - 1. As emoções 180
2. Emoções na visão da medicina tradicional chinesa... 183
Renata Stort

Capítulo 14 - 1. A busca do aprendizado pela dor 188
  Mirtes de Almeida
  2. Fatores energéticos que causam a dor segundo
  a medicina tradicional chinesa 195
Capítulo 15 - A ação energética do passe 202
Capítulo 16 - Água fluidificada como remédio divino 208
  Luiz Augusto de Almeida Ravásio
Capítulo 17 - Os benefícios da respiração no corpo espiritual
  e no corpo físico 213
Capítulo 18 - Os benefícios da alimentação no corpo espiritual
  e no corpo físico 218
Capítulo 19 - Os benefícios da palestra no corpo espiritual
  e no corpo físico 220
  Vera Palmgren
Capítulo 20 - Evangelho no lar e as preces diárias 226
  Rodrigo Palota
Capítulo 21 - Tratamento de desobsessão 232
  Iracy de Freitas
Capítulo 22 - Lei de causa e efeito, merecimento e fé 243
  Rose Paravela Pelá
Bibliografia 246
Anexo - Sobre a autora e seus colaboradores 252

Prefácio

> O amor é uma força que transforma o destino.
>
> CHICO XAVIER

Com certeza, se pudéssemos ver a vida no planeta como verdadeiramente ela é, nos espantaríamos todos. Uma multidão de pessoas andando para lá e para cá, sem se dar conta dos milhares de outras invisíveis (aos olhos comuns) e que nos rodeiam o tempo todo, apressadas, desorientadas, de aparência esquisita, falando sozinhas, dando impressão de uma ala de hospital psiquiátrico. Tudo nos passa despercebido quando estamos na matéria densa.

Apesar de não nos apercebermos de toda essa confusão, da vida misturada em planos vibratórios diferentes, isso não quer dizer que não estamos sujeitos às influências dos pensamentos dessas criaturas. Quantas vezes trocamos ideias com elas e tomamos decisão baseadas nesse conluio? Talvez tenhamos demorado muito para entender que somos só uma humanidade, mesmo atuando em dois planos de padrões vibratórios diferentes. Enquanto encarnados, nós atuamos através de ações físicas e de ondas elaboradas pelo nosso pensamento (no paracérebro do corpo espiritual), que são emitidas tal como uma transmissão de estação de rádio, que pode ser decodificada por seletor apropriado para aquela onda.

Da mesma forma, os desencarnados são capazes de produzir ondas com comprimento e frequência que podem ser captadas, interpretadas e muitas vezes assumidas como nossas pelos sensores em nosso cérebro.

Ter conhecimento dessa dualidade pode nos preparar para evitarmos acidentes graves e trazer equilíbrio e harmonia a nossos sentimentos, dois ingredientes importantes para evitarmos o assédio e a companhia de desencarnados ainda em recuperação. Pois hoje sabemos que as doenças resultam de desarmonia em alguma região perispírita que acaba sendo transferida para o corpo físico, tornando-se um quadro clínico compatível com as diversas enermidades conhecidas.

Este livro é resultado do trabalho obstinado de uma trabalhadora da seara do Mestre, que tenta esclarecer e prevenir os incautos. Sua leitura, muitas vezes de escrita elaborada, nos ensina o dia a dia da assistência espiritual em um centro espírita. Não basta que se leia, é preciso que se apliquem seus conceitos e as necessárias mudanças para nos tornarmos seres que, embora materializados, têm consciência da vida espiritual que nos aguarda, porque foi de lá que viemos.

Pedro Gregori

Introdução

> Nossa maior gratidão para com a Doutrina dos Espíritos (o Espiritismo) será divulgá-lo.
>
> EMMANUEL

Durante o sono físico, mãos luminosas entregaram-me um novo livro, e o silêncio do quarto foi quebrado pelo ressoar de uma mensagem. Eu ouvia com atenção as palavras de incentivo e de esclarecimento encorajando-me para um futuro projeto.

Ainda sonolenta, contemplei a bela imagem, enquanto ecoavam em minha mente os inúmeros pedidos de estudos da nossa equipe da Corrente Médica Espiritual, do Grupo de Evangelização Espírita O Samaritano (SBC/SP) e de outras casas espíritas que desejavam iniciar ou reestruturar os atendimentos de saúde.

Passei o resto do dia angustiada e receosa, forçando meu corpo mental a recordar-se do sonho, mas apenas conseguia visualizar o livro sobre aquelas mãos banhadas de claridade.

No entardecer procurei, como de rotina, contemplar a natureza para amenizar o medo, equilibrar o pensamento e as batidas do coração...

O céu, com todo o seu esplendor, anunciava a noite nas inúmeras estrelas que saltitavam como diamantes raros nessa criação esplêndida e perfeita; a brisa acariciava meu rosto, agasalhando meu peito de paz e serenidade; o latido que se ouvia ao longe trazia a certeza de que não precisamos ver para nos sentirmos amparados; a claridade da luz da lua que invadia a rua deserta revelava nossas passagens na Terra com diferentes roupagens e situações, confirmando-nos que a vida é um ciclo, como o equilíbrio do dia e da noite, da luz e das trevas, da matéria e da energia, do corpo e do espírito.

Admirada, extasiada e agradecida por essas emanações da Obra Divina, exclamei, tomada de forte amor:

– Sua mensagem é única, ó meu Deus! Rogo a Ti, Pai de infinita bondade, o auxílio e a coragem necessária para abraçar este projeto juntamente com outros irmãos de caminhada.

Envolvida pelas vibrações, plasmei em meus pensamentos pedidos de "socorro" também aos nossos queridos companheiros do Além, para compreender o aviso espiritual.

Notei que o livro *Deus na Natureza*, de Camille Flammarion, encontrava-se sobre a mesinha, e carinhosamente comecei a folheá-lo, parando e relendo os inúmeros parágrafos grifados a caneta por mim.

Cada linha expressava suas afirmações acerca da época de seu estudo em relação ao materialismo, ao ateísmo, à ilusão religiosa, à incompreensão e à ideia que se fazia de Deus. Para Flammarion, Deus é o sustentáculo e a vida, é a alma do mundo. O Universo vive por Deus, assim como o corpo obedece à alma. O mundo é banhado por Deus, embebido em todas as suas partes, e Deus está presente na constituição de cada corpo. Com proficiência retrata seu amor e sua definição de Deus como "a força inteligente, universal e invisível, que constrói sem cessar a obra da natureza". De forma clara, consistente e poética, meu autor predileto argumenta e explica as teorias científicas, filosóficas e religiosas do seu tempo.

Ele afirma que "... as moléculas entram nos corpos e deles saem, mudam de proprietário a cada instante, mas conservam essencialmente a sua natureza intrínseca"; e escreve ainda o poeta dos céus: "Inegável, portanto, que, na natureza inorgânica, a matéria é escrava, e a força é soberana."

Flammarion assevera que acima da matéria existe um princípio imaterial, absolutamente distinto. Um espírito anima a matéria, qual disse Vergílio. Ele declara com veemência que

> O mundo envolve-se em grande unidade, nenhum elemento está isolado, na matéria nada possuímos de nós mesmos. Só o ser pensante é o nosso eu. Só ele é que nos

constitui verdadeiramente. Quanto à substância que o cérebro, os nervos, os músculos, ossos, membros, a carne, essa não a retemos; vai, vem, passa de um ser a outro.

E conclui que uma força governa, organiza a matéria segundo a forma das espécies, animais e vegetais; e só mediante essa força é que existe o corpo.

Ah, meu querido Camille, comparo suas citações com o princípio holográfico, que nos permite compreender que cada fragmento contém as informações relativas ao todo; com "a ordem implicada" de David Bohm; com o nascimento da matéria a partir da energia no início do século XX; com os estudos da folha fantasma de Keith Wagner, Allen Detrick e I. Dumitrescu; com os fundamentos da medicina chinesa, a visão chinesa do Tao, os fluidos, a energia, a eletricidade, com os ensinamentos durante os trabalhos da Corrente Médica Espiritual... e explicitamente seus argumentos encontram-se registrados na Doutrina dos Espíritos.

Deparamo-nos com a dicotomia do espírito e do corpo físico e, dessa forma, os conflitos da mente e as doenças da alma ficam à mercê de tratamento, pois focando apenas nos sintomas físicos fragmentamos o ser universal.

E infelizmente nunca presenciamos tantas criaturas nas casas espíritas à procura do alívio das dores físicas e morais; dirigem-se elas até lá em busca da cura, alheias às leis de ação e reação, do perdão da lapidação e da conscientização interior.

Repousei o livro sobre as coxas, recostei a extremidade superior do corpo e respirei profundamente com os olhos cerrados.

Toda a mensagem de *Deus na Natureza* e os estudos do Espiritismo aqueciam meu espírito de entusiasmo para redigir as tarefas da Corrente Médica Espiritual de uma maneira clara e natural.

Perguntava-me:

– Como, Maria Eduarda, você irá descrever através de palavras o desenrolar de um trabalho mediúnico de fluidoterapia? Você não tem condições.

Nossa sintonia vibracional não se coaduna com a harmonia espiritual, e só conseguimos compreender e captar o que nos é afim. Ademais, necessitamos depreender a formação do macro e do micro, as leis que regem o Universo, a mente, a alma, o corpo, a relação entre os seres, a natureza, o aparente e o invisível... E assim o desânimo tomou conta de mim.

Como médiuns encarnados e imperfeitos, leigos que somos em relação ao estudo acadêmico e científico, encontramos empeçilhos e incompreensão na redação sobre átomos e moléculas, energia e fluido, ação da acupuntura, da água fluidificada, das emoções, o reequilíbrio dos centros de força e das inúmeras incisões, suturas, duplicidade de órgãos e sistemas perispirituais que evidenciamos, com minudência, durante os trabalhos de saúde espiritual na Casa Espírita.

– Em vez de se lamentar, una-se a quem tem conhecimento e amor à Causa Espírita; não produzimos nada sozinhos, convide outros irmãos a abraçar esse projeto. Dessa forma agimos na Espiritualidade, em conjunto. Espíritos desencarnados se unem aos encarnados para a parceria, mediante inspirações na vigília e encontros durante o sono físico — advertia-me a voz firme e doce do nosso orientador espiritual.

Sim, esse era o caminho. Eu somaria forças com os dois lados. Com várias mentes e diversos corações com a atenção e o interesse voltados para um só objetivo, com toda a certeza, o livro seria redigido. O júbilo incendiou meu espírito de entusiasmo e esperança, e com alegria convidamos essas grandes almas amigas e irmãs, que com dedicação aceitaram nosso convite — cada companheiro estudando e produzindo com seus espíritos afins, sob a orientação espiritual do nosso amado Luigi. Resolvida essa questão, começamos a dar corpo a esta obra.

Repassamos os depoimentos, os resultados, os estudos e as inúmeras mudanças comportamentais e morais que sofremos, tanto os assistidos como nós tarefeiros, após o tratamento do Evangelho de Jesus nas tarefas espirituais no centro espírita. Esses testificavam, por si só, nosso compromisso, nossa responsabilidade e gratidão ao trabalho cristão.

Presenciamos durante a atividade mediúnica o desbloqueio de energia, a harmonização dos centros de força restabelecendo a circulação energética em busca do equilíbrio físico e espiritual. A ação do passe, da água fluídica, da oração diária, da mudança de pensamento e atitudes, o desabrochar da esperança e da fé nas criaturas de Deus.

A simplicidade desses procedimentos desmistifica os espetáculos miraculosos dos atendimentos espirituais, pontuando a modéstia, o amor, o estudo, o respeito e o discernimento como instrumentos do trabalho cristão.

Buscamos em Allan Kardec (*O Livro dos Médiuns*, capítulo 14) a explicação de que

> ... o médium é um intermediário entre os Espíritos e o homem. A força magnética reside no homem, mas é aumentada pela ação dos Espíritos que ele chama em seu auxílio. Se magnetizas com o propósito de curar, por exemplo, e invocas um bom Espírito que se interessa por ti e pelo teu doente, ele aumenta a tua força e a tua vontade, dirige o teu fluido e lhe dá as qualidades necessárias.

Aprendemos com as mais variadas curas realizadas por Jesus, como o exemplo da cura de uma mulher enferma:

> Então, uma mulher, que por doze anos sofria de uma hemorragia, que sofrera muito nas mãos dos médicos e que, tendo gasto todos os seus haveres, nenhum alívio conseguira, quando ouviu falar de Jesus, veio com a multidão atrás dele e lhe tocou as vestes, porquanto, dizia: "Se eu conseguir ao menos lhe tocar nas vestes ficarei curada." No mesmo instante o fluxo sanguíneo lhe cessou e ela sentiu em seu corpo que estava curada daquela enfermidade. Logo, Jesus, conhecendo em si mesmo a virtude que dele saíra, se voltou no meio da multidão e disse: "Quem me tocou as vestes?" Seus discípulos lhe disseram: "Vês que a multidão te aperta de todos os lados e perguntas quem te tocou?" Ele olhava em torno de si à procura daquela que o tocara. A mulher, que sabia o que se passara em si, tomada de medo e pavor, veio lançar-se-lhe os pés e lhe declarou toda a verdade. Disse-lhe Jesus: "Minha filha, tua fé te salvou; vai em paz e fica curada da tua enfermidade." (Marcos, 5:25-34)

E uma fé irrefutável apodera-se dos nossos pensamentos, fazendo-nos transbordar vida, luz e gratidão quando nos colocamos como instrumentos nas atividades da Corrente Médica Espiritual Dr. Luigi, vivenciando o amor na sua versão mais pura, o amor do Mestre Nazareno e dos seus espíritos mensageiros.

Ecoa em nossas almas como um cântico a Deus, nosso Divino Criador, a epístola de Paulo, traduzindo com exatidão o trabalho de fluidoterapia no Grupo de Evangelização Espírita O Samaritano:

> Ainda que eu falasse as línguas dos homens e dos anjos, e não tivesse Amor, seria como o metal que soa ou como o sino que tine. E ainda que tivesse o dom da profecia, e conhecesse todos os mistérios e toda a ciência, e ainda que tivesse toda a fé, de maneira tal que transportasse os montes, e não tivesse Amor, nada seria... Agora, pois, permanecem a fé, a esperança e o amor, estes três; mas o maior destes é o Amor.

Aos leitores que não apreciarem este livro, pedimos-lhes desculpas, e que nos perdoem pela intenção de compilar estas passagens com o único intuito de ressaltar que precisamos evoluir, estudar e aceitar o homem como um espírito imortal, um complexo energético, um ser moral — bem como que a nossa saúde, a integração e a harmonia do nosso corpo físico e espiritual, depende da nossa postura íntima no equilíbrio do agir, falar, alimentar, pensar, sentir; ressaltando que as doenças nada mais são que o desequilíbrio desses fluidos e suas ressonâncias no corpo material. Não podemos mais nos distanciar dos ensinamentos de Jesus de Nazaré, pois Ele é o Caminho, a Verdade e a Vida (João 14:6).

E só através do amor chegaremos até Ele. Que Jesus nos abençoe!

Maria Eduarda

> De mim, digo que o aspecto religioso da Doutrina foi o de que sempre mais necessitei... Eu não sei se teria ficado médium apenas para servir o Espiritismo nas áreas da Ciência e da Filosofia.
> *O Evangelho de Chico Xavier*, Carlos A. Bacelli

Grande falange de irmãos caídos na fé ressurge ofuscando a mente de companheiros descrentes; o momento é de alerta.

Não se ataquem, orem e vigiem os pensamentos.

Não se dividam, unam-se.

Não se ofendam, amparem-se.

Não se achem os donos da verdade, procurem na humildade o exemplo de compreensão.

Não se desviem dos compromissos, mantenham as mãos e a mente em obras.

O Espiritismo é o estudo dos fatos, a reflexão diária da relação da natureza, dos homens e dos espíritos com o raciocínio e a lógica da filosofia, distante da fé cega e ilusória, desmistificando o milagroso, o incompreensível; solidificando-se nas novas pesquisas e estudos da ciência dos homens.

O Espiritismo é a Terceira Revelação, é a Doutrina dos Espíritos embasada e edificada nos ensinamentos do Mestre Jesus, o próprio espírito de lucidez e interpretação da vida terrena e além-túmulo. É a chama do Cristo Redivivo no interior de cada um transformando os homens moralmente.

Deus é o comandante maior e nos enviou seu filho bendito para nos instruir na cartilha do Amor; que avança com sua essência como o modelo absoluto sendo transmitida e codificada nos degraus da evolução, muitas vezes erroneamente nas palavras e interpretações humanas, mas jamais no seu exemplo de amor e caridade.

Por isso, insistimos que não se desviem do Evangelho e não se percam na indecisão.

A Doutrina dos Espíritos é ciência, filosofia, mas acima de tudo, é religião.

Religião do Nosso Mestre Nazareno, e podemos manifestar que ciência e filosofia sem Deus não se perfazem.

Luigi 15/6/2014

Capítulo 1
Corrente médica espiritual Dr. Luigi

> Comece fazendo o que é necessário, depois, o que é possível, e, de repente, você estará fazendo o impossível.
>
> FRANCISCO DE ASSIS

Iniciamos no ano de 2003 os atendimentos da Corrente Médica Espiritual, sob a orientação espiritual do Dr. Luigi e a proteção do Nosso Senhor Jesus Cristo, de Francisco de Assis, Dr. Bezerra de Menezes e Eurípedes Barsanulfo, entre outros auxiliares anônimos do Nazareno.

Infelizmente, encontramos muitos companheiros encarnados dentro do movimento espírita que reprovam esses tratamentos que utilizam a mediunidade de cura, como se fosse uma atividade estranha à Doutrina.

Os espíritos deixam claro a Kardec que os médiuns nada produzem de sobrenatural; não realizam nenhum milagre. As próprias curas instantâneas resultam da ação de um agente fluídico que desempenha o papel de agente terapêutico, e suas propriedades não deixam de ser naturais por terem sido ignoradas até agora. (*A Gênese*, Kardec, 2013, p. 237)

O fluido universal é o elemento primitivo do corpo carnal e do perispírito, os quais são simples transformações dele. Pela identidade da sua natureza, esse fluido, condensado no perispírito, pode fornecer princípios reparadores ao corpo; o espírito, encarnado ou desencarnado, é o agente propulsor que infiltra num corpo deteriorado uma parte da substância do seu envoltório fluídico. A cura se opera mediante a substituição de uma molécula malsã por uma molécula sã. (Kardec, 2013, p. 261)

Há pessoas dotadas de tal poder que operam curas instantâneas em alguns doentes por meio apenas da imposição das mãos, ou até exclusivamente por ato da vontade (Kardec, 2013, p. 261), e esta ação magnética pode ser produzida:

- Pelo próprio fluido do magnetizador ou magnetismo humano;
- Pelo fluido dos espíritos, que podem atuar diretamente e sem intermediário sobre um encarnado, seja para curá-lo ou acalmar um sofrimento, para provocar o sono sonambúlico espontâneo ou para exercer sobre o indivíduo uma influência física ou moral qualquer; e
- Pelo fluido misto, semiespiritual ou humano-espiritual. Esses fluidos são derramados pelos espíritos sobre o magnetizador, que serve de veículo para esse derramamento. Combinado com o fluido humano, o fluido espiritual lhe imprime qualidades de que ele carece. Em tais circunstâncias, o auxílio dos espíritos é bastante espontâneo, porém, muitas vezes provocado por um apelo do magnetizador. (Kardec, 2013, p. 261 e 262)

O médium Divaldo Pereira Franco afirma que a finalidade da existência de médiuns curadores é o veículo da Misericórdia para atender a quem padece, despertando-o para as realidades da Vida Maior, a Vida Verdadeira. Após a recuperação da saúde, o paciente já não tem o direito de manter dúvidas nem suposições negativas ante a realidade do que experimentou. O médium curador é o intermediário para o chamamento aos que sofrem, para que mudem a direção do pensamento e do comportamento, integrando-se na esfera do bem. (2012, p.32)

Lembremo-nos de que essa mudança deve ocorrer não somente ao nosso próximo que procura o centro espírita, mas também a todos os integrantes e aos médiuns curadores, pois a responsabilidade da mudança física, mental e moral destes, por possuírem o conhecimento, deve ser bem maior.

Nos nossos trabalhos não se pratica medicina terrena, não se utiliza nenhum tipo de objeto: algodão, esparadrapos, gases, cortes ou curativos; não são inseridas agulhas de acupuntura; não se emprega nada de material nas mãos dos médiuns.

Remontemos a *O Livro dos Espíritos*, capítulo II, que define o corpo perispiritual como um laço que liga a alma ao corpo, que é semimaterial para que os dois se possam comunicar um com o outro, e é por meio desse laço que o espírito atua sobre a matéria e reciprocamente.

Compreendemos que é no espírito, de natureza espiritual, princípio inteligente, que reside o pensamento, a vontade e o senso moral, e é este que envia os comandos felizes ou infelizes ao perispírito, que os passa ao corpo físico traduzindo-os em saúde ou desequilíbrios.

Antes que a sintomatologia ou a doença se instale no corpo material já aconteceram modificações celulares, alterações no órgão em nível perispiritual; não existe "cirurgia espiritual". A "cirurgia" é no corpo perispiritual, e para que se alcance esse objetivo necessitamos compreender que a "cirurgia" é moral.

Dessa forma, trabalhamos com os fluidos, com o ectoplasma, com as vibrações de amor, de bondade, de caridade e gratidão pela oportunidade bendita de um trabalho cristão embasado nos sentimentos nobres de todas as pessoas que participam: médiuns, tarefeiros, assistidos, encarnados e desencarnados.

Quando recebemos o convite para cooperar com esta equipe espiritual, a recomendação maior foi a atenção aos ensinamentos do Cristo, ao estudo da Doutrina dos Espíritos, a disciplina e a renovação de pensamentos; como consequência, a reforma dos nossos atos e o renascimento de novos paradigmas para fortalecer e desmistificar o sensacionalismo das curas físicas, vistas como milagrosas.

O objetivo da Corrente Médica Espiritual Dr. Luigi é o de resgatar a fé dos assistidos e tarefeiros; trazer esperança e alento aos irmãos sofredores para que possam se conscientizar da necessidade da mudança de dos hábitos, das ações e dos pensamentos no dia a dia, indispensáveis à reforma íntima e à melhora dos problemas espirituais e físicos apresentados.

Um novo horizonte se descortina com a imortalidade da alma, com as vidas pretéritas e sucessivas. Através da Corrente Médica Espiritual há a divulgação e o estudo dos princípios do Espiritismo e da mensagem de Jesus.

Sua metodologia baseia-se na explanação de *O Evangelho Segundo o Espiritismo*; no atendimento nas macas com os médicos espirituais; no passe; na água fluidificada; nas mudanças de postura, de pensamentos, e nas orientações em relação à respiração; na constância das preces diárias e do hábito semanal do Evangelho no Lar.

Atualmente contamos com uma equipe na parte da tarde e outra no período noturno; abordaremos o atendimento da noite, apesar de o vespertino seguir o mesmo padrão.

Às 19h00 iniciam-se os trabalhos dos passistas; todos os voluntários do Cristo e o público que adentram a casa espírita recebem o passe.

Em seguida, as equipes se dividem: uma se dirige ao salão onde será explanada a leitura de *O Evangelho Segundo o Espiritismo* e sua interpretação; outra, ao preenchimento das fichas da primeira vez e reavaliação dos retornos; um terceiro grupo, ao estudo espírita.

Na entrevista da primeira vez é preenchida uma ficha onde constam nome, idade, endereço, data, tipo de tratamento realizado na casa, diagnóstico médico terreno, descrição, queixas, observações gerais.

Às 20h00, os assistidos começam a ser chamados pelo nome e encaminhados para a sala da Corrente Médica, onde há duas macas, e são acolhidos pelos médicos espirituais, através da mediunidade de psicofonia.

Os encarnados que ali passam são os que irão fazer cirurgia na Terra, pós-cirúrgicos, têm problemas respiratórios, cardíacos, de artrose, artrite, coluna, fraturas, câncer, HIV+, hepatite, entre outras patologias, e/ou apresentam sintomas como: dores musculares, insônia, depressão, melancolia, palpitação, fibromialgia, mudanças nas taxas hormonais, hipertensão, diabetes controladas que se alteram devido a estresse, tristeza, entre outros.

Recebem retorno nas macas (casos mais cirúrgicos) ou nas cadeiras (palestra + passe/cadeira) durante quatro semanas, para posteriormente passarem por reavaliação.

Poderíamos colocar cadeiras para que os frequentadores pudessem ser atendidos pelos médicos espirituais, mas optamos pelo uso das macas, pois os assistidos referem que se sentem mais à vontade e mais relaxados, enquanto lhes é aplicado o passe.

Quando apresentam incômodos ou dores, ou na pós-cirurgia, e não possuem condições de ficar na posição em decúbito dorsal (barriga para cima), eles permanecem sentados.

Pelos relatos apresentados, todos preferem deitar-se nas

macas, e isso não caracteriza, de modo algum, invenção, sofisticação ou que queremos igualar o atendimento espiritual ao médico terreno.

Às 21h30 termina o atendimento e fazemos a prece de encerramento.

Quando necessário, há a apreciação do trabalho com os tarefeiros, comentários gerais e mudanças sugeridas pelo grupo. As salas são arrumadas.

Todos os tratamentos a distância são registrados no caderno e realizados pela Espiritualidade durante o atendimento na própria segunda-feira nos lares dos doentes, ou são marcados o dia e a hora em que a equipe espiritual irá se deslocar para o local indicado onde se encontra o doente. Se, por ventura, a pessoa não se encontrar no endereço que havia informado, ela deve se preparar e entrar em prece no dia e horário combinados no local em que estiver.

Nosso grupo não estipula nenhum tipo de procedimento em relação a cor de lençol, roupa ou objetos; é sugerido que os doentes procurem ter um dia calmo, com equilíbrio na alimentação, nos pensamentos, esforcem-se para não fumar, não ingerir álcool, busquem na prece o relaxamento, os pensamentos harmonizados e a confiança em Deus.

No momento em que forem se deitar para o atendimento a distância, todos precisam fazer uma oração e colocar uma jarra ou garrafa de água ao lado da cama. Não é necessário destampar a jarra ou a garrafinha, pois não há barreiras físicas para os fluidos. A água receberá as energias doadas pelos amigos espirituais e ajudará no equilíbrio do corpo físico e espiritual de quem tomá-la com fé.

Deve ser ingerida de manhã em jejum e à noite ao dormir, sempre rogando a Jesus a renovação das células e a limpeza do órgão afetado. Esse procedimento é seguido durante quatro semanas consecutivas.

Todos os componentes da Corrente Médica devem frequentar as aulas de estudo da Doutrina Espírita, o desenvolvimento mediúnico e o curso de passes.

Somos orientados a reconhecer e transformar nossos hábitos e costumes, subtraindo e substituindo sentimentos menos nobres por sentimentos sinceros de auxílio ao próximo, com humildade e cônscios de nossas obrigações, de nossas limitações.

Médiuns e tarefeiros conscientes são bons instrumentos para a Espiritualidade Maior; de nada adianta ter muita teoria e pouca prática, como o inverso; não podemos prometer curas miraculosas, lembremo-nos de que todo o trabalho só se realiza por vontade do Pai, sem o que nada poderia ser feito.

Não prometemos pseudocuras, não é feito diagnóstico de doenças, nem traçado tratamento medicamentoso, e a quantidade de retornos é justamente para que nossos irmãos possam se beneficiar das palestras evangélicas e adquirir o hábito de frequentar a casa espírita.

As recomendações básicas aos auxiliares e participantes da Corrente Médica Dr. Luigi são: o Evangelho no Lar, as leituras edificantes, caminhadas, os exercícios de respiração diafragmática, a alimentação equilibrada, a ingestão de água, os bons pensamentos, a alegria, a fé, a prática do perdão, a renovação dos sentimentos, o orai e vigiai, o estudo contínuo; e são constantemente orientados a NUNCA abandonar ou substituir os tratamentos e os remédios prescritos pelo médico terreno.

Sabemos que as doenças são enfermidades do nosso espírito doentio, viciado em sentimentos e ações errôneas, contrárias às leis do amor e da caridade, e oriundas dos atos desta ou das encarnações pretéritas. Algumas causas atuais das aflições (1978, p. 54) têm origem na vida presente; outras, em outras vidas; e quantas doenças e enfermidades são o efeito da intemperança e dos excessos de toda ordem!

O Evangelho de Marcos expõe de maneira clara que "a cura" dos nossos problemas, das nossas doenças, está em nossas mãos, na nossa fé, no nosso comportamento diário, no esforço, na resignação e aceitação do que não podemos mudar, e somente pelo amor e pela caridade ensinada e vivenciada pelo Médico dos Médicos, Jesus Cristo, podemos curar nosso espírito.

> Perguntou-lhe Jesus: "Que queres que eu te faça?" Respondeu-lhe o cego: "Mestre, que eu tenha vista." Disse-lhe Jesus: "Vai, a tua fé te curou." No mesmo instante

recebeu a vista, e o foi seguindo pela estrada.(Marcos 10:46-52).

Em Marcos 5:34 Jesus respondeu: "Filha, a tua fé te curou; vai-te em paz, e fica livre do teu mal"; em Lucas (7:36-50), o Mestre Divino pronuncia de modo claro que: "A Tua Fé te curou, vai e não peques mais."

Às vezes Deus permite obtermos cura apenas pela prece, mas talvez o bem do doente esteja em continuar sofrendo, e então se pensa que a prece não foi ouvida. (Kardec, 1987, p. 252). Em *Seara dos Médiuns*, o espírito Emmanuel diz que não compreendemos na vida terrena que as lesões e chagas, as frustrações e os defeitos físicos são remédios da alma que nós mesmos pedimos à farmácia de Deus. A cura só se dará em caráter duradouro se corrigirmos nossas atuais condições materiais e espirituais. A verdadeira saúde e equilíbrio vêm da paz que em espírito soubermos manter onde, quando, como e com quem estivermos. Empenhemo-nos em curar males físicos, se possível, mas lembremos que o Espiritismo cura, sobretudo, as moléstias morais (1961, p. 35).

Nós somos os responsáveis pela nossa felicidade ou tristeza, pela saúde ou doença, pelo nosso destino e pela nossa história espiritual; não temos mais como culpar o nosso próximo pelos nossos erros.

Lembremo-nos de que podemos modificar nossos dias atuais e futuros através de nossa maneira de pensar, agir e ser; aliviar ou tornar mais intensa a nossa dor; amenizar, prolongar ou até mesmo, sarar de uma doença. Tudo depende de nós.

Capítulo 2
Modelo da ficha da entrevista fraterna

> Toda doença é uma mensagem direta dirigida a você, dizendo-lhe que você não tem amado quem você é nem se tratado com carinho, a fim de ser quem você é.
>
> BARBARA ANN BRENNAN

Entrevista Fraterna
Corrente Médica Espiritual Dr. Luigi

1) Dados de Identificação:
Nome: _____
Data de Nascimento: ___/___/___ Idade: _____
Estado Civil: _____
Escolaridade: _____ Profissão: _____
Exerce? Sim ( ) Não ( )
Endereço: _____ N° _____
Bairro: _____ Cidade: _____ Telefone _____

2) Queixa principal: _____
_____
_____

3) Há quanto tempo passa por essa situação? _____
4) Faz tratamento médico? _____
5) Possui exames clínicos? _____
6) Faz uso de medicamentos? _____ Quais? _____

7) Sente dor ou desconforto em alguma região? _____
8) Há melhora da dor ou desconforto: Repouso ( ) Movimento ( ) Calor ( ) Frio ( )

Escala Visual Analógica (EVA) para intensidade das dores:

0	1	2	3	4	5	6	7	8	9	10
Nenhuma		Pouca			Razoável			Muita		Excessiva

9) Observe a Escala e responda qual a intensidade de sua dor hoje
10) Já passou por alguma cirurgia?_____Qual?_____
11) Há quanto tempo? _____
12) É tabagista?_____ Há quanto tempo?_____

13) Observações Gerais
_____
_____
_____
_____

São Bernardo do Campo, ____/_____/_____

_____
Nome do Entrevistador

Medicina Espiritual: a medicina do amor

Capítulo 3
A teoria vista na prática durante a corrente médica espiritual

> No dia em que a ciência começar a estudar fenômenos não físicos, fará mais progressos numa década do que em todos os séculos anteriores de sua existência.
>
> NIKOLA TESLA

Sentimos extrema dificuldade em descrever a interação entre o meio material e o espiritual durante os trabalhos da corrente médica espiritual, por falta de conhecimento teórico, de terminologias e por dificuldade de entendimento.

Nossa atenção é voltada totalmente ao corpo perispiritual (perispírito), pelo fato de que é esse corpo que recebe as impressões do corpo mental e capta os fluidos doados pelo plano espiritual e pelos médiuns durante a fluidoterapia, e os transmite para o corpo físico, repercutindo-os.

Uma vez que esses fluidos atuam sobre o perispírito, este, a seu turno, reage sobre o organismo material com que se acha em contato molecular. Se os eflúvios são de boa natureza, o corpo ressente uma impressão salutar; se são maus, a impressão é penosa. Se são permanentes e enérgicos, os eflúvios maus podem ocasionar desordens físicas; não é outra a causa de certas enfermidades. (Kardec, 2013, p. 254)

Foi adotado no atendimento um passe longitudinal com imposição de mão, sem a necessidade de toque, durante os atendimentos pela equipe espiritual.

Durante o passe, a grandeza e a perfeição desse mundo invisível aos nossos olhos carnais tornam-se visíveis e se mesclam cromatizando-se, e, feito faíscas elétricas, as energias espiritual e física distribuem-se aos centros de força (coronário, cerebral, laríngeo, cardíaco, esplênico, gástrico e genésico) invadindo o sangue, os músculos, tendões e órgãos, incorporando fluido vital ao corpo perispiritual e ao corpo material.

Essas energias e fluidos tornam-se perceptíveis mesmo que a pessoa esteja deitada na maca ou sentada na cadeira; as regiões, posterior, anterior, laterais são visualizadas em projeção tridimensional.

Os espíritos nos instruem de que o fluido espiritual penetra através do centro coronário do médium, direcionando-se a todos os centros de força em regime de interdependência, banhando todo o corpo, canalizando-se em nossas mãos e no centro cardíaco, que sustenta os serviços da emoção e do equilíbrio geral e dirige a emotividade e a circulação das forças de base, como nos informa o espírito André Luiz (1988/1989).

O coronário possui ligação com o tálamo e a glândula pineal; compete ao tálamo distribuir o pensamento a todas as regiões do sistema nervoso, e cabe à pineal levá-lo às células físicas impregnando sua mensagem; divisamos claramente que estas brilham ao receber esta carga energética e transmitem em corrente esse pensamento, deslizando e desobstruindo os centros de força — porém, quando em algum ponto do trajeto este circuito elétrico encontra-se apagado, verificamos que são desbloqueados, através da junção do pensamento do espírito e do medianeiro ou das agulhas de acupuntura espirituais.

Aperfeiçoamos nossas aulas do curso de acupuntura recordando-nos de Jeremy Ross (2003), quando sustenta que os pontos e os canais de acupuntura (vide Figura 1) podem ser considerados a fronteira entre o corpo físico e o energético, possuindo características dos dois aspectos. Os chacras coordenam os fluxos de energia dentro do corpo energético, e possuem face na superfície ventral e dorsal. Os centros de energia encontram-se mais profundamente e não se relacionam com as camadas superficiais, mas com o equilíbrio interno de energia. Os centros de energia, os canais e os pontos de acupuntura fazem parte do sistema de circulação de energia do corpo.

E com os conhecimentos de Gleber (2000), conceituamos o sistema de meridianos em sua parte etérea como uma delicada rede de filamentos estruturados no corpo energético, significando esses meridianos o molde original da ramificação das células nervosas como um sistema de abastecimento vital para o corpo físico e intimamente relacionado com os chacras e o sistema circulatório.

O relacionamento entre os chacras, plexos, meridianos e suas intrínsecas relações com os sistemas endócrino, nervoso e fisiológico nos são desvendados pela clarividência nos tratamentos de saúde.

Certificamos com o espírito Eurípides Barsanulfo (1999) que o taoísmo postula a existência de quatro pontos secretos reguladores da vida humana: os plexos frontal, cardíaco e solar (manifesta-se a energia bipolar Yang-Yin, regulada pela energia cósmica); o quarto ponto situa-se no coronário, no local em que os sacerdotes praticam a tonsura, crendo-se que ali se conectaria o cérebro ao mundo espiritual. Os orientais consideram o cérebro a sede de energia Yin, feminina, ou centrífuga; e que a espinha dorsal é a sede da energia Yang, ou masculina, ou centrípeta. Daí o fluxo e refluxo dessa dupla energia pelos chacras e plexos.

Narra ainda que nos trabalhos de cura, quando utilizada a acupuntura, colocam a agulha no enfermo, sabendo-se onde está aquele centro de força que é interligado com o órgão. Todos os centros de forças são interligados com os órgãos através de uma energia que vem do princípio vital e os anima.

Causa-nos admiração contemplar a eficiência dos pontos de acupuntura para melhorar a captação de energia ou direcioná-las. Quando se ativa um centro de força utilizando-se um ponto de acupuntura na parte superior do corpo, ele não deixa de estar emitindo na parte inferior, e vice-versa, sendo um sistema integrado, um campo de força num circuito fechado.

Quando visualizamos com os olhos do espírito o trajeto que se desenha a nossa frente da circulação dos fluidos durante o passe longitudinal, compreendemos o porquê de divisar a energia adentrando o coronário atravessando todos os centros de força, chegando até os dedos dos pés (percebemos que o fluxo energético vai se desatravancando) e retornando pela parte posterior (mais linear) até o centro da cabeça; para, então, descer novamente e dividir-se na altura do peito para o lado direito e esquerdo, escorrendo os fluidos pelos braços até as pontas dos dedos;

retornando pelo mesmo caminho, encontrando-se de modo repetido no mesmo lugar, na altura do peito (centro cardíaco) para mover-se para baixo paralelamente, até chegar aos dedos dos pés e ali se entrecruzarem e retornarem subindo os hemicorpos da mesma forma, terminando o circuito nos dedos das mãos.

Assimilar esses conhecimentos através da apreensão é laborioso para nós, pois nossa percepção não consegue acompanhar a Espiritualidade e não existe uma regra básica; cada caso é um caso. Mas o processo de polarização que tanto estudamos no curso de pós-graduação em acupuntura encontra-se ali exposto, e nosso instrutor espiritual, muitas vezes, o demonstra ao médium sem necessidade de comunicar-se oralmente.

Em consonância com os estudos acadêmicos, verificamos que o Qi circula nos canais de energia, sendo que os Canais de Energia Principais Yin se ligam aos Zang (Órgãos) e apresentam polaridade negativa em sua origem; conforme vai percorrendo seu trajeto do Interior para o Exterior, vai adquirindo polaridade positiva (Yang), alcançando seu máximo nos dedos das mãos e dos pés. Essa diferença de potencial energético faz com que a energia circule por esse trajeto.

Já os Canais de Energia Yang unem-se aos Fu (Vísceras) e apresentam características Yang, polaridade positiva, e à medida que se dirigem às extremidades sofrem transmutação; no nível dos dedos das mãos e dos pés, no extremo do trajeto, predomina a polaridade negativa, fazendo a circulação do Qi nos canais de energia. (Yamamura)

E também averiguamos a conjunção do Alto (Yang)/Baixo (Yin) de conformidade com Maciocia (1996), que afirmou que o sistema de meridianos forma um circuito fechado de circulação com um potencial de energia máximo sobre a cabeça, mínimo sobre o tórax e médio sobre as mãos e os pés.

Assim como a ligação Direita/Esquerda, em que os seis pares de canais de meridianos simétricos em cada hemicorpo mantêm ligação e comunicação entre si. O lado direito é Yin e representa o Sangue (Xue); o esquerdo, Yang, representa o Qi (Energia), suscitando a harmonia entre o Qi e o Xue. Certificamos espiritualmente quando os seis Canais de Energia Principais Yang cruzam a linha mediana no ponto VG-20 (Baihui — localiza-se no meio do crânio, no topo da cabeça, na linha mediana do corpo) e o VG-14 (Dazhui — linha mediana posterior, na depressão abaixo do processo espinhoso da sétima vértebra cervical), unindo os dois hemicorpos.

Segundo Ross (2003), o Canal Vaso Governador (VG) (Figura 2) e Canal Vaso Concepção (VC) (Figura 3) formam o eixo vertical para a circulação de energia corpórea. Eles estão ligados com os Canais Extraordinários e com os Rins. Os pontos localizados em VG e VC podem ser usados em conjunto com os pontos de Abertura dos Canais Extraordinários, como base de um sistema de acupuntura focado nos centros de energia; sendo que o VG-20 é usado para o Centro Coronário, cuja função é da vida espiritual, do equilíbrio do espírito no corpo físico, nas emoções e na mente, e o VG-14 é para a comunicação de ideias e sentimentos, criatividade; usado para o Centro Laríngeo.

A ligação Direita/Esquerda dos Canais de Energia Yin se faz pelos Canais Distintos, que fazem o equilíbrio entre o alto e o baixo do corpo, interior e exterior do corpo e entre os lados direito e esquerdo. São responsáveis pelo transporte do Yong Qi (Qi Nutritivo) e do Wei Qi (Qi Defensivo) para a cabeça, o tórax e abdome. Ao penetrarem na cavidade abdominal e no tórax, levam essas mesmas energias para os Zang-Fu (Órgãos-Vísceras); ligam-se ao coração, de onde partem para a cabeça e pescoço.

Queremos acrescentar que no momento do passe, quando presenciamos o fluido passar em linha reta pelos centros de força, todos são inicialmente harmonizados através de rotação no sentido horário e, após o circuito completo (região anterior/posterior e superior/inferior), quando se inicia novamente a reorganização do fluxo energético, os centros de força são tonificados pelos pontos de acupuntura (vide tabela no capítulo sobre centros de força), assim como suas glândulas anexas; chama-nos atenção o centro cardíaco pela importância destacada, devido ao timo e à produção de linfócito T e pela sua parceria com o sistema respiratório e circulatório, lembrando-nos que o Coração (Xin) é responsável pela circulação do Sangue (Xue) no organismo.

Como relatamos, existem muitas semelhanças entre os trabalhos de saúde espirituais e a medicina chinesa.

Pela clarividência, admiramos vários tipos de aparelhos, instrumentos e microscópios onde a célula, seu núcleo, citoplasma e suas estruturas são vistas sem dificuldade.

O espírito André Luiz (1976) assegura que cada célula física é instrumento de determinada vibração mental, e através desses aparelhos visualizamos e direcionamos nossos pensamentos para o citoplasma e núcleo celular; pontos brilhantes saltam do citoplasma para o núcleo transmitindo mensagens, os genes parecem recebê-las e transferi-las e, por instantes, recordamo-nos das aulas de biologia quanto ao processo de replicação do material genético, onde ocorre a autorreplicação do DNA formando nova fita; da sequência do fluxo da informação genética a transcrição gênica no núcleo para então o ribossômico (RNAr), o transportador (RNAt) e o mensageiro (RNAm) atuarem conjuntamente na síntese das proteínas celulares, ou seja, a tradução gênica no citoplasma.

Será que a luz emitida que claramente vizualizamos através da mediunidade, do interior das células e transmitida até os sistemas dos corpos, vem ao encontro da nossa pesquisa no site *http://www.amebrasil.org.br* no artigo cujo tema é "Biofótons: alguns rudimentos"?

Segundo o estudo, biofótons, ou emissões ultrafracas de fótons por sistemas biológicos, são fótons de luz (intensidade muito baixa) que estão no intervalo óptico do espectro eletromagnético, ou seja, constituem a luz emitida por esses sistemas. O estudo orienta que todas as células vivas de plantas, animais e seres humanos emitem biofótons, que não chegam a serem vistos pelo olho nu, mas podem ser notados e medidos por meio de equipamentos especiais desenvolvidos, principalmente, por pesquisadores alemães.

De acordo com essa teoria, a luz dos biofótons é armazenada nas células do organismo — mais precisamente, nas moléculas de DNA de seus núcleos —, e uma rede dinâmica de luz constantemente emitida e absorvida pelo DNA pode conectar as organelas das células, as células, os tecidos e órgãos dentro do corpo, servindo como rede principal de comunicação do organismo e regulação para todos os processos da vida. Essa descoberta deu respaldo científico a alguns métodos não convencionais de cura, tais como várias terapias somáticas, homeopatia e acupuntura.

Como atesta o espírito André Luiz, há na intimidade da célula uma espécie de ponto de encontro de matéria e espírito, indicando o citoplasma como fronteira avançada do ser espiritual e o núcleo como a presença da matéria (1976); nesse ponto de encontro se verifica o impulso mental, de natureza eletromagnética, pelo qual se opera o movimento dos cromossomos na direção do equador para os pólos da célula, cunhando as leis da hereditariedade e da afinidade que se vão exercer; que os bióforos que representam "unidades de força" psicossômica atuam no citoplasma; e que a mente transmite seus estados felizes ou infelizes a todas as células do nosso organismo, através dos bióforos. (1989)

Ora, se o nosso estado mental, emocional, é o responsável pelo equilíbrio de nossas células, do nosso corpo, somos os responsáveis pela nossa saúde ou doença.

Por esse motivo é tão importante a adesão de quem recebe e o comprometimento de amor de quem doa — as mensagens são alteradas pelos espíritos, pela vontade do médium e pelo próprio doente, e as células parecem obedecer a isso. Vemos sim a substituição da molécula malsã por uma sã, como nos esclarece Kardec e André Luiz, órgãos lesados se reconstroem. Portanto, temos obrigação de pensar com disciplina e equilíbrio em relação a nós mesmos e ao nosso próximo.

Presenciamos as organelas citoplasmáticas nutrirem-se no citosol, ligações fluídicas sendo estabelecidas no Complexo de Golgi, nos centríolos. Agradecemos aos amigos espirituais por tanta informação e principalmente por reconhecê-los no interior de uma célula invisível aos nossos olhos carnais.

Lembramo-nos da função da mitocôndria relacionada com a respiração celular, por gerar ATP, suas fases, glicólise, ciclo de Krebs e cadeia respiratória; a quebra da molécula de glicose introduzindo oxigênio no carbono, capturando sua energia e, após este processo, o gás carbônico eliminado na expiração.

Quantas informações referentes à importância da mitocôndria! Um artigo de Normando Celso Fernandes instrui-nos que

> A partir de 1996 a pesquisa sobre o funcionamento dos processos de apoptose (processo pelo qual a célula indesejada se autoelimina) tem crescido vertiginosamente. Observações cuidadosas mostraram que o início da interrupção do processo de replicação do DNA, o que acaba acarretando a morte celular, não se dá no núcleo. ... Entretanto, acontece que não é somente o núcleo da cé-

lula que contém DNA. As mitocôndrias também contêm DNA independente. Experimentalmente se sabe que o DNA nuclear não contém instruções para autodestruição. Restou o DNA estudado pela equipe de Guido Kroemer, o das mitocôndrias. (http://www.amebrasil.org.br/portal/)

Para o Dr. Décio Iandoli Jr. (2004), a energia vital retirada dos elementos terrenos (oxigênio e nutrientes) e energias perispirituais transferidas pelo espírito ao corpo físico através da respiração celular nas mitocôndrias se unem condensando o ectoplasma.

No núcleo celular existem fontes de energia ligadas ao DNA e ao RNA (ácido desoxirribonucleico e ribonucleico) a comandar processos metabólicos no soalho protoplasmático. O elemento participante ativo desse processo seria o ATP (trifosfato de adenosina), resultante do ciclo de Krebs. O ATP estaria comprometido na formação do ectoplasma. (1990, pp. 198-199)

Verificamos o ectoplasma como matéria-prima para a consolidação de fraturas, regeneração de tendões, reparação de tecidos e mucosas, entre outros procedimentos evidenciados nos atendimentos espirituais.

Zimmermann (2011, p. 69) explica que o ectoplasma atravessa e interage com qualquer tipo de matéria, tanto física como quimicamente (nível atômico). Daí, por exemplo, o seu emprego na produção de efeitos físicos ou a sua aplicação em trabalhos de cura. E essa ação pode, também, ocorrer a distância: presentes as necessárias condições, o ectoplasma de um doador pode perfeitamente servir a um paciente que esteja em outro lugar.

Alguns investigadores (Schrenck-Notzing, James Black, Mme. Bisson, Lebiedzinski) chegaram a pesquisar, por meio de análises químicas e histológicas, a constituição do ectoplasma, e detectaram entre seus elementos constituintes a presença de cloreto de sódio e de fosfato de cálcio. Resultados outros revelaram a presença de células epiteliais e leucócitos, além de matéria gordurosa. (2011, p. 69)

A medula óssea é o local dentro dos ossos humanos onde se produz e se origina o sangue, por meio das células-tronco, produzindo-se assim os glóbulos brancos, glóbulos vermelhos e plaquetas sanguíneas. Dessa forma, entendemos a interdependência do sangue, da medula óssea, do timo, dos linfócitos B e linfócitos T, do baço, da estimulação do sistema imunológico no combate a microorganismos invasores espirituais e mentais.

No livro *Biologia da Crença*, Bruce Lipton (2007) declara que a nova biologia considera que os mecanismos da célula são controlados pela mecânica quântica. Ela se concentra no papel das forças de energia invisíveis em movimento nos campos que formam, coletivamente, campos integrados e interdependentes e modelam a matéria. Os cientistas também reconhecem que as moléculas do corpo são controladas por frequências de energia vibracional, de forma que a luz, o som e outras energias eletromagnéticas — entre elas os campos eletromagnéticos gerados pela mente — influenciam profundamente todas as funções da vida; e, uma vez que controlamos nossos pensamentos, tornamo-nos mestres de nossa vida, e não vítimas dos genes.

Após listar as declarações de vários autores, chegamos à conclusão de que não temos a mínina noção ou conhecimento para dissertarmos sobre um assunto tão complexo. Nossa contribuição é no sentido de descrever que as células possuem cada qual sua luz própria e transmitem fluido elétrico uma à outra, banhadas num líquido aquoso que preenche o espaço minúsculo entre elas, onde há um perfeito equilíbrio e interação entre as células e o líquido. Esse fluido age como agente condutor dessa energia, como a água é para a eletricidade.

Os órgãos estão inundados de fluído vital, assim como as articulações, os tecidos, as células, tudo está regido por uma eletricidade, por um campo magnético, por uma atração, como se fosse ímã, trazendo coesão e equilíbrio.

Somos uma mistura de ar circulante. Com nossos olhos espirituais vemos a mudança de polaridade, a diferença de potencial elétrico e o trajeto que assume a energia, irradiando uma luz (cuja coloração varia conforme a pessoa), e esta vai seguindo o trajeto nervoso, a corrente sanguínea. Somos semelhantes às pequenas luzes de natal que são colocadas para enfeitar casas e árvores.

Como já foi insistentemente escrito por nós, a complexidade do assunto nos limita a fazermos comentários. Dessa forma, procuramos transcrever da literatura e de estudos confiáveis uma possível analogia e explicação do que nos é revelado nas atividades espirituias. Deixamos a vocês, caros leitores, fazerem as correlações e chegarem às conclusões.

Viajamos com a circulação do sangue e nos encantamos ao ver a troca fluídica de seus componentes. Muitas vezes são feitas transfusões sanguíneas espirituais, como nos hospitais terrenos, uma verdadeira fluidoterapia sanguínea eficiente.

Remontamos à correlação da medicina tradicional chinesa com o Espiritismo quando um antigo ditado chinês diz: "O Qi (Energia) é o comandante do Xue (Sangue). Aonde o Qi vai, o Xue segue atrás. O Xue é a mãe do Qi. Onde o Qi está, o Sangue já está lá." (Maciocia, 2007).

O Xue é uma forma de Qi, muito denso e material, flui para todo o organismo e é inseparável do Qi em si mesmo. Este proporciona vida ao Sangue (Xue); sem o Qi, o Sangue (Xue) seria um fluido inerte.

O Sangue (Xue) possui a função de nutrir o organismo, além de complementar a ação nutriente do Qi. Sendo hidratante, não permite que os tecidos corpóreos sequem. Por exemplo: o Sangue (Xue) do Fígado (Gan) umedece os olhos e os tendões, de modo que os olhos possam ver adequadamente e os tendões tenham flexibilidade e sejam saudáveis; proporciona o fundamento material para a Mente (Shen).

Compreendemos sua correspondência com a respiração tão preconizada pelos espíritos, com o sangue e a produção de anticorpos irrigando os centros de força com fluido vital.

Segundo a MTC (medicina tradicional chinesa), o Sangue é produzido pela medula óssea, mas principalmente no tórax, pela função do Qi do Pulmão e do Baço. A essência dos alimentos, derivada dos alimentos e das bebidas, é enviada para o Pulmão pelo Qi do Baço, onde, através da ação do Qi deste órgão, é enviada ao Coração. Esta é então transformada em Xue no tórax, pela ação do Coração (Xin) e Pulmão (Fei).

Conclui-se que o Baço e o Estômago são a principal fonte de Sangue; o Qi do Pulmão impulsiona o Qi do alimento para o Coração, e o Qi do alimento é transformado em Sangue no Coração.

O Sangue proporciona o material para a Mente (Shen); ele é parte do Yin e abriga a Mente. O *Simple Questions* diz: "O Sangue (Xue) é a Mente de uma pessoa." O *Spiritual Axis* diz: "Quando o Sangue (Xue) está harmonizado, a Mente possui uma residência"; se o Sangue está deficiente, a Mente fica com a base abalada e se torna inquieta e infeliz.

O Meridiano do Baço/Pâncreas apresenta-se acoplado ao Meridiano do Estômago. Recebe a Energia do Meridiano do Estômago e transmite-a ao Meridiano do Coração. Comanda o Baço com sua função reguladora sobre o Sangue, e o Pâncreas com sua função reguladora sobre as reservas de glicogênio. Atua sobre o aparelho genital, os hormônios sexuais, a indisposição geral e desequilíbrios energéticos da parte central do corpo. Relaciona-se com o desenvolvimento mental e intelectual.

O espírito André Luiz informa que no sangue circula praticamente todo o nosso patrimônio de energias vitais (*Mecanismos da Mediunidade*, 1994). Quando sua circulação deixa de ser livre, surge o desequilíbrio ou a enfermidade, de maneira absoluta; então, sobrevém a extinção do tônus vital, no campo físico, à qual se segue a morte física com a retirada da alma (*Missionários da Luz*, 1976). O sangue se movimenta em trabalho constante, desde os fulcros geratrizes do baço e da medula óssea, do fígado e dos glânglios, até o estroma dos órgãos (*Evolução em Dois Mundos*, 1989).

Em nossos trabalhos, olhamos para aquelas bolsas de sangue espirituais e participamos mentalmente com nossas partículas de amor àquele que está deitado na maca, sabedores de que irão percorrer todo o seu organismo e ofertar-lhe vitalidade, e nós estaremos nele, da mesma forma como ele estará em nós. Obrigada pela nossa serventia, Pai de imensa misericórdia.

Como é gratificante para nosso grupo de tarefeiros fazer parte dessa casa espírita! Hoje dedicamos um pouco de nosso tempo disponível ao trabalho voluntário, apesar de estarmos engatinhando nas lições de caridade aprendendo a valia de doar sentimentos nas cirurgias de coluna, na remodelagem óssea, na formação dos osteoblastos, na reconstituição das epífises, bem como no mecanismo das articulações, na regeneração e mobilidade do fêmur e do acetábulo, úmero e cavidade glenoide — mas também no abraço acolhedor para quem chega desiludido e sem esperança.

Observamos juntamente com a equipe dos médicos invisíveis a importância e consistência do líquido sinovial da bursa. Colaboramos com nosso material fluídico na renovação dos ligamentos cruzados e, principalmente, na reconstrução energética dos meniscos. Ossos são consolidados com ectoplasma saídos das nossas mãos, unidas com as mãos espirituais iluminadas. Fitamos os aparelhos que são colocados próximo aos ossos que emitem luz proporcionando a fixação óssea.

Abnegados servidores recolhem da natureza plantas medicinais que são usadas tanto para a fluidificação das águas como para a aplicação de cataplasmas espirituais que, com abnegação, são depositados simultaneamente nas regiões afetadas do corpo físico.

O material utilizado pelo plano espiritual nos curativos e nas compressas é de uma alvura tão grande que fulgura aos nossos olhos. Semelhante ao tecido de gaze, os fios estão entrelaçados formando uma redinha, mas com um material completamente desconhecido para nós.

Quando são expostos tumores, cistos, pólipos e pedras no rim ou na vesícula, a Espiritualidade nos solicita para que vibremos na desintegração atômica dessas estruturas, e elas se desmancham às nossas vistas. Porém, temos consciência de que muitas se reconstroem, devido aos antigos hábitos morais, pensamentos negativos, mágoas, rancores e ausência do perdão.

Naquele momento, a participação do pensamento dos espíritos somada aos dos médiuns e à do próprio assistido é que irá governar e renovar as células de forma sadia.

Torcemos pela mudança e trazemos à memória uma frase que lemos em uma entrevista com o Dr. Décio Iandoli Jr. na revista espírita *O Mensageiro* que nos permite uma reflexão "Só a cirurgia moral nos facultará a saúde completa."

Desobstruem-se vias aéreas de onde são retirados fluidos negros e pegajosos. Percorremos com o pensamento juntamente com o fluido, adentrando pelas narinas, seguindo o trajeto da traqueia, abrindo os brônquios, introduzindo-nos pelos caminhos sinuosos dos bronquíolos até alcançar os minúsculos alvéolos, onde com graciosidade ocorre a troca gasosa, e nós nos alegramos com o oxigênio invadindo a corrente sanguínea daquele irmão deitado na maca, congestionado de tristeza e solidão.

Sentimos com o assistido o movimento da sua caixa torácica e acompanhamos a saída do ar, exalando todo seu lixo mental, e admiramos o aumento da sua capacidade pulmonar.

Partilhamos espiritualmente com o bondoso amigo espiritual da movimentação da pequena e grande circulação; o sangue corre pelas artérias e veias, irrigando órgãos, tecidos e músculos, o coração contrai, relaxa, e a obstrução se desfaz espiritualmente; o fluxo dos gases e do sangue é restabelecido.

Inúmeras mulheres procuram a corrente médica para engravidar, pois já passaram pelos tratamentos convencionais sem sucesso, e para nossa satisfação e merecimento das mesmas retornam confiantes anunciando a gravidez.

Contemplamos miasmas que são retirados do estômago, do fígado, do pâncreas, da bexiga, do intestino e das cordas vocais; a grandeza do trabalho invisível é inexplicável.

Saltam aos nossos olhos as incisões e suturas no corpo espiritual — tudo é verdadeiro e não há nada de fantástico ou milagroso.

Todas as orientações dos espíritos se resumem à relevância dos pensamentos positivos, ao exercício da fé, da alegria e do perdão; à boa alimentação, a caminhadas, ao exercício físico e respiratório frequentes, à prática do Evangelho, ao hábito da música e da arte, ao passe e à oração como meios de tratamento para o equilíbrio do corpo e do espírito.

Somos energia, somos cocriadores e responsáveis pela manutenção da nossa harmonia.

Inúmeros são os caminhos percorridos pela Espiritualidade para nossa melhoria, desde os encontros com amigos terrenos que nos convidam a conhecer o Evangelho do Cristo que achamos que são por acaso, à limpeza espiritual dos nossos lares, às conversações e orientações dos instrutores amigos durante o sono físico, aos encaminhamentos para tratamentos, a aulas e palestras na Espiritualidade, reencontros com familiares e intuições que nos incentivam ao bem.

E após todo esse empenho espiritual, infelizmente, por invigilância, maculamos nossa alma com os velhos pensamentos e sentimentos.

Graças a Deus, nem os espíritos nem Jesus desistem de nós!

Um dia, saberemos dar valor a nós mesmos, à Espiritualidade, a Jesus e a Deus, nosso Criador.

Somos todos iguais, com limitações, viciações pretéritas e despreparados para o novo, mas se não agirmos, se não tivermos força, coragem e determinação, se não ousarmos acreditar em nós e se não estudarmos, continuaremos a crer que somos inúteis e vítimas.

O momento é de agir e não reclamar. Não devemos mais nos acomodar nessa situação desvantajosa, precisamos nos modificar, nos conhecer, crescer espiritualmente, sermos felizes, ajudar e colaborar.

Ter a companhia dos bons espíritos depende da nossa conduta moral, do nosso pensamento e da nossa ação. No orar e vigiar encontramos o lenitivo e o despertar de nós mesmos.

Como arquitetos do nosso futuro, precisamos edificar nossa casa mental, nosso espírito nesta vida; com fé, estudo e razão, sem fanatismo e ilusão. O Espiritismo nos convida à transformação moral.

> Somos compelidos a reconhecer que cada filho de Deus deve ser o médico de si mesmo, e até a plena aceitação desta verdade com as aplicações de seus princípios, a criatura estará sujeita a incessantes desequilíbrios. (André Luiz, 1976).

Confiemos! Somos frutos do Pai.

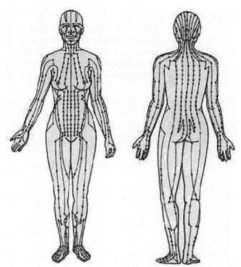

Figura 1. Doze canais principais (seis pares) e oito canais extras. A junção dos canais principais e extras forma a grande circulação de energia. Fonte: *http://fernandathomme.blogspot.com.br/2014/07/canais-energeticos.html*

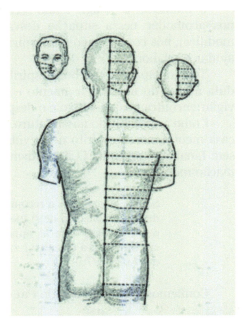

Figura 2. Vaso Governador (começa no fim da coluna vertebral, subindo pela linha média posterior, e acaba na boca). Fonte: *http://fernandathomme.blogspot.com.br/2014/07/canais-energeticos.html*

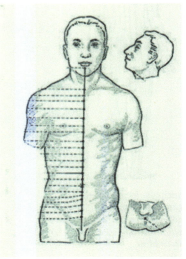

Figura 3. Vaso Concepção (nasce no períneo, sobe pela linha média anterior e termina na boca) Fonte: *http://fernandathomme.blogspot.com.br/2014/07/canais-energeticos.html*

Capítulo 4
O espiritismo e as religiões da China: Sinismo, confucionismo, taoísmo e budismo chinês

> Senhor, reforma teu mundo, começando por mim.
>
> (Frase de uma oração chinesa)

O primeiro livro ditado pelo espírito Emmanuel ao médium Francisco Cândido Xavier, *Emmanuel* (1938), discorre sobre a organização e a evolução do pensamento religioso, a ascendência do Evangelho e ressalta que nos dias de dores e sofrimentos futuros é que a humanidade se voltará, tomada de esperança, ao Evangelho do Divino Mestre.

Diz ainda que a religião é o sentimento divino que prende o homem ao Criador. As religiões são organizações dos homens, falíveis e imperfeitas como eles próprios, e muitas delas estão desviadas do bom caminho pelo interesse criminoso e pela ambição lamentável dos seus expositores; mas a verdade um dia brilhará para todos.

Emmanuel (1938) conclui que

> Fo-Hi, os compiladores dos Vedas, Confúcio, Hermes, Pitágoras, Gautama, os seguidores dos mestres da Antiguidade, todos foram mensageiros de sabedoria que, encarnando em ambientes diversos, trouxeram ao mundo a ideia de Deus e das leis morais a que os homens se devem submeter para a obtenção de todos os primores da evolução espiritual ...

E os espíritos no livro *O Céu e o Inferno* (Kardec, 2013,

p.17) antecederam as colocações de Emmanuel, onde registram que todas as religiões houveram de ser em sua origem relativas ao grau de adiantamento moral e intelectual dos homens: estes, assaz materializados para compreender o mérito das coisas puramente espirituais, fizeram consistir a maior parte dos deveres religiosos no cumprimento de fórmulas exteriores.

O Espiritismo é o conjunto de princípios e leis revelados pelos espíritos superiores, contidos nas obras de Allan Kardec, que constituem a Codificação Espírita: *O Livro dos Espíritos* (1857), *O Livro dos Médiuns* (1861), *O Evangelho Segundo o Espiritismo* (1864), *O Céu e o Inferno* (1865), *A Gênese* (1868).

Allan Kardec (*O Evangelho Segundo o Espiritismo*,1978) define que o Espiritismo

> ... é a nova ciência que vem revelar aos homens, por provas irrecusáveis, a existência e a natureza do mundo espiritual e suas relações com o mundo corporal. Ele no-lo mostra, não mais como uma coisa sobrenatural, mas, ao contrário, como uma das forças vivas e incessantemente ativas da natureza ... o Espiritismo realiza o que Jesus disse do Consolador prometido: conhecimento das coisas, fazendo que o homem saiba de onde vem, para onde vai e por que está na Terra; chama para os verdadeiros princípios da Lei de Deus e consola pela fé e pela esperança.

Buscamos remontar às religiões da China com o propósito de encontrarmos referências sobre a reencarnação; a existência do espírito e sua sobrevivência após a morte; a comunicação entre o mundo material e o espiritual; os vários corpos que formam o ser humano; a lei de causa e efeito; a moral, amor aos nossos semelhantes; fazer todo o bem que estiver ao nosso alcance; piedade filial; o homem de bem; esforço e fé religiosa; pois todas estas menções encontram-se nos ensinamentos da Doutrina Espírita e as recebemos dos instrutores espirituais chineses durante os atendimentos na corrente médica espiritual.

Maciocia (1996) cita que na China, durante a dinastia Tang (618-907, séc. VII-X), a Faculdade Imperial Médica oferecia cursos diferenciados em medicina interna, acupuntura, massagem e reencarnação.

O Espiritismo define a reencarnação como a volta da alma ou do espírito à vida corporal, mas em outro corpo novamente formado para ele que nada tem de comum com o antigo. (*O Evangelho Segundo o Espiritismo*, p. 24, 25).

Blofeld (1979) conclui que muitos dos chineses são ao mesmo tempo confucionistas, taoístas, budistas e seguidores da velha religião folclórica.

Segundo Challaye (in Blofeld,1979), o ponto de partida da vida religiosa da China foi uma religião primitiva, próxima a outras formas do Animismo, porém, particular aos chineses, à qual, por esta razão, propôs-se a denominação de Sinismo.

A religião de Confúcio, o Confucionismo, apresenta-se como uma elaboração e uma purificação do Sinismo.

A religião de Lao-Tsé, o Taoísmo, sob sua forma original, está em oposição a certas tendências do Sinismo e do Confucionismo.

Os textos que permitem conhecer o Sinismo são cinco livros religiosos, os King, cujas partes mais antigas são muito anteriores a Confúcio e, por conseguinte, ao século VI antes da era cristã, mas que foram retocados por Confúcio e seus sucessores.

O Animismo primitivo dos chineses admite a existência de grande número de espíritos misturados à vida dos homens. No primeiro plano figuram os espíritos dos ancestrais. O culto dos ancestrais é a mais antiga religião chinesa.

Sabe-se hoje que, na mais antiga sociedade chinesa, mil anos antes da nossa era, o primeiro culto foi o dos ancestrais maternos. As tecelãs têm, então, grande importância social. A casa pertence à mulher; o marido é, antes de tudo, um genro. Só se reencarnavavam os antepassados maternos.

O Sinismo admite também espírito da terra, das águas, das montanhas, das florestas.

A Terra vê diminuir sua importância quando se desenvolve a adoração pelo Céu. A Terra é feminina, o Céu é masculino. Sem a intervenção de um deus pessoal, a ação dos espíritos e a do Céu acordam em recompensar o bem e punir o mal, notadamente por meio dos fenômenos da natureza, favoráveis ou desfavoráveis. As leis da natureza confundem-se com as leis morais e sociais. É "um antropocentrismo ritualista e lírico", segundo Masson-Oursel.

Desse modo há dentro do Universo um princípio de ordem: é o que se chama Tao.

A ordem universal está assegurada pela união do princípio masculino ao princípio feminino: "Uma vez Yin, uma vez Yang, eis o Tao." Tal é a concepção filosófica mais profunda que se descobre no Sinismo.

Yin é a matéria, aspecto passivo; Yang é o espírito, aspecto ativo; eles se completam entre si, mantendo o equilíbrio.

A antropologia chinesa, desde o período pré-imperial, é particularíssima: de fato, cada indivíduo possui muitas almas.

Uma parte das tradições do Sinismo encontra-se elaborada e purificada no Confucionismo, filosofia ou religião de Confúcio.

Confúcio (Kong Fu Tseu ou Kong Tseu) viveu na província do Chantungue, no fim do século VI antes da era cristã. Sua principal obra pessoal é uma crônica de sua pátria, Lu, intitulada "Primavera e Outono".

Entre os eruditos chineses, o Confucionismo é chamado de a "religião de li", a mais aproximada tradução para o que seria "religião de ordem moral".

A doutrina de Confúcio dirige-se à razão do homem, ocupa-se do homem e das coisas humanas. Chamaram-no justamente o "Sócrates chinês". O Confucionismo conduz o homem a raciocinar e a expressar-se bem, uma moral que o leve a viver bem.

Na Lei Moral por toda parte (XVI), Confúcio observou: "O poder das forças espirituais no Universo — como se faz sentir por toda parte! Invisível aos olhos, e impalpável aos sentidos, é inerente a todas as coisas e nada escapa à sua influência."

Diz o *Livro dos Cânticos*: "A presença do Espírito: Não pode ser imaginada sem fundamento, Como então pode ser ignorada!"

A primeira regra da moral é o respeito aos antepassados; o maior dever é a piedade filial; é preciso ser amigo fiel: diferentemente da piedade filial, a amizade é uma relação de igualdade.

É preciso realizar um bom acordo entre todos os homens. Primeiro, pela justiça: "É necessário fazer o bem pelo bem, e a justiça pela injustiça." Não fazer jamais aos outros o que não querem que lhe façam. "O que censurais nos que estão acima de vós, não o pratiqueis com os que estão abaixo; o que reprovais nos inferiores, não o pratiqueis com os vossos superiores."

É necessário que o homem honrado ame seus semelhantes. Ele deve ter "uma benevolência igual para com todos", uma benevolência universal e deve testemunhar esta benevolência por uma polidez delicada.

Tal é a virtude — a virtude fácil e, por assim, dizer natural — que é recomendada por Confúcio.

No capítulo XI de *O Evangelho Segundo o Espiritismo*, "Amar o Próximo como a Ti mesmo, o Mandamento Maior": "Fazermos aos outros o que queiramos que os outros nos façam está explícito na Ordem Moral de Confúcio."

Ao Sinismo tradicional e ao Confucionismo, que é uma forma sistematizada e purificada do primeiro, opõe-se o Taoísmo.

O Taoísmo seria a filosofia de um profundo pensador, Lao Tsé (o Sábio Ancião), que teria vivido no século VI antes da era cristã.

Depois dele, o maior representante da doutrina seria, nos fins do século IV a.C., Tchuang Tseu.

O Tao é a ordem do mundo, via, caminho, estação, o princípio eterno do qual procedem todos os fenômenos. A unidade é superior à multiplicidade. O mundo provém de uma união do ser, Yang, e do não ser, Yin. Os fenômenos são puras aparências. Tudo é relativo. Tchuang Tseu sonha em ser uma borboleta; não seria antes uma borboleta sonhando ser Tchuang Tseu?

Tchuang Tseu olhando os peixes que se divertem diz:

> "Eis aí o prazer dos peixes!" "Tu não és peixe", objeta seu interlocutor, "como sabes o que dá prazer ao peixe?" "Tu não és eu", replica Tchuang Tseu, "como sabes que não sei aquilo que dá prazer ao peixe?" ... "Talvez possamos compreender os outros seres porque, outrora, comungávamos com eles na unidade do Ser."

Reza tal doutrina: O Tao produz o Um, o Um produz o Dois, o Dois produz o Três, o Três produz todos os seres. Todas as coisas abraçam Yin e Yang, e a coluna do Qi forma a harmonia.

A concepção trinária do Universo (Deus-Matéria-Espírito), que está em todas as religiões, encontra-se também no Taoísmo, como no Espiritismo.

Da conjunção desses três elementos conceituais surgem todos os seres. Todas as coisas se manifestam dualisticamente, bipolarmente: Yang (princípio masculino e positivo) e Yin (princípio feminino e negativo). Há uma terceira força, a energia Qi, que promove o equilíbrio dos dois princípios.

Compreendemos que, para os chineses, tudo é energia manifestando-se duplamente, tudo é movimento, é ritmo, é transformação, é caminho de equilíbrio, é ritmo de ação e reação, causa e efeito, construção e reconstrução.

Para o Espiritismo, Deus está acima de tudo, é o Criador, o pai de todas as coisas. Deus, a Matéria e o Espírito são o princípio de tudo o que existe, a trindade universal.

Os antigos seguidores do Caminho viviam como eremitas ou homens errantes, às vezes com um punhado de discípulos. Com o tempo, isso tornou-se economicamente difícil; e os eremitas deram lugar a pequenas comunidades. Necessitavam de uma renda modesta para prosperarem, e o tradicional sistema de autossuficiência (venda de preparados medicinais e prática médica) proporcionava poucos recursos em locais muito distantes das cidades e aldeias.

Os camponeses precisavam não apenas de serviços médicos para a cura de males físicos e possessões diabólicas, mas também de intermediários em bons termos com os deuses e espíritos, homens que precisavam prestar auxílio por ocasião de funerais, encomendar os defuntos, obter ajuda divina para projetos materiais e aplacar demônios hostis. Para essas pessoas, um santo era um santo independentemente da fé que professasse, sendo natural que monges budistas e reclusos taoístas fossem chamados para tais préstimos.

Os monges budistas, entretanto, tendiam a afastar gradualmente o povo do culto das divindades nativas, chamando-o a oferecer sua devoção aos budas e bodhisatvas; coube aos taoístas, o papel de sacerdotes da religião tradicional. Muitas comunidades, entretanto, não dispunham de fonte de renda regular, e assim as funções sacerdotais foram aos poucos preenchendo parte de seu tempo.

Blofeld (1979) afirma que no começo do século, nos eremitérios pequenos e afastados, devotos cultivadores do Caminho não escasseavam — inúmeros escritos fizeram tábula rasa dessa circunstância.

A visão chinesa era de que o Universo inteiro se compõe de

espírito, e o império não passava de uma réplica do céu. O céu era pouco mais ou menos que um princípio moral abstrato que governava o mundo dos seres, sendo assim sinônimo virtual do Tao.

Para a gente simples, céus e infernos constituíam regiões sob as ordens de uma complicada hierarquia de funcionários-espíritos; essas regiões, sendo vastas, eram presididas por vários imperadores e sua vasta corte de subordinados, com as divindades astrais e aquelas que vivem parcialmente no mundo dos homens: deuses do trovão, do raio, das montanhas, divindades domésticas etc.

Os maus espíritos possuíam poder inferior ao das divindades do bem. Alguns são fantasmas de pessoas que sofreram morte violenta ou de casais estéreis sem descendência para conduzir-lhes os ritos propiciatórios; outros foram malignos desde que nasceram. Entretanto, mesmo os diabos mais contumazes possuem qualidades que os redimem, sendo conhecidos às vezes por retribuir cortesias e serviços prestados.

Os eremitérios taoístas nem sempre possuíam um recinto sagrado, e a sua única conexão com os espíritos era o de curandeiros, ou exorcismo de demônios causadores de doenças. Com a crescente imponência dos mosteiros budistas, os taoístas construíram grandes templos taoístas, e surgiu a trindade conhecida como "Os Três Puros", que representam a "Trindade Taoísta Real", ou seja, King, Ki e Shen, Essência, Vitalidade e Espírito.

Blofeld (1979) relata que médiuns de ambos os sexos induzem deliberadamente um estado de transe, durante o qual tremem, transpiram, rosnam estranhas algaravias e permanecem inconscientes do que dizem e falam. Supondo que o deus ou espírito invocado esteja de fato presente no corpo do médium, os suplicantes se curvam e adiantam perguntas que são respondidas oralmente pelo próprio deus, através de seu veículo provisório; mas de vez em quando a resposta vem por escrito, o que é espantoso quando se sabe que o médium é analfabeto.

Observa que pode haver casos de fraude; mas lembra que os médiuns e seus assistentes são quase sempre sinceros em sua crença, pois imitar a voz e as ações dos deuses constituiria um crime a ser pago com a vida. Há evidências testemunhadas de perguntas feitas a um médium em transe (ou até antes do momento do transe) terem recebido respostas que não são conhecidas pelo médium; os médiuns podem ser vistos a qualquer hora do dia, no estado normal de consciência, e não raro demonstram inteligência apenas medíocre.

O autor ainda descreve a possessão involuntária por espíritos malignos, em que os pacientes são levados para o alto das montanhas, permanecem ali um ou dois dias e depois são mandados de volta para casa aparentemente em estado normal. Diz que ignora se a cura é permanente e que também não foi permitido presenciar o tratamento — "só o que pode dizer é que a mudança apresentada pelo paciente chegava a parecer miraculosa". (1979)

No entender dos próprios curandeiros taoístas, não havia dúvida quanto à causa do mal: os demônios invisíveis.

Já na época dos Cinco Imperadores Sábios, dava-se importância aos encantamentos para fins medicinais. Até taoístas eruditos recorreram, nos velhos tempos, a remédios e poções mágicas. Quanto aos encantamentos em geral, crê-se que os sábios da Alta Antiguidade podiam enriquecer os tradicionais com seus próprios poderes espirituais.

O Taoísmo lembra o Budismo no sentido de ser inteiramente livre de dogmas. Entretanto, ambos possuem fé na existência de um bem supremo. Embora essencial, a fé por si não basta; a imortalidade, ou, no caso do Budismo, a iluminação, deve ser conquistada por esforço continuado, e nem sábios nem deuses podem ajudar.

Realista, o chinês só se interessou pelos budas de meditação e bodhisattvas em caráter histórico. Os bonzos, curandeiros, adivinhos, intercessores junto aos poderosos, mediadores nas querelas, exerceram uma espécie de monopólio na orientação da alma no momento da morte.

O Budismo Anamita relaciona-se com o culto mahayanista, mas de fato só é seguido pelos bonzos. A plebe mistura-o com práticas animistas, confucionistas e taoístas mais ou menos deturpadas, como, outrossim, com ativo comércio divinatório.

O Budismo, principal religião de grande parte do Extremo Oriente, encontra-se de modo predominante no Tibete, na China e no Japão. De acordo com o Buda, na reencarnação, as tendências prevalecentes do caráter da pessoa é que sobrevivem à morte e entram em outro corpo. Após a morte, o vinnana[1] enche-se de anseio pela vida. Esse anseio o "atrai" de volta ao mundo físico e a pessoa nasce outra vez. O budismo crê que o carma da pessoa lhe determina a vida seguinte.

Para os orientais, a reencarnação segue o alvo da perfeição — a humanidade atingirá a perfeição moral, espiritual, física, corporal. A perfeição advém mediante um processo lento e gradual.

O carma é a característica geral, o que a pessoa semeia nesta vida vai colher na próxima; as vidas passadas influenciam ou determinam as vidas futuras. Com exceção dos budistas (vinnana), o eu persiste ao longo dos ciclos da roda do renascimento. Seja qual for a natureza do corpo, o corpo reencarnante é sempre perecível, de modo que o eu pode reencarnar outra vez.

A maioria concorda que as reencarnações não precisam ocorrer exclusivamente no planeta Terra. Elas podem acontecer em outros planetas, noutros sistemas solares, noutros universos e noutras dimensões.

Allan Kardec em *O Espiritismo* na sua expressão mais simples (1921) explica que, do ponto de vista religioso, o Espiritismo tem por base as verdades fundamentais de todas as religiões: Deus, a alma, a imortalidade, as penas e recompensas futuras; mas independe de qualquer culto particular. (p. 15)

Na *Revista Espírita* (janeiro/1863), Kardec assevera que, pelas provas patentes que o Espiritismo dá da existência da alma e da vida futura, base de todas as religiões, ele é a negação do materialismo.

Na *Revista Espírita* (dezembro/1868), o Codificador conclui que o Espiritismo deve submeter todas as crenças ao controle do livre exame e da razão, e nada aceitar pela fé cega; respeitar todas as crenças sinceras, por mais irracionais que nos pareçam, e não violentar a consciência de ninguém; ver enfim nas descobertas da ciência a revelação das leis da natureza, que são as leis de Deus: eis o credo, a religião do Espiritismo, reli-

---

[1] *viññana*: consciência; o ato de notar os objetos sensoriais e idéias na medida em que eles ocorrem; a cognição mais elementar dos objetos sensoriais e idéias; uma qualidade mental que é um dos cinco agregados (veja *khandhas*). Em alguns *suttas viññana* aparece como sinônimo de *citta* e *mano*. O progresso de *viññana* de uma vida para outra, transformando (de acordo com o *kamma* individual) a vida do ser (após a morte) para a vida seguinte, está expressa em alguns *suttas*, no entanto a idéia de que se trata de uma substância imutável é rejeitada e condenada de forma enfática. Fonte: *http://www.acessoaoinsight.net/glossario.php#V*

gião que pode conciliar com todos os cultos, isto é, com todas as maneiras de adorar a Deus. É o laço que deve unir todos os espíritas numa santa comunhão de pensamentos, esperando que ligue todos os homens sob a bandeira da fraternidade universal.

E o *Evangelho Segundo o Espiritismo* (1978) arremata esclarecendo que toda religião que não melhorar o homem não atinge sua finalidade.

Capítulo 5
1. A contribuição da medicina tradicional chinesa (MTC) nos tratamentos da corrente médica espiritual

> Os sábios não tratam aqueles que já caíram doentes, mas aqueles que não estão doentes. Eles não colocam o seu estado em ordem apenas quando a revolta está em desenvolvimento, mas antes de ocorrer a insurreição.
> Huang-Ti Nei Ching Su Wen

Quando afirmamos que a medicina tradicional chinesa (MTC) é de fundamental importância para a fluidoterapia não estamos falando em relação à inserção de agulhas ou de outras técnicas físicas sendo realizadas no Centro Espírita ou na Corrente Médica Espiritual, uma vez que não utilizamos nenhum instrumento ou objeto material durante os atendimentos.

Por que, então, mencionamos filosofia chinesa se ela não faz parte da Doutrina Espírita? Porque para a medicina tradicional chinesa o homem é um sistema energético no qual corpo e mente são unificados, cada um influenciando e equilibrando o outro; o tratamento espiritual orientado à luz do Espiritismo tem esse mesmo fim — ambos buscam a harmonização energética do ser.

São essas analogias que pretendemos evidenciar na MTC, uma ciência natural que reconhece o corpo humano como um sistema energético e, como tal, sujeito ao fluir contínuo dessa mesma energia universal que o alimenta. Para que haja saúde física e mental, a energia deve fluir e circular pelo corpo em equilíbrio e harmonia — os dois estados responsáveis pela ordem das coisas na natureza.

Para Giovanni Maciocia (1996) as emoções são estímulos mentais que, além de influenciar nossa vida afetiva, produzem efeitos no funcionamento orgânico.

O primeiro efeito de uma tensão emocional no corpo é afetar a própria circulação de energia (Qi).

Yamamura (2001) afirma que quando há bloqueio ou estagnação de energia no organismo, surgem as doenças.

A MTC expõe que as causas das doenças estão relacionadas a uma série de fatores externos (influências nocivas): vento, frio, calor, secura, umidade e calor de verão. Outros podem ser internos (sete emoções): raiva, mágoa, alegria excessiva, preocupação, medo e choque; outros fatores são as escolhas dos alimentos, o estilo de vida e acidentes.

E a literatura espírita orienta que pensamentos, ações, emoções, intenções, angústias, fobias e alegrias representam energias, que de certa forma gravitam em torno do psiquismo humano, sendo negativo em estado maior, devido à inferioridade relativa do ser humano na atualidade.

Se estas energias atingirem a estrutura sutil do corpo espiritual, esses estados emocionais, uma vez abrigados no íntimo do ser, causarão um bloqueio energético que se fará presente na periferia física como enfermidade ou doença.

Na MTC as emoções (excessivas ou prolongadas) são estímulos mentais que perturbam a Mente (Shen), a Alma Etérea (Hun) e a Alma Corpórea (Po), e através delas alteram o equilíbrio entre os órgãos internos e a harmonia do Qi e do sangue, ocasionando a doença.

A medicina chinesa tem sua atenção voltada à prevenção do corpo e da mente; engloba o equilíbrio da alimentação, das emoções, dos exercícios, da aplicação de acupuntura, moxabustão, ventosa, massagem, fitoterapia, tao yin, Tai Chi Chuan, Qi Gong etc.

Os médicos do Além insistem em nos esclarecer que os pensamentos e os sentimentos são a chave para a nossa mudança, e todos esses temas acima são abordados e orientados pela equipe espiritual não no sentido holístico, mas com o intuito de ressaltar que alimentação equilibrada, exercícios respiratórios, alongamentos, caminhadas, meditação, leitura e música são ferramentas úteis para o equilíbrio do corpo físico e do espírito.

A acupuntura é um ramo da medicina tradicional chinesa que se utiliza da agulha e do Calor, estimulando pontos do corpo para curar inúmeras enfermidades.

Pelo fato de se trabalhar com meridianos, ondas e pontos de força invisíveis no corpo, não seria tudo pura invenção ou má interpretação de outras causas, outros efeitos?

Descobertas recentes afirmam que o ponto de acupuntura tem um potencial elétrico (impedância) menos elevado do que o do tecido ao redor. Tal descoberta facilitou o uso de aparelhos elétricos que possibilitam a localização dos pontos nas linhas de energia através de sua medição.

Por outro lado, as agulhas de acupuntura podem produzir uma diferença de potencial suficiente para estimular o aparecimento do impulso elétrico nos meridianos.

Vários pesquisadores, como Kim Bong Han, Pierre de Vernejoul Pomerang, Dr. Jean-Claude Darras, Nakatani e Reichmanis, Backer, Zang-Hee Cho, Dr. Hiroshi Motoyama, vêm comprovando a existência dos meridianos invisíveis, da mecânica fisiológica do controle da dor, do controle termográfico, dos aspectos eletrofisiológicos dos pontos de acupuntura, de acupontos que têm conexão com o córtex, e desenvolvendo aparelhos como o AMI, entre outros.

O Dr. Hiroshi Motoyama criou o AMI — Aparelho para Mensuração dos Meridianos e Órgãos Internos Correspondentes —, um sistema computadorizado que faz o diagnóstico de desequilíbrios fisiológicos através de 28 eletrodos fixados em pontos específicos do organismo.

O AMI mede a condutividade elétrica, a capacitância e a polarização do tecido da pele e fluidos, que usa para avaliar a condição dos tecidos e o funcionamento dos meridianos de acupuntura e seus órgãos internos correspondentes. Afere, enfim, as características elétricas dos diversos meridianos acupunturais a fim de obter informações fisiológicas.

Em 1955, Niboyet afirmava que: "Há sobre a pele trajetos de menor resistência elétrica, cujo traçado corresponde aos dos Meridianos." Em 1963, em sua tese de doutorado, demonstrou que: "Entre dois pontos de um mesmo meridiano há um caminho de menor resistência à eletricidade."

Y. Grall, em 1962, apresentou uma correlação entre a redução da resistência elétrica de pontos da pele e estados patológicos. Em 1971, propôs uma cartografia dos pontos de acupuntura (de baixa resistência elétrica), numa tese de doutorado.

O médico e engenheiro romeno professor Dr. Ioan Florin Dumitrescu concluiu que as ondas eletromagnéticas que se irradiam dos organismos vivos mantêm uma relação de permutação com a atividade da vida. Dumitrescu construiu um aparelho chamado eletronógrafo, que analisa os diversos campos elétricos e magnéticos do corpo humano e deixa ver, na ampliação da imagem irradiada dos pontos de acupuntura, pela eletrografia de baixa tensão, indícios claros de doenças. Com esse aparelho ele conseguiu registrar acupontos brilhantes ao longo de meridianos ligados a órgãos afetados ou prestes a serem afetados por doenças.

A concepção dos canais de energia e dos pontos de acupuntura, o diagnóstico energético e o tratamento baseiam-se nos preceitos do Yin e do Yang, dos Cinco Elementos, do Qi (Energia) e do Xue (Sangue).

Para o entendimento dessa medicina milenar há a necessidade da compreensão da filosofia taoísta, do conceito de energia e do estudo das relações entre o homem, o céu e a terra.

O Tao — O Princípio Único. Esse termo apareceu primeiramente no *Tao Te King* (O Livro do Tao e Sua Virtude), de Lao Tsé:

> ... o Tao é Todo em tudo. Princípio e fim de toda a existência; está em nós, assim como estamos nele ... olhando, não é visto: é nomeado o Invisível; escutando, não é ouvido: é nomeado o Inaudível; tocando, não é sentido: é nomeado o Impalpável ... pode-se dizer que é Forma sem forma; Figura sem figura. É o Indeterminado. Indo ao seu encontro, não se vê sua face; seguindo-o, não se veem suas costas ... o Tao é eterno, não tem nome ...

O ideograma do Tao é composto por duas partes: a de cima representa a cabeça, que deve ser interpretada como "começo", consciência (lugar da luz celeste), e a de baixo, um sinal para "ir", "caminhar", como "ir deixando caminho para trás".

Emprega-se como sinônimo de Tao a "luz do céu" que, como

"coração celeste", "habita entre os olhos". Essência e vida estão contidas na "luz do céu" e constituem os segredos mais importantes do Tao. O Tao, o sentido do mundo, o Caminho, domina o homem, do mesmo modo que a natureza invisível e visível (céu e terra).

Em Maciocia (1996) encontramos que a MTC apoia-se na observação e nos princípios que norteiam a harmonia da natureza; o Universo e o ser humano são partes do Universo como um todo e estão submetidos às mesmas influências. As bases da filosofia chinesa sustentam a teoria Yin/Yang, Cinco Movimentos e Zang Fu (Órgãos e Vísceras).

A dualidade entre Yin e Yang determina a origem, os princípios e a existência de tudo que existe no Universo e na natureza. Acredita-se que a teoria Yin/Yang teve sua origem na observação da alternância do dia e da noite — o caractere Yin aponta o lado ensombrado de uma colina; o Yang, o lado ensolarado. Dessa forma, dia, sol, luminosidade, atividade são Yang; noite, escuridão, lua, sombra e descanso, Yin. O céu, onde o sol se encontra é Yang; a terra é Yin.

Yin e Yang são opostos, mas se complementam. Um interfere constantemente no outro, tal como o dia cede lugar à noite e vice-versa; o crescimento à deterioração e vice-versa. Yin/Yang são como dois estágios de transformação, Yang se transforma em Yin e vice-versa.

Yang, o estado mais rarefeito e imaterial da substância, energia pura (Céu), produz energia, gera, se expande; e Yin, mais material e denso, condensado (Terra), produz forma, cresce, matéria, contrai.

O *Simple Questions*, no capítulo 2, diz: "Yin é calmo, Yang, ativo. Yang origina a vida. Yin promove o desenvolvimento ...Yang é transformado em Qi. Yin é transformado em vida material."

No capítulo 5, o *Simple Questions* relata que o "Yin está no Interior, sendo a base material do Yang; Yang está no Exterior e é a manifestação do Yin".

Essas afirmações são claramente observadas no corpo perispiritual (etérico) e no corpo físico (material).

Segundo Maciocia (1996), a teoria do Yin/Yang nasceu antes da teoria dos Cinco Movimentos — esta foi desenvolvida pela mesma escola filosófica da teoria Yin/Yang e explica os processos evolutivos da natureza, do Universo, da Saúde e da Doença.

Os Cinco Movimentos guardam inter-relação entre si e obedecem ao critério de geração e de dominância que trazem normalidade; a desarmonia nestes critérios causa a doença. Estes princípios relacionam-se tanto ao equilíbrio quanto à desarmonia da natureza e da saúde humana.

Para Wen (2006), todos os fenômenos dos tecidos e órgãos, da fisiologia e da patologia do corpo humano podem ser interpretados através desses elementos. Ocupam, portanto, lugar importante na medicina tradicional chinesa.

Para Maciocia (1996), os Cinco Elementos são cinco processos básicos da natureza, as qualidades e as fases de um ciclo ou a capacidade inerente de modificação de um fenômeno.

A ordem de geração é: Madeira gera Fogo (Madeira é Mãe do Fogo e Filha da Água), Fogo gera Terra, Terra gera Metal, Metal gera Água e Água gera Madeira. A ordem de dominação ou controle é: Madeira domina Terra, Terra domina Água, Água domina Fogo, Fogo domina Metal e Metal domina Madeira.

A teoria de Zang Fu corresponde aos sistemas de Órgãos (Zang) e Vísceras (Fu) dentro da MTC. São doze sistemas (seis Yin e seis Yang) agrupados em pares acoplados através dos canais e colaterais ou meridianos de energia.

Maciocia (1996) adota escrever os órgãos e as vísceras em letra maiúscula para distingui-los da forma ocidental de ver os órgãos e as vísceras. Eles são assim mais bem compreendidos em termos das funções que desempenham e dos aspectos energéticos, emocionais, espirituais e físicos.

Os Zang possuem características mais Yin, são mais sólidos e internos, correspondem à estrutura, são responsáveis por transformar, estocar e distribuir substâncias puras que receberam dos sistemas denominados Fu. Os Fu, por sua vez, possuem aspectos mais Yang, sendo mais ocos e externos; responsabilizam-se pela transformação dos alimentos e dos líquidos em substâncias puras que são direcionadas para os Zang, e também são responsáveis pela excreção dos subprodutos dessa transformação (este fato é chamado, no Ocidente, de sistema digestório); correspondem à função, e formam uma relação de interdependência.

Em resumo os Zang, de polaridade Yin, atuam somente com substâncias puras, e os Fu, de polaridade Yang, transformam os alimentos e líquidos em substâncias utilizáveis pelo organismo, mas sem estocá-los (Ross, 1994).

Conforme esclarece Ysao Yamamura (2001), o conceito de Zang Fu (Órgãos e Vísceras) aborda a fisiologia energética dos Órgãos (Coração-Xin, Pulmão-Fei, Fígado-Gan, Baço/Pâncreas-Pi e Rim-Shen); das Vísceras (Vesícula Biliar-Dan, Intestino Delgado-Xiao Chang, Estômago-Wei, Intestino Grosso-Da Chang, Bexiga-Pangguang; e das Vísceras Curiosas do ser Humano (Vesícula Biliar-Dan, Vasos sanguíneos-Xue Mai, Útero, Ossos, Medula Óssea, Medula Espinal e Encéfalo).

Zang Fu forma um sistema interligado que integra tanto as funções fisiológicas do organismo, suas partes, seus sentidos e sua atividade cerebral, quanto as emoções e a relação com o ambiente externo. Relaciona-se também à produção, à transformação, ao armazenamento e à distribuição das Substâncias Vitais (Qi), Sangue (Xue), Essência (Jing) e Líquidos Corpóreos (Jin Ye).

Segundo Richard Gerber (1998), a acupuntura leva a energia Qi até os órgãos através dos pares de meridianos que correm ao longo do lado direito e do lado esquerdo do corpo. Quando um órgão está doente, os pares de meridianos apresentam um desequilíbrio elétrico (um brilho intenso) entre os dois lados do corpo que pode ser detectado através de sistemas de diagnóstico tais como o Aparelho AMI, o que pode vir a tornar-se um método alternativo de detecção de doenças.

Os meridianos comunicam-se entre si através de ramos secundários, que estabelecem interligações entre todos os Meridianos Principais, e entre estes e os Meridianos Extras. Tanto os Meridianos Principais como os Extras apresentam trajetos longitudinais que percorrem a superfície do corpo e ao longo dos membros, do tronco e da cabeça, exceto um único que percorre a cintura transversalmente. Os Meridianos Principais conectam-se ou originam-se de algum órgão específico, do qual recebem o nome. O Meridiano do Estômago, por exemplo, é assim denominado porque se conecta ao estômago. Pai (2005)

Maciocia (1996) escreve que:

> Na medicina ocidental os sinais e sintomas são levados em consideração como manifestações subjetivas ou objetivas da patologia, e na medicina chinesa consideram-se

outras manifestações diferentes, muitas das quais não estão relacionadas ao processo patológico real, para poder formar um quadro de desequilíbrio em um indivíduo.

Por exemplo, na medicina chinesa, a ausência de sede confirma a condição de Frio; a incapacidade para tomar decisões confirma uma debilidade da Vesícula Biliar; dislalia, uma fraqueza do Baço; uma aparência apática dos olhos confirma uma Mente afetada; entre outros. Portanto, na medicina chinesa, as referências aos sinais e sintomas são feitas dentro deste contexto acima.

Por vários séculos, o diagnóstico chinês tem desenvolvido um sistema sofisticadíssimo entre os sinais externos e os sistemas internos. A correlação entre os sinais externos e os sistemas internos está resumida na expressão: "Inspecione o exterior para examinar o interior." De acordo com a ideia básica do diagnóstico chinês, praticamente tudo (pele, compleição, ossos, meridianos, odores, sons, estado mental, preferências, emoções, língua, pulso, hábitos, fluidos corpóreos) reflete o estado dos sistemas internos, sendo útil no diagnóstico.

A essência de todo processo de diagnóstico é identificar os padrões, e que todos os sintomas e sinais são considerados em relação aos outros, ou seja, não podem ser considerados isoladamente.

Em *Extratos do Livro Interno de Huangdi*, o Imperador Amarelo pergunta, e Ch'i Pó responde:

> O médico deve começar sempre por observar estas coisas, não obstante a falta de sintomas no exterior do corpo. Por isso se diz: deve-se investigar e examinar o que é profundo e misterioso. Perpetrados ao infinito, estes métodos podem ser transmitidos à posteridade, o que explica os extraordinários modos de procedimento do médico. Em virtude de os sintomas não se revelarem exteriormente, nem toda a gente é capaz de vê-los ... Acerca dos que são capazes de ver sem necessidade de sintomas e de saborear quando não há sabores, diz-se que utilizam profundo e misterioso conhecimento e se assemelham aos divinamente inspirados.

O espírito Emmanuel em *Lembrança Fraternal aos Enfermos*, pelo médium Chico Xavier, com sabedoria nos orienta que é muito importante combater as moléstias do corpo, mas ninguém conseguirá eliminar efeitos quando as causas permanecem:

> Usa os remédios humanos, todavia inclina-te para Jesus e renova-te, espiritualmente, nas lições de seu amor. A doença, quando não seja a advertência das células queixosas do tirânico senhor que as domina, é a mensageira amiga, convidando a meditações necessárias.

André Luiz (1955) resume o capítulo com a excelente correlação entre a MTC e o Espiritismo: a doença, como resultante do desequilíbrio moral, sobrevive no perispírito, alimentada pelos pensamentos que a geraram, quando esses pensamentos persistem depois da morte do corpo físico. A vida corpórea é a síntese das irradiações da alma. Não há órgãos em harmonia sem pensamentos equilibrados, como não há ordem sem inteligência. Teus órgãos são vivos e educáveis.

2. Pontos de acupuntura e chacras (centros de energia)

> Todas as coisas sobre a terra e no espaço se comunicam com as energias Yin e Yang. O ser humano é um pequeno universo, já que o corpo humano tem tudo o que o Universo tem.
>
> O Imperador Amarelo

A palavra "chacra", originária do sânscrito, quer dizer "roda" ou "pires", que, em seus movimentos vorticosos, forma uma depressão no centro. Portanto, seu significado etimológico é "disco giratório".

Segundo Ross (2003), os pontos e os canais de acupuntura podem ser considerados a fronteira entre o corpo físico e o energético, e possuem características dos dois aspectos. Os chacras representam as áreas centrais para a coordenação dos fluxos de energia no interior do corpo energético, possuem face na superfície ventral e dorsal.

Os centros de energia, os canais e os pontos de acupuntura fazem parte do sistema de circulação de energia do corpo. Os pontos de acupuntura situam-se perto da superfície, e podem afetar níveis superficiais de pele e músculos, como órgãos internos, enquanto os centros de energia encontram-se mais profundamente e não se relacionam com as camadas superficiais, mas com o equilíbrio interno de energia.

Ross (2003) descreve nove centros de energia e relaciona a localização e função individuais dos pontos de acupuntura nos canais Vaso Concepção e Vaso Governador.

Os nove principais centros de energia localizam-se ao longo do eixo vertical e central do corpo, e geralmente estão associados a uma glândula endócrina, um grupo de nervos espinais e a um plexo nervoso autônomo, ou seja, os chacras correspondem à organização segmentar do corpo e ao sistema nervoso.

O Canal Vaso Governador (VG) e o Canal Vaso Concepção (VC) formam o eixo vertical para a circulação de energia corpórea. Eles estão ligados com os Canais Extraordinários e com os Rins. Os pontos localizados em VG e VC podem ser usados em conjunto com os pontos de abertura dos Canais Extraordinários, como base de um sistema de acupuntura focado nos centros de energia.

Centro de Força	Glândula endócrina
Coronário	Pineal
Frontal	Hipófise
Garganta	Tireoide
Coração	Timo
Plexo Solar	Suprarrenal
Baço	Pâncreas
Dan Tian	Suprarrenal
Reprodutor	Gônadas
Períneo	Suprarrenal

Fonte: Ross, Jeremy. *Combinações dos Pontos de Acupuntura.*

Centro de Energia	Ponto Vaso Concepção	Ponto Vaso Governador	Função
Coronário	–	VG-20	Vida espiritual, equilíbrio do espírito no corpo físico, nas emoções e na mente.
Frontal	–	Yin Tang	Sabedoria, percepção clara, equilíbrio entre intuição e análise.
Garganta (Laríngeo)	VC-22 VC-23	VG-14 VG-15	Comunicação de ideias e sentimentos, criatividade.

Medicina Espiritual: a medicina do amor

Coração (Cardíaco)	VC-17	VG-11	Amor, compaixão.
Plexo Solar (Gástrico)	VC-14 VC-15	VG-9	Sensibilidade para influências emocionais, sobrevivência do ego.
Baço	VC-12	VG-6	Nutrição física, emocional ou mental.
Dan Tian	VC-4 VC-6	VG-4	Armazenamento e distribuição de energia para o corpo físico e o corpo etérico, ponto focal para movimento, força e vontade.
Reprodutor (Esplênico)	VC-2 VC-3	–	Criatividade e expressão do self por meio do sexo e da reprodução.
Períneo (Genésico)	VC-1	VG-1	Sobrevivência, fixação do espírito ao corpo físico, conexão do corpo com as energias da terra.

Fonte: Ross, Jeremy. *Combinações dos Pontos de Acupuntura.*

Mann (1982) afirma que os pontos indianos dos chacras e nádis correspondem a pontos de acupuntura. O autor define chacras como centros em forma de roda, situados no duplo etérico (segundo corpo do homem, duplicata exata do físico, invisível a olho nu para as pessoas comuns, mas perfeitamente percebido pelos clarividentes), que funcionam como verdadeiros acumuladores, realizando seu trabalho à semelhança dos dínamos ou das baterias que alimentam determinados engenhos.

Conceitua nádis como sendo canais eletroetéricos pelos quais circula o prana (energia vital) recebido pelos chacras e que se distribuem por todo o duplo etérico, de acordo com a ciência da Yoga.

Susan Andrews define os chacras como "transformadores" que decompõem a energia dos nossos corpos mais sutis para os mais densos. Eles energizam os nossos corpos físicos por meio de uma vasta e complexa rede de canais de energia que fluem num plano energético mais refinado. Através dessa rede, os chacras controlam os plexos, os nervos, as glândulas endócrinas e os órgãos situados nas suas respectivas regiões, e a ativação das respectivas glândulas faz com que estimulem ou inibam a produção de hormônios.

No corpo físico os chacras correspondem aos gânglios nervosos, às glândulas do sistema endócrino e a vários processos corporais, e influenciam os estados mentais e físicos; eles podem nos dar pistas importantes sobre nossas forças e fraquezas, sublinhando áreas que precisamos trabalhar em nós mesmos. (Judith, 2004)

Gerber (1998) aponta chacras como portais dimensionais existentes no interior dos corpos sutis, que captam e processam energia de natureza vibracional superior de modo que ela possa ser corretamente assimilada e utilizada para transformar o corpo físico. Cada um dos chacras principais está ligado a um grande plexo nervoso e a um grande centro glandular do sistema endócrino, e é associado a um determinado sistema fisiológico.

Associações neurofisiológicas e endócrinas dos chacras

CHACRA	PLEXO NERVOSO	SISTEMA FISIOLÓGICO	SISTEMA ENDÓCRINO
Cabeça	Córtex cerebral Glândula pineal	SNC Controle central	Glândula pineal
Terceiro Olho	Hipotálamo Hipófise	Sistema nervoso autônomo	Hipófise
Garganta	Gânglios cervicais Medula	Respiratório	Tireoide
Coração	Plexo cardíaco	Circulatório	Timo
Plexo Solar	Solar	Digestivo	Suprarrenais
Sacro	Sacro	Geniturinário	Células de Leydig
Coccigiano	Sacrococcígeo	Reprodutivo	Gônadas

Fonte: Gerber, Richard. *Medicina Vibracional — Uma Medicina para o Futuro*.

O funcionamento adequado de cada um dos principais chacras é de fundamental importância para o equilíbrio e a saúde celular de cada sistema de órgãos.

Os chacras ajudam no controle do fluxo de força vital para os diferentes órgãos do corpo. Quando funcionam de forma adequada, ajudam a fortalecer e a equilibrar um determinado sistema fisiológico. O funcionamento anormal dos chacras pode enfraquecer uma determinada área do corpo.

Nos corpos físico, duplo e psicossoma existem muitos sistemas homeostáticos interligados que contribuem para a manutenção da saúde da pessoa. Cada sistema opera em harmonia com os outros ao longo de um eixo hierárquico de fluxo de energia.

As alterações no nível físico são apenas o resultado observável de eventos fisiológicos que ocorrem simultaneamente em diversos níveis energéticos.

Os chacras fornecem uma espécie de energia nutritiva sutil (Qi, fluido vital, prana) para partes específicas do corpo físico. O livre fluxo dessa energia através dos nossos canais energéticos e dos sistemas molecular e celular ajuda a conservar a vitalidade do corpo físico.

Segundo Gerber (1998), enquanto o sistema digestivo assimila energia bioquímica e blocos de construção moleculares na forma de nutrientes físicos, os chacras, junto com o sistema de meridianos acupunturais, assimilam energias vibracionais superiores igualmente imprescindíveis para o correto crescimento e a manutenção da vida física.

Os nutrientes físicos são usados para promover o crescimento celular e a homeostase no nível das moléculas. As correntes energéticas sutis conduzidas pelos chacras e meridianos contribuem para estabilizar e organizar o corpo etérico, que representa o molde de crescimento energético para o corpo físico.

As alterações energéticas ocorrem no nível etérico antes de se manifestarem na forma de eventos físicos no nível celular. É possível perceber, portanto, o quanto é importante conservar a organização e a saúde do corpo etérico.

As correntes de energia fluem para dentro do corpo através do chacra coronário (topo da cabeça), e como os chacras estão intimamente ligados à medula espinal e aos gânglios nervosos existentes ao longo do eixo central do corpo, a energia flui para baixo, passando do chacra coronário para os inferiores, os quais distribuem as correntes sutis para as partes do corpo e os órgãos apropriados.

Ao penetrar nos chacras, as energias são reduzidas e transmitidas como informação de natureza fisiológica, e convertidas em sinais hormonais produzidos por cada uma das principais glândulas endócrinas ligadas aos chacras.

Todo o corpo é afetado pela liberação de diminutas quantidades de hormônios na corrente sanguínea, além de distribuir energia vital para vários órgãos diferentes que estão localizados na mesma parte do corpo e tendem a ressonar em frequências semelhantes.

As causas de um funcionamento anormal de um chacra envolvem questões emocionais, mentais e espirituais como padrões de comportamento. Os chacras são órgãos de percepção psíquica no corpo sutil, e cada um está associado a um diferente tipo de função psíquica. Por exemplo, o chacra frontal (terceiro olho) está associado à clarividência (ver com clareza) e à percepção intuitiva.

Dinâmica energética dos chacras

CHACRA	POSIÇÃO	ASPECTOS INTERNOS	FORÇAS	NATUREZA
Coroa	Topo da cabeça	Busca espiritual	Espirituais superiores	Espiritual
Testa	Fronte (lobo frontal)	Intuição Visão Interior	Espirituais Superiores	Espiritual
Garganta	Pescoço	Comunicação Vontade	Mental inferior	Pessoal
Coração	Região média do peito	Amor	Astral superior	Pessoal
Plexo Solar	Abdome superior	Poder pessoal	Astral inferior	Pessoal
Sacro	Abaixo do umbigo	Emoção Sexualidade	Prana	Fisiológica
Raiz	Base da espinha	Senso de realidade	Kundalini	Fisiológica

Fonte: Gerber, Richard. *Medicina Vibracional — Uma Medicina para o Futuro.*

O chacra do corpo perispiritual recebe a energia, e esta é enviada ao chacra do duplo etérico e distribuída, através dos nádis (canais energéticos constituídos por delgados filamentos de matéria energética sutil), para os centros nervosos e glandulares especiais espalhados por todo o corpo.

Os nádis representam uma extensa rede de energias fluidas que se compara, em abundância, aos nervos do corpo, e são diferentes dos meridianos, os quais, na verdade, têm uma contraparte física no sistema de dutos meridianos.

Kulcheski (2002) declara que os chacras são pontos de conexão pelos quais a energia flui de um corpo a outro. Os fluxos energéticos criam vórtices ou redemoinhos, e aproveitam essa entrada para atravessar o perispírito e o duplo etérico e passar para o organismo físico. A comunicação entre os chacras acontece através dos meridianos, por onde flui a energia vital alterada por eles.

Ele relata dois tipos de chacras: do perispírito e do duplo etérico. Afirma que os centros de força do corpo espiritual captam as vibrações do espírito e as transferem para os chacras do duplo etérico, que fazem uma filtragem e as remetem para as regiões dos plexos correspondentes na matéria física, bem como que a principal entrada é o chacra coronário, depois o frontal e o laríngeo. Já o fluido vital entra no corpo principalmente pelo chacra esplênico e, depois, pelo gástrico, enquanto o chacra genésico é a principal entrada do éter físico, Kundalini.

Menciona que interpenetrando-os existe um filtro atômico que atua como uma defesa eficaz contra a possibilidade de obsessão que pode ser lesionado ou rompido por várias situações, como uma emoção violenta, um susto enorme, um acesso de raiva ou ira, uso de drogas, bebidas e fumo, um precoce desenvolvimento mediúnico, entre outras.

Kulcheski (2002) explana ainda que os chacras distribuem vibrações que se traduzem em impulsos elétricos. Para se localizar um chacra devemos encontrar a reunião e o cruzamento de diversos feixes musculares em determinada parte do corpo físico. Isto produzirá um plexo nervoso, aí estará localizado um chacra.

Gleber (2000) esclarece que o perispírito é a sede das emoções, e os seus chacras estão relacionados com o estado emocional da pessoa. Por seu lado, os chacras do duplo, através dos nádis, trabalham as energias astrais transformando-as em vitalidade e nas funções nervosas e glandulares que facultam o estado de saúde física.

Os "nádis", termo hindu, apresentam-se na parte etérica como uma rede de energia que mantém a ligação dos diversos chacras com os plexos e as células nervosas. Na realidade, o sistema nervoso no corpo humano é a materialização dessa rede invisível que é formada nos fluidos etéricos ou na corrente eletromagnética do corpo espiritual.

Os chacras são transformadores de toda a energia que o ser humano recebe para o seu equilíbrio biopsíquico; são responsáveis pela assimilação e distribuição da energia vital que irriga as células do corpo físico.

O seu íntimo relacionamento com o sistema nervosos os faz responsáveis pelas ligações ou impulsos que envolvem os nervos do cérebro humano, além de sua atuação nas glândulas endócrinas e na produção hormonal.

Para Gleber (2000), o sistema de meridianos (molde original da ramificação das células nervosas), encontra-se intimamente relacionado com os chacras e com o próprio sistema circulatório.

No perispírito existe um sistema de chacras em dimensão superior à do duplo, que, se enraizando nele, transfere e processa os fluidos do plano superior que contribuem para o equilíbrio íntimo do ser. Os centros de força têm seus plexos correspondentes no corpo orgânico, mas os mesmos não se acham encerrados no corpo físico — encontram-se externos e se afunilam em direção a eles.

Apresentam-se como funis que giram da direita para esquerda, formando minifuracões, minirredemoinhos, cuja boca está direcionada ao espaço etéreo, afirma Jacob Melo (1993).

Jorge Andréa (1990) chama os chacras de "discos energéticos", e explica que a zona mais externa do psicossoma, onde se expressam os discos energéticos, é a mais rica de vibrações e colorido, variando de um para outro disco, na dependência da importância fisiológica de que estão investidos.

Para Armond (1975), há diversas energias que circulam no Cosmo alimentando a vida de todos os seres, que provêm da Terra, do sol, do espaço infinito, dos seres espirituais. Segundo ele, o homem encarnado se nutre de alimentos sólidos e líquidos, que são absorvidos pelo aparelho digestivo; do ar atmosférico, que é captado pelo aparelho respiratório e pela pele; e de energias espirituais (fluidos e raios cósmicos), através dos chacras.

Esses chacras são centros de força espiritual ou fluídica no perispírito (duplo etérico) que formam um campo eletromagnético utilizado pelo Espírito e funcionam em plena ligação e intercâmbio com os plexus do corpo material. As energias cósmicas e fluídicas vertem para os chacras, destes para os plexus e destes para o sistema nervoso correspondente. Os principais localizam-se em regiões anatômicas correspondentes aos plexus do corpo orgânico.

André Luiz (1976) discorre sobre os centros de força entrelaçados no psicossoma, e consequentemente no corpo físico, por redes plexiformes, e diz que nosso corpo é regido por sete centros de força, que se conjugam nas ramificações dos plexos e que, vibrando em sintonia uns com os outros, ao influxo do poder diretriz da mente, estabelecem um campo eletromagnético, no qual o pensamento vibra em circuito fechado.

Apresentaremos a seguir um resumo sobre os centros de força referente à bibliografia consultada.

Centro coronário

Instalado na região central do cérebro, sede da mente, centro que assimila os estímulos do Plano Superior e orienta a forma, o movimento, a estabilidade, o metabolismo orgânico e a vida consciencial da alma encarnada ou desencarnada. Supervisiona os outros centros vitais que lhes obedecem ao impulso, procedente do Espírito. (André Luiz, 1976)

Localização: topo da cabeça.
Ligação glandular: pineal ou epífise.
Expressividade: iluminação espiritual, o centro da consciência.
Associação: ação do chacra básico.

O coronário está ligado à ação do chacra básico, por receber dele as energias e transformá-las em atividade superior. É o responsável pela vivência mais elevada e pela consciência ampla do espírito. Através do coronário, todo o sistema nervoso se conecta à fonte universal da vida. É o mais importante chacra energético, destinado a receber e processar as influências sublimadas dos planos astrais, e promover a iluminação da consciência.

Quando apresenta excesso de vitalidade, isto é, quando está desregulado, opera de forma desarmônica e absorve um quantum energético superior, e sua capacidade de processamento tem seu desempenho prejudicado.

O acúmulo energético produz hiperatividade da glândula pineal; há aumento de atividade mental. Sintomas: Pessoa agitada em seus relacionamentos; sente pressão na cabeça, sensação de dor de cabeça.

Quando o coronário se apresenta desvitalizado, os sintomas são: dificuldade para realizar elaboração mental; dificuldade para concentração; sono descontrolado.

Centro cerebral (frontal)

Contíguo ao coronário, com influência decisiva sobre os demais, governa o córtice encefálico na sustentação dos sentidos, marcando a atividade das glândulas endócrinas e administrando o sistema nervoso, em toda a sua organização, coordenação, atividade e mecanismo, desde os neurônios sensitivos até as células efetoras. (André Luiz, 1976)

Localização: entre as sobrancelhas.

Expressividade: clarividência, o centro da visão interior.

Ligação glandular: pituitária ou hipófise (coordena as glândulas endócrinas; que produzem hormônio).

Associação: corpo mental superior (abstrato), inspiração, os mais sublimes desejos e pensamentos, e representa a intuição pura.

O corpo mental é um corpo energético de dimensão superior ao perispírito. Não possui órgãos internos iguais ao corpo físico. Geralmente no plano astral, apresenta-se como um corpo ovalado.

O Vórtice Frontal relaciona-se com a visão mais ou menos ampla e racional que o homem tem da vida e do mundo que o cerca. Em segundo plano, essa visão pode ser ampliada para outras dimensões da vida.

Quando absorve do coronário uma cota maior de vitalidade, pode gerar hiperatividade mental. Sintomas: esgotamento, apatia, estresse, insônia, febre mental, supervalorização da vida, dor de cabeça (frontal) e excesso de valores e cobranças consigo mesmos e com o próximo.

Quando o frontal expressa falta de vitalidade, os sintomas são: dificuldade de aprendizado, autocrítica, falta de bom senso (olhar deturpado sobre a vida e a moral); o indivíduo se sente perseguido e acuado diante de certas dificuldades próprias da luta evolutiva.

Um simples tratamento energético não poderá modificar as disposições íntimas de ninguém. É possível criarem-se condições favoráveis para o despertamento da visão psíquica interior, contudo a modificação das disposições íntimas só será possível através do firme exercício da vontade em ações concretas por parte do ser.

Centro laríngeo

Controla a respiração e a fonação. (André Luiz, 1976)
Localização: garganta
Expressividade: centro de comunicação e expressão da vida.
Ligação glandular: tireoide e paratireoide.
Associação: corpo mental inferior ou concreto, raciocínio, sensibilidade dos cinco sentidos (personalidade), responsável pelo domínio das emoções, controla os instintos e a subconsciência adquirida e arquivada nas experiências passadas.

A sua função transcende a simples atuação da voz, engloba todos os aspectos de relacionamento com a mensagem da vida.

Comunicação, compreensão da vida, capacidade de interação com o mundo, com as ideias e os seres.

Dependem do bom funcionamento do laríngeo as interpretações dos conteúdos mentais e emocionais inseridos nos eventos da vida.

Por suas qualidades de expressão do espírito, o chacra laríngeo participa tanto da vida física quanto da vida e da visão transpessoal. Quando a pessoa está sob a influência desse chacra, é comunicativa, criativa, extrovertida e possui maior dinâmica na voz. Possui uma percepção mais apurada da necessidade de servir a humanidade (professores, profissionais de comunicação, escritores, oradores).

Nos indivíduos cuja vitalidade não estimula o chacra laríngeo há maior dificuldade de comunicar-se com o mundo e as pessoas em geral, a voz deixa de ser clara, é necessário esforço para compreender as palavras que articulam. Eles apresentam grande dificuldade em entender o mundo e a mensagem da vida para si mesmos. Vivem sem entender o porquê dos acontecimentos.

Conforme a sua vitalização ou desvitalização, o ser age ou reage no meio social onde vive.

Centro cardíaco

Dirige a emotividade e a circulação das forças de base. (André Luiz, 1976)

Localização: centro do peito, entre o plexo solar e o laríngeo.

Expressividade: entusiasmo pela vida, afetividade, autoamor, sentido do belo, sensibilidade ante a vida.

Ligação glandular: timo e sistema linfático.

Associação: com o chacra frontal nos processos de despertamento da intuição. Ambos os chacras são elementos importantes na captação e interpretação de ideias que nascem e procedem dos mundos sutis ou da própria mente.

Quando alguém se envolve com qualquer ideia, elege um objetivo ou uma meta para a sua vida, utiliza a vitalidade do chacra cardíaco para sua realização.

Relaciona-se com a expressão do autoamor e, em decorrência, com o amor por todas as criaturas.

Sentimentos são formas de atuação do cardíaco consideradas femininas, passivas, e estão ligadas à intuição (polaridade Yin).

Os sintomas do chacra desvitalizado são: apatia por tudo e por todos; pessoas secas, pragmáticas, racionais, sem percepção da harmonia e das belezas da vida; falta de estímulos por realizações ou pelas realizações alheias; falta de senso estético (falta do sentimento do belo, da harmonia); não gostam de ser contrariadas e não visualizam os limites dos outros; insensíveis aos limites alheios, exigem que suas ideias e gostos sejam atendidos.

Quando o chacra apresenta excesso de vitalidade, os sintomas são: valores excessivos; excesso se sensibilidade; decepção constante; facilidade de magoar-se; carência afetiva (estados de infelicidade e incoformidade); frustração com o mundo, as pessoas e a vida.

O objetivo maior do chacra cardíaco é mostrar a capacidade do ser em permanecer fiel a si mesmo, como indivíduo, deixando-se envolver e vibrar pelo outro — a natureza, o ser humano, o Cosmo — e aproximar-se, sem perder a individualidade.

Centro gástrico

Responsabiliza-se pela digestão e absorção dos alimentos densos que, de qualquer modo, representam concentrados fluídicos penetrando-os a organização. (André Luiz, 1976)

Localização: próximo do umbigo.

Expressividade: assimilação emocional; sensibilidade, prazer, paixão pela vida e pelos elementos materiais.

Ligação glandular: sistema digestivo e glândulas suprarrenais (adrenalina).

Associação: perispírito.

Centro da vontade do ego e emoções. É responsável pela assimilação das emoções e das experiências, tão necessárias para o despertamento da consciência.

Ligado ao perispírito, é especializado no domínio dos instintos e das emoções. Através dele, o ser expressa as suas culpas e seus medos, decorrentes das etapas reencarnatórias mal vividas.

Se há excesso de vitalidade os sintomas são: descontrole emocional, agressividade, ansiedade, raiva, ressentimento, mágoa, ciúme e irritabilidade.

Com falta de vitalidade os sintomas são: apatia (não se apaixonam por nada na vida); falta de perspectivas, de objetivos e de metas para atingir; melancolia, tristeza e depressão; o indivíduo vive na rotina.

O equilíbrio desse chacra é o que produz a alegria e o entusiasmo de vivenciar as experiências do mundo físico como processo de aprendizado.

A medicina chama a região do abdome de "segundo cérebro" ou "cérebro abdominal", porque é a subestação nervosa mais importante do corpo humano depois da função do cérebro. É o responsável pelo metabolismo do processo digestivo, e controla também o sistema vagossimpático, que recebe influência do plexo solar.

Centro esplênico

Determina todas as atividades em que se exprime o sistema hemático, dentro das variações de meio e volume sanguíneo. (André Luiz, 1976)
Localização: região correspondente ao baço.
Expressividade: vitalização, energização, elemento de cura material. Transformador de tensão elétrica.
Ligação glandular: baço, pâncreas e vitalização sanguínea.
Associação: duplo etérico ou corpo vital.

O centro esplênico é responsável pela vitalização do duplo etérico e pelos seus sistemas de distribuição energética, realizado por meio dos nádis. O esplênico absorve energia do sol, nutrindo e revitalizando o sistema sanguíneo.

Sintomas em caso de excesso de vitalização: dormir além das oito horas necessárias (adulto), fuga da realidade, fantasias e desejos diversos (que não se concretizam, angústia e frustração), rebeldia; falta de limites.

O chacra esplênico é um armazém de energias vitais, necessárias para a vida física. Liga-se ao chacra laríngeo (expressividade e comunicação), e os dois agem em sintonia. Quando não estão ligados, surgem como sintomas a falta de realização na vida, o abandono dos projetos e planejamentos (antes mesmos de executá-los). Em casos de anemia, leucemia e outras enfermidades que afetam o sistema imunológico, o tratamento deste chacra é de vital importância.

Quando está desregulado em suas funções, o esplênico absorve todo tipo de energia do ambiente, sem importar a qualidade dela.

Centro genésico

Guia a modelagem de novas formas entre os homens ou o estabelecimento de estímulos criadores, com vistas ao trabalho, à associação e à realização entre as almas. (André Luiz, 1976)
Localização: base da coluna vertebral.

Expressividade: juventude, ilusão, sensualidade, cólera, insegurança, violência e materialismo. Relaciona-se com as leis do mundo físico e da vida social.

Ligação glandular: suprarrenais e gônadas (testículos e ovários).

É o ponto de ligação do ser com sua identidade social no mundo em que vive.

Os indivíduos que apresentam o chacra mais vitalizado apresentam comportamento violento, ligam-se aos aspectos mais materiais da vida e exalam erotismo e violência, tanto no pensamento quanto nas atitudes; fazem uso de palavras com teor de raiva, rancor, cólera e violência mental, verbal ou interpretativa (atitudes alheias); há queixas de incômodos na base da coluna, acompanhada de pensamentos decorrentes de amplo conteúdo erótico. Em tais circunstâncias, as energias do básico costumam fluir para o coronário, irradiando nele todo o seu erotismo. Imediatamente os pensamentos passam a se sintonizar com os elementos materiais da sexualidade; sonhos, pesadelos e situações recorrentes costumam povoar a vida daquele que esta sob a influência do energismo desse centro da vida material.

Eurípides Barsanulfo (1999) menciona que possuímos outros centros de força que são todos comandados por estes sete principais; eles emitem ondas magnéticas através dos chamados pontos de força, que são pequenos centros de força. Revela que os centros de força do corpo não agem protegendo apenas o abdome, o tórax, a cabeça; pelo contrário, eles protegem também os membros superiores e inferiores; estes são receptores, e recebem ondas de força pelos pontos de força, assim como os órgãos as recebem pelos chacras.

Zimmermann (2011, p.53) reconhece que o psicossoma apresenta um número considerável de "pontos de força", responsáveis, em seu conjunto, pela distribuição da energia vital e, por conseguinte, pelo equilíbrio fisiológico do organismo físico. Ratifica que em verdade, na Antiguidade, entre os hindus — especialmente com base nos Upanixades, os comentários dos Vedas que formavam os quatro livros sagrados (750-500 a.C.) —, já se sabia de sua existência. E muito antes, os chineses, com base no Taoísmo, elaboraram complexa e refinada técnica de cura, baseando-se no princípio de que a saúde depende do equilíbrio entre as forças Yang e Yin, expressões da energia vital, alcançável pela estimulação de pontos distribuídos por todo o corpo.

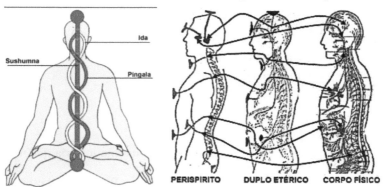

Nádis e os principais centros de força.

https://marinayoga.files.wordpress.com (nádis)
http://www.blogespirita.org (centros de força)

Capítulo 6
Um pouco de estrutura da matéria
Marcus Vinícius Russo Loures

> Somos feitos da mesma matéria que nossos sonhos.
>
> William Shakespeare

Na Doutrina Espírita, a estrutura do homem compõe-se de uma essência imaterial, o espírito, cercada de um envoltório semimaterial, constituído de fluidos presentes na atmosfera em que o espírito viverá suas experiências retificadoras. Esse envoltório é importante, pois garante o perfeito acoplamento entre o corpo material e o espiritual, de naturezas distintas. Não seria possível o "enclausuramento" adequado do espírito no corpo físico em encarnação restauradora sem um ponto de ligação que dialogasse com ambas as naturezas.

Este capítulo pretende abordar um pouco da estrutura da matéria que constitui a matéria que conhecemos. Em seguida, mostrar um pouco como a física atual lida com esse intercâmbio entre o que chamamos matéria e o que reconhecemos como espiritual. Vale lembrar que essa distinção é meramente ilustrativa, visto afirmarem os espíritos que aquilo que chamamos de espírito é ainda, em essência, matéria, uma vez que ainda habitamos um mundo estritamente grosseiro em termos evolutivos.

A estrutura do mundo material

Reconhece-se no homem, desde remotos tempos, grande anseio pela compreensão da estrutura da natureza. Não constitui objeto deste pequeno capítulo expor em detalhes uma história do desenvolvimento humano, mas apenas tomar alguns momentos importantes para a percepção do homem quanto à natureza e suas leis.

Filósofos gregos da Antiguidade já iniciavam suas buscas pela compreensão das leis do Cosmo e dos fenômenos naturais. Lembremos do importante trabalho da Espiritualidade a essa época, que trabalhava incessantemente para que a racionalidade humana se fortalecesse. Espíritos de orbes mais evoluídos reencarnaram aqui, trazendo-nos grandes conhecimentos de filosofia, necessários para nosso momento espiritual. Os gregos representaram, nesse sentido, importante papel.

Retomemos Tales de Mileto (século VI a.C), que afirmava ser a água o elemento primordial da natureza. Segundo ele, ela nos coloca em contato direto com a divindade. No mesmo período, outros filósofos naturalistas também mencionavam suas ideias quanto à natureza íntima das coisas: Anaximandro postulou a existência de um ente metafísico denominado *apeiron* (o indeterminado), que continha em sua essência os contrários. Dele advinham o quente e o frio, a noite e o dia, o seco e o molhado, dentre outros.

Notável contribuição forneceu o grupo dos atomistas, cujos nomes de Demócrito e Leucipo se destacam. Os atomistas diziam que tudo é formado por átomos (que em grego significa não divisível). Os átomos eram a estrutura básica das coisas. É mister mencionar que o átomo grego não tem a mesma acepção que o termo usado por nós na atualidade. Os gregos consideravam essas realidades originárias como plenas (maciças) e de formas e tamanhos variados. Poderíamos ter átomos redondos, quadrados, pequenos, grandes etc. A diversidade das coisas do mundo seria proveniente da combinação dessas formas, desses tamanhos e dessas quantidades. Uma pedra, por exemplo, seria dura em função de ser constituída de átomos mais quadrados, enquanto a água deveria sua fluidez à forma arredondada de seus átomos.

Tudo isso constitui um notável exemplo de intuição desses espíritos abnegados, que aqui vieram de forma a trazer luz à humanidade terrestre. Ao longo dos séculos, entretanto, a doutrina atomista não perdurou, ficando relativamente esquecida no tempo. Outras formas de estudo da matéria foram sendo utilizadas.

No século XIX, entretanto, a discussão atomista é reacesa, particularmente na sua segunda metade. O que hoje constitui para nós algo corriqueiro, em função de nosso arcabouço teórico da estrutura da matéria estar centrado na doutrina atômica, era naquela época motivo de intensos debates. Alguns célebres filósofos da natureza se colocaram contra a doutrina atômica. Ernst Mach (1838-1916) é um dos mais famosos. Grande defensor das ideias antiatomistas, afirmou que tomar a existência de entidades que nem sequer percebemos para justificar os fenômenos naturais não era uma tarefa econômica e, portanto, era algo desnecessário. Era possível construir uma descrição do mundo sem recorrer a essas entidades.

Modelo atômico de Dalton (http://www.fisicaequimica.net/atomo/historia.htm)

No início do século, mais precisamente em 1808, Dalton retoma a teoria atômica, propondo a tese de que a matéria seria constituída de entidades fundamentais denominadas átomos. Esses átomos seriam plenos, como o dos gregos, mas apresentariam diferenças. Como alguns elementos químicos eram conhecidos, Dalton propôs certa relação entre cada um desses átomos e um elemento químico. Outra diferença seria que os átomos teriam todos formas esféricas, diferindo talvez em tamanho, o que era bem diferente do modelo atômico grego.

Naturalmente, esse modelo, como qualquer outro, ao ser submetido a exames mais rigorosos, mostrou deficiências, na medida em que não conseguia explicar de maneira satisfatória certos fenômenos. Faço aqui um parêntese para afirmar algo em que vale a pena refletir: devido a uma formação equivocada em ciência, assumimos a ideia de que a troca de um modelo se dá por acharmos, empiricamente, dados que mostrem que aquele modelo se encontra "errado". Isso tem a ver com a visão de ciência que construímos, seja na formação acadêmica, seja nas atividades científicas cotidianas. Essa discussão poderia ser feita num capítulo exclusivo, mas vale reforçar que a substituição de um modelo se dá mais por inadequação a certos fenômenos do que por certa incongruência teórica deste. Simplesmente surgem questões na investigação que o modelo a ser substituído não é capaz de dar. Isso não significa que o modelo usado seja errado, mas sim que é necessário um modelo mais sofisticado.

Thomson (1856-1940), em seguida, postula a existência de átomos formados de partículas constituintes, os prótons e os elétrons, distribuídos indistintamente na estrutura do átomo. Vejamos que apesar do termo átomo, emprestado dos gregos, o átomo moderno fala em constituintes menores, algo radicalmente diferente do átomo de Leucipo e Demócrito.

Seguindo essa linha de raciocínio, o modelo de Thomson apresentou certas dificuldades ao relacionar dados extraídos da observação. Um modelo novo era requerido. Ernst Rutherford (1871-1937), ao realizar um famoso experimento, o do bombardeio da folha de ouro com partículas alfa, conclui que o átomo é um grande vazio que possui um pequeno núcleo com carga positiva.

Rutherford realizou um experimento em que uma amostra de polônio (um material radioativo, emissor de partículas α) era colocada em uma placa recoberta de material fluorescente. Quando as partículas α interagiam com a placa, um fenômeno era observado: um pequeno feixe, extremamente reduzido, era retroespalhado, enquanto uma parte considerável não sofria interações significativas. Rutherford interpretou os resultados experimentais da seguinte forma: assumindo que a matéria era constituída de átomos, estes pareciam ser constituídos de uma região muito pequena (aquela com que o feixe alfa interagia e que retroespalhava). Como as partículas alfa são positivamente carregadas, o fato de incidirem nessa região muito pequena e retornarem implicava que esse "algo" repelia o feixe, sugerindo possuir uma carga positiva. É o que chamamos de núcleo. Como entendemos a matéria neutra constituída de quantidades de cargas positivas e negativas iguais, as cargas negativas deviam estar ao redor desse núcleo muito pequeno, e Rutherford denominou essa região de eletrosfera.

Dessa forma, de maneira resumida, o átomo de Rutherford era constituído de uma pequena região, em que ficavam os prótons, e ao redor, numa região muito maior, os elétrons orbitavam. É importante citar que o modelo ainda não contemplava os nêutrons, nem as camadas eletrônicas. O primeiro foi uma contribuição de James Chadwick (1891-1974), e as camadas, de Niels Bohr (1885-1962).

A proposição de camadas, por Niels Bohr, foi uma resposta a um problema importante, mas sem solução à época: a assinatura espectral dos gases. Por que gases, ao serem aquecidos ou ionizados, produzem emissões que variam, constituindo essas emissões uma forma de identificação dos gases presentes num meio qualquer?

De modo a solucionar o problema, Bohr propôs que o elétron não deveria ocupar uma camada, mas camadas diferentes, cada uma com uma energia específica. Ao receber energia, o elétron de uma determinada camada seria excitado e saltaria para camadas de energia maiores. Bohr postulou que esse salto se daria apenas se o elétron recebesse uma energia exatamente igual à diferença de energia entre duas camadas sucessivas. Essa energia era absorvida pelo elétron na forma de pacotes de energia que chamamos fótons.

Quando o elétron absorvia esses fótons, ele saltava. Ao cessar o fornecimento daquela energia, o elétron retornaria à sua camada original, emitindo o excesso de energia na forma de radiações diversas, que poderiam ser visíveis ou invisíveis. A energia da cada camada pode ser deduzida com um pouco de física básica e depende do elemento, na medida em que é função do número atômico do elemento químico estudado. Ela pode ser expressa pela equação:

$$E_I - E_F = h\nu = \frac{Z^2}{2}(\frac{1}{n_f^2} - \frac{1}{n_i^2})\frac{e^2}{4\pi\varepsilon_0 a_0}$$

Equação 1: Energia de camadas para o modelo de Bohr.

A despeito do significado desses termos e de seu tratamento matemático, esse modelo explica com excelente precisão quais as emissões realizadas pelos diferentes gases, resolvendo o problema da emissão espectral. Com isso, temos o modelo clássico de átomo estabelecido: um núcleo, com nêutrons e cargas positivas, cercado por uma região, dividida em camadas, denominada elétron, onde se localizariam os elétrons, que ocupariam as camadas em função de sua energia.

Mas aqui, somos obrigados a fazer uma pequena reflexão:

essa ideia de átomo é bastante coerente com a tese materialista. E por que dizemos isso? Porque num modelo material, é natural considerarmos a matéria feita de um núcleo maciço, que suas partículas fundamentais possuam também esse caráter estritamente material (prótons, elétrons e nêutrons como esferas maciças com propriedades físicas determinadas — a questão é: por quem?), de uma camada que seria uma região bem determinada, em que essas bolinhas girariam, garantindo estabilidade à matéria.

Aqui, vemos mais uma vez como o mundo só pode ser interpretado de acordo com nossas crenças mais profundas. Isso é o que chamamos de pressupostos. Podem ser filosóficos, epistemológicos, metodológicos. São todos os conteúdos que aceitamos como óbvios e que consideramos uma base sólida sobre a qual assentamos nossos saberes. Toda ciência e todo corpo paradigmático, em qualquer tempo, possui os seus. Lembrando que no fim do século XIX e começo do século XX passamos por uma avalanche positivista, herdando dos integrantes do círculo de Viena uma aversão atroz à metafísica, o modelo de Rutherford-Bohr-Chadwick traduz com relativa coerência esses pressupostos.

Citemos aqui um trecho do "Manifesto do Círculo de Viena", publicado em 1929:

> Um acordo é finalmente possível, apesar da divergência de opiniões. Este acordo se deve à mesma exigência. Torna-se sempre manifesto que esta atitude não somente liberta da metafísica, mas, dirigida contra ela, aponta o objetivo que é comum a todos nós. (1929, p. 113)

Como se vê, banir a metafísica e a teologia das questões da investigação da natureza passa a ser necessidade premente dos integrantes do Círculo de Viena, um grupo de filósofos e cientistas do início do século XX que assumem a tarefa de construir fundamentos seguros para a investigação natural, livrando-a dos "devaneios" metafísico-teológicos. Não aprofundaremos essa discussão aqui, atitude que valeria um artigo detalhado. Mas cabe citar que, não por coincidência, no mesmo período em que a ciência estabelecida buscava a libertação completa dos conteúdos "emocionais" de cunho teológico-metafísico, o Espiritismo de Allan Kardec tornava-se manifesto na França do fim do século XIX.

Cabe também mencionar que tal projeto mostrou-se infrutífero, na medida em que, em meados da década de 1960, as descrições epistemológicas e metodológicas de ciência haviam se tornado um compêndio de normas lógicas, perdendo contato completo com a ciência viva que é construída dentro de um contexto histórico, social, político e cultural.

Uma última argumentação em favor da assunção de que a matéria deve ter seu estatuto tomado como referencial: não podemos negar o caráter material das coisas. Posso ver a matéria, posso tocar a matéria, ela é dotada de uma solidez e uma extensão que são atributos, os quais são provas irrefutáveis de sua existência. Mas isso, infelizmente, é uma ilusão. Em termos físicos, a solidez material é nada mais que um produto de forças de repulsão eletrostática. Se minha mão é feita de elementos químicos e esses são constituídos de átomos, quando aperto a mão de outra pessoa, na verdade, não chego a tocá-la. Elétrons constituintes dos átomos de minha mão e de outras pessoas, ao se aproximarem, sofrem violenta repulsão de seu campo coulombiano. Quanto mais tento apertar a mão de outra pessoa, mais os elétrons tentam penetrar o campo repulsivo de outro elétron, gerando uma forte repulsão, que meu cérebro traduz em termos tácteis como o toque de uma superfície dura. Considerando também que o átomo é um grande vazio, tomada a diferença de proporção entre eletrosfera e núcleo, então vê-se bem que a solidez que tomamos como evidência da supremacia material é bastante questionável.

E como a investigação da natureza quanto ao modelo de estrutura da matéria auxiliou a resgatar as ciências do espírito? Como uma ciência estritamente materialista pode gerar os fundamentos que, no futuro, a libertarão, ela mesma, de seu dogmatismo?

Bem, como acabamos de ver, a "aparente" solidez do mundo é uma ilusão. Os conhecimentos adquiridos no fim do século XIX e começo do século XX serão decisivos para mostrar que a realidade é muito mais complexa e, diria eu, menos tangível do que parece.

Citarei dois episódios que, em meu ponto de vista, representam momentos de emancipação das ciências do espírito. Ao longo da história humana, fomos bastante espiritualistas em nossa relação com o mundo, e temos tratado esse abandono como uma forma de superação. Em certo sentido, compramos a ideia positivista-materialista de que podemos nos relacionar com o mundo apenas com os dados da matéria. Quanto menos recursos fizermos a essas entidades sem relação com a experiência, mais firme e confiável serão os dados que podem ser extraídos.

Porém, esquecemos ser isso um pressuposto. Se voltarmos um pouco no tempo, veremos que, por volta do século XVI, iniciou-se um movimento de construção de um projeto epistemológico que tinha o objetivo de buscar uma forma de conhecer "certa e indubitável". Descartes coloca esse projeto. Sugiro a leitura de duas obras cartesianas, *O Discurso do Método* e as *Meditações Metafísicas*. Nelas, esse projeto fica bem explicitado. Mas em linhas gerais, Descartes pontuou a existência de três substâncias: a material, a mental e Deus, que seria constituído de uma substância completamente diferente das duas anteriores.

Em sua filosofia, Descartes reconhece a natureza dual do ser humano, e mostra como vivemos essa dupla experiência concomitantemente, a material e a mental (ou espiritual). É interessante ver como ele, intuído pelos amigos espirituais, tentou construir uma teoria de comunicação entre essas duas substâncias e chegou a citar, textualmente, que a relação entre matéria e mente se dava em nível da epífise (glândula pineal).

No entanto, Descartes não construiu uma forma satisfatória de compreender essa relação, e hoje sabemos que a comunicação entre duas substâncias de naturezas tão distintas só poderia ter sido feita por intermédio de uma substância semimaterial, intermediária, que hoje sabemos ser o perispírito, mas que Descartes ainda não fora capaz de intuir.

De qualquer forma, o projeto epistemológico cartesiano contemplava esse caráter dual do homem, característica essa que, conforme mencionado, correntes empiristas, positivistas e materialistas ceifaram nos séculos subsequentes, por razões histórica e filosoficamente precisas. Assim, assumir-se materialista é, como afirma o professor Alan Wallace, presidente do Thanyapura Mind Centre, "uma postura ontológica". Não somos materialistas porque os dados das experiências nos conduziram de forma irrefutável a essa forma de nos relacionar com o mundo, mas sim porque, ao decidirmos ser materialistas, optamos por enxergar o mundo sob determinada óptica. Ser materialista não é resultado, portanto, de um processo racional, mas nada além de uma escolha, uma das muitas formas como posso me relacionar com o mundo.

Entretanto, esquecemo-nos disso porque nos tornamos materialistas, e isso se torna tão arraigado dentro de nós que o assumimos com certo ar de obviedade. A Doutrina Espírita vem, nesse sentido, resgatar 50% da nossa essência que ficou relegada ao "limbo" apenas por questões que, se faziam sentido nos séculos XVII, XVIII e XIX, hoje não mais o fazem.

No início do século XX, com o advento da mecânica quântica, uma vasta gama de fenômenos nos apresenta interpretações que colocam em xeque os pressupostos que "escolhemos" assumir nos séculos passados, mas que podiam ser resgatados. Conforme expressei anteriormente, trataremos de dois fenômenos que parecem ter potencial para resgatar o espírito como elemento primordial de nossa explicação do mundo.

O primeiro deles é um conceito físico conhecido por "dualidade onda-partícula". Há um importante experimento físico conhecido como *experimento da fenda dupla*. Tentemos entender esse experimento e, depois, passemos à sua interpretação. Ele tem muito a dizer sobre a emergência do espírito a partir da matéria.

Suponhamos um obstáculo em que se situe uma fenda vertical, conforme figura abaixo. Uma onda incide na fenda e a contorna, um fenômeno que chamamos de difração.

Onda contornando um obstáculo – (educar.sc.usp.br/.../2003/of/Difracao.html)

Se a mesma onda, agora, atingir duas fendas, teremos algo como a figura abaixo indica.

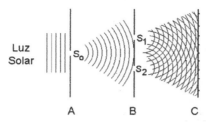

Experimento da fenda dupla.

Se olharmos a configuração que aparece quando a onda passa pelas duas fendas, vemos que ocorre um cruzamento das ondas, que fisicamente chamamos de interferência. Quando duas ondas se encontram, pode ocorrer de dois de seus picos se cruzarem, gerando um aumento desse pico, o que chamamos de interferência construtiva. Se, por outro lado, um pico de uma onda se encontrar com o vale da outra, elas interferem destrutivamente. Isso aparece no anteparo C com pontos claros (interferência construtiva) e pontos escuros (interferência destrutiva). Assim, o resultado desse experimento é um conjunto de pontos claros e escuros (em linguagem física, máximos e mínimos), intercalados.

Tudo isso é um comportamento gerado por uma onda. Mas e se repetíssemos o mesmo experimento com elétrons, classicamente tomados como bolinhas? Suponha agora um feixe de elétrons passando por uma fenda. Se o anteparo tiver apenas uma fenda, as "bolinhas" passarão pela fenda única, concentrando-se em apenas um ponto no anteparo. Se colocarmos mais uma fenda, o que veremos? Simplesmente duas linhas bem definidas, uma correspondente a cada fenda, por onde os elétrons passam.

Mas não é isso que se observa? Quando o feixe de elétrons é disparado pelas duas fendas, forma-se uma figura com máximos e mínimos, semelhante à descrita acima. Davisson e Germer realizaram esse experimento.

Esse comportamento "estranho" parece indicar que o elétron se manifesta como uma onda, uma onda de potenciais, em que chega até a interferir consigo mesmo, gerando os máximos e mínimos.

Difração de elétrons na estrutura cristalina de um sólido

Em 1925, Louis de Broglie mostrou que partículas têm um comprimento de onda associado, dado pela equação a seguir. M é a massa de repouso da partícula, e v, sua velocidade. (O produto mv é o movimento linear da partícula.) O comprimento de onda λ de De Broglie é dado por:

$$\lambda = \frac{h}{m.v} \Leftrightarrow \lambda = \frac{h}{p}$$

Assim, existem situações em que elétrons têm comportamento ondulatório e situações em que ondas têm caráter corpuscular.

Mas o que isso tem a ver com a emergência do espírito? Bem, tomemos a matéria em seu sentido mais extremo, ou seja, algo dotado de impenetrabilidade, diria mesmo de dureza. Uma onda, por outro lado, carece completamente dessa impenetrabilidade. A interferência é uma evidência física disso. Quando uma onda interage com a outra, sofre interferência no ponto de contato, mas, imediatamente após isso, segue seu percurso sem nenhuma modificação pelo fato de ter interagido com a outra.

Quando De Broglie postula que podemos associar uma onda a qualquer corpo material, estamos, de certo modo, desmaterializando o corpo. Ele perde seu sentido físico de impenetrabilidade e, com isso, assume uma nova faceta, de onda.

Há, desse modo, uma aproximação epistemológica entre matéria e espírito. Os espíritos, em muitos pontos da codificação espírita, sugerem que mesmo o que chamamos de espírito ainda é excessivamente material para eles, dado o caráter grosseiro de nossa condição espiritual.

Assim, reassumimos nosso caráter espiritual, perdido nos séculos anteriores. Somos uma onda de possibilidades, e por residir dentro de nós uma essência de natureza espiritual enclausurada em uma veste material de modo que ela viva uma experiência encarnatória, esse claustro, denominado corpo, tem uma essência espiritual.

E quem manipula essa transformação, diria essa manifestação, entre as duas realidades possíveis, a de partícula (aqui representada pelo corpo material) e de espírito (aqui discutida sobre a óptica de uma matéria menos rígida e mais efêmera, a onda)? A resposta a isso: nossa vontade.

Léon Denis (*O Problema do Ser, do Destino e da Dor*) afirma que é pela vontade que

> ... dirigimos nossos pensamentos para um alvo determinado. Na maior parte dos homens, pensamentos flutuam sem cessar. Sua mobilidade constante e variedade infinita pequeno acesso oferecem às influências superiores. É preciso saber concentrar-se para pôr o pensamento em acorde com o pensamento divino. (2010, p. 435)

Assim, vê-se que Léon Denis parece sugerir certa gradação da vontade. Quando a alma toma consciência de si em seu processo evolutivo, vai aprimorando essa atividade do eu, tornando sua vontade mais resoluta e firme. É essa vontade que é capaz de manipular o fluido cósmico universal, moldando a realidade a nosso gosto. Dessa forma, somos obrigados a concordar que vivemos o mundo que criamos, pois, mesmo inconscientemente, escolhemos por nosso ato de vontade essa ou aquela forma de manipular o fluido e, portanto, produzir a realidade.

Em termos quânticos, isso equivale ao que chamamos de colapsar a função de onda, um termo utilizado pelos partidários da interpretação ondulatória da mecânica quântica. A realidade existe em múltiplos níveis (todos aqueles que pudermos imaginar e também os dos quais nem sequer fazemos ideia). Quando o observador interage com um fenômeno, colapsa a função de onda e aumenta a probabilidade de tornar real uma dentre todas as possibilidades. A possibilidade que se sobressai é o que chamamos de realidade.

É algo que parece muito estranho, mas no mundo espiritual isso se mostra de forma poderosa. O espírito manipula a realidade que deseja ver. Só que fazemos isso, muitas vezes, inconscientemente. Creio ser esse ato de inconsciência uma espécie de atividade irregular da vontade. À medida que mergulhamos nessa atividade e a concentramos cada vez mais, somos capazes de entrar mais profundamente nesse mundo inconsciente e fazer com que ele se sobressaia num nível consciente, o qual posso manipular. Com quem? Isso mesmo, com a vontade.

Vejamos mais um trecho da vontade, exposto por Léon Denis:

> A vontade é a maior de todas as potências; é, em sua ação, compatível ao ímã. A vontade de viver, de desenvolver em nós a vida, atrai-nos novos recursos vitais; tal é o segredo da lei da evolução. A vontade pode atuar com intensidade sobre o corpo fluídico, ativar-lhe as vibrações e, por esta forma, apropriá-lo a um modo cada vez mais elevado de sensações, prepará-lo para mais alto grau de existência. (2010, p. 435-436)

Ainda com relação ao experimento da fenda dupla, há uma variante do experimento que produz resultados perturbadores. Se no momento em que o experimento está sendo feito com elétrons eu tentar observar por qual fenda o elétron passa, a figura de máximos e mínimos desaparece, voltando a formar apenas dois pontos de máximo, correspondentes ao local em que os elétrons interagem com o anteparo. O simples fato de haver um observador parece sugerir um resultado, como se o observador de alguma forma manipulasse, a partir de sua vontade, o que ocorre em volta. E vejamos, ocorre uma manipulação entre as duas formas de ver o elétron, uma mais material e outra mais etérea, a de onda.

Isso pode ser interpretado à luz da Doutrina Espírita com grande sentido interno. Seja elétron partícula ou elétron manifesto como onda, ambas as formas são flutuações do fluido cósmico universal. Na questão 27 de *O Livro dos Espíritos*, acerca dos elementos gerais do Universo, os espíritos afirmam que:

> Mas ao elemento material é necessário ajuntar o fluido universal, que exerce o papel de intermediário entre espírito e matéria propriamente dita, demasiado grosseira para que o espírito possa exercer alguma ação sobre ela ... Esse fluido universal, ou primitivo, ou elemento, sendo o agente de que o espírito se serve, é o princípio sem o qual a matéria permaneceria em perpétuo estado de dispersão e não adquiriria jamais as propriedades que a gravidade lhe dá. (Kardec, 1978, p. 71)

Desse modo, como os espíritos sugerem no trecho, o espírito se serve desse fluido, imprimindo-lhe estado de coesão que pode variar. Novamente, vem a questão: como se dá essa impressão?, e eis que a vontade surge novamente. Léon Denis, ao afirmar ser a vontade a maior de todas as potências do espírito, não comete nenhum equívoco. É por meio dela que manipulamos o fluido e produzimos a realidade que comuta com nossas intenções mais íntimas.

Quando um observador interage com o experimento, a ação de sua vontade atua nesse fluido, moldando-o conforme sua necessidade. Essa tese derruba outro pressuposto muito sólido da ciência clássica: a de que os dados devem ser suficientemente objetivos, de modo a não depender em nenhum nível do sujeito que os capta. Trata-se de algo impossível. Quando olhamos, exercemos nossa vontade e, de algum modo, manipulamos o fluido, direcionando o que queremos observar.

Essa é uma questão que nos traz embaraços, dado nosso estágio moral: posso manipular a realidade a meu modo? Jesus responde: "Vós sois deuses e não sabem." Assim, a resposta é sim. Mas por que não o conseguimos? Simplesmente porque nossa vontade ainda é muito vacilante e, de fato, quando cremos querer fazer algo, muitas vezes não queremos. Somente a evolução e as experiências que o futuro nos reservam poderão ir moldando a atividade de nossa vontade, inclusive potencializando-a.

Mas isso não seria perigoso? De fato, já fazemos isso em algum nível. Nosso mundo é, em certo sentido, a expressão de nossa vontade, e veja o mundo em que vivemos. Isso não nos anima muito. Mas, com o futuro, seremos capazes de escolher mais intensamente e de forma melhor, e, então, a realidade começará a mudar e a expressar nosso estado vibratório. Mesmo encarnados, somos espíritos e temos essa capacidade, ainda que, dadas nossas condições evolutivas, num nível bem inferior. A ciência é moral, e nosso entendimento dela, também.

Mencionei a citação de dois fenômenos que parecem sugerir a reinauguração das ciências do espírito em nossos tempos. A dualidade foi o primeiro. O segundo trata de uma questão instigante: como o nada, o vazio, o vácuo é capaz de gerar algo?

Esse é um ponto muito interessante, pois vermos como a flutuação entre energia e matéria pode se dar em termos físicos. Mais uma vez, recorremos ao problema da dualidade.

Segundo os dados da cosmologia moderna, há cerca de quinze bilhões de anos o Universo se expandiu, fenômeno que conhecemos como Big Bang. A física consegue definir com relativa precisão os eventos que sucederam a essa grande explosão, até um tempo limite de 10^{-43}s, o chamado *tempo de Planck*. Entre o instante crucial e esse tempo, a ciência se encontra completamente proibida de especular (pelo menos a ciência no nível em que a praticamos).

Consideremos que, num período muito curto após a explosão, a temperatura do Universo fosse extremamente alta. É razoável supor que, com o tempo, o Universo fosse esfriando. Assumindo isso, os físicos calcularam que, passados quinze bilhões de anos, o Universo deveria ter hoje uma temperatura de cerca de 3K (Kelvin). Se usarmos a lei do deslocamento de Wien, podemos associar a essa temperatura o comprimento de onda máximo que varre um espectro de radiações. Isso significa que deveria existir uma espécie de "radiação fantasmagórica" cobrindo o espaço e oriunda da explosão inicial.

Na década de 1960, Arno Penzias, que trabalhava no laboratório Bell estudando micro-ondas, captou um "ruído" que vinha de todas as direções do Universo. Esse ruído tinha um comprimento de onda associado que correspondia exatamente à temperatura de 3K, prevista teoricamente pelo modelo de universo inflacionário. Penzias foi laureado, em 1978, com o Prêmio Nobel de Física, por tal descoberta.

Assumindo, então, que existe uma radiação de fundo que preenche todo o Universo, oriunda da explosão inicial, e fazendo uso da dualidade onda partícula, que assume, como já vimos, que toda partícula tem um comprimento de onda associado e vice-versa, conclui-se que, por um evento probabilístico, esse mar de ondas pode, em algum momento, manifestar-se como partícula. Em física, chamamos isso de *flutuação quântica do vácuo,* na qual do vácuo, um mar de energia, pode surgir uma partícula.

O filósofo Jean Guiton, em seu livro *Deus e a Ciência*, trata mais detalhadamente desse fenômeno. Diz ele que: "Segundo a teoria do campo quântico, o Universo físico observável é constituído de flutuações menores num imenso oceano de energia." (1991, p.31)

Essa conversão matéria (partícula) em energia (onda) e vice-versa é, em meu ponto de vista, algo muito similar ao que os filósofos gregos já tratavam na Antiguidade, quando falavam sobre a possibilidade de o não ser (aqui, o vácuo) gerar o ser (a partícula).

Por fim, coloco um questionamento pelo qual me sinto ainda provocado a refletir por longo tempo, dada sua complexidade: a física trata esses fenômenos como probabilísticos, mas, física à parte, creio que o que chamamos de probabilidade é apenas um grau de regularidade em um nível que ainda não somos capazes de apreender. Quando essa probabilidade se torna por demais imprecisa de ser determinada matematicamente, chamamos isso de caos. Mas os Espíritos nos sugerem que tudo é determinado pela grande lei. Nada está fora dela. Desse modo, esses processos, que evidenciam o papel do ser na criação, mesmo que ainda incompreendidos em sua complexidade, serão desvelados à medida que nossos espíritos forem capazes de apreender num nível mais incrível a beleza e a grandiosidade da criação e, principalmente, do Criador.

Capítulo 7
1. Fluido cósmico

> O fluido cósmico é o plasma divino, hausto do Criador ou força nervosa o Todo-Sábio. Nesse elemento primordial, vibram e vivem constelações e sóis, mundos e seres, como peixes no oceano.
>
> André Luiz

Allan Kardec (2013) define o fluido cósmico universal como a matéria elementar primitiva, cujas modificações e transformações constituem a inumerável variedade dos corpos da natureza.

Como princípio elementar do Universo, ele assume dois estados distintos: o de eterização ou imponderabilidade, que se pode considerar o primitivo estado normal, e o de materialização ou de ponderabilidade, que é, de certa maneira, consecutivo àquele.

Os fluidos do mundo espiritual pela sua eterização não são bem estudados, nem perceptíveis às nossas sensações; ao passo que os fluidos mais próximos da materialidade, os menos puros, compõem o que se pode chamar a atmosfera espiritual da Terra e são bem estudados pela ciência terrena.

Tendo por elemento primitivo o fluido cósmico etéreo, à matéria tangível há de ser possível, desagregando-se, voltar ao estado de eterização.

A solidificação da matéria não é mais do que um estado transitório do fluido universal, que pode retornar ao seu estado primitivo, quando deixam de existir as condições de coesão.

O Codificador (2013) descreve que:

> A matéria cósmica primitiva continha os elementos materiais, fluídicos e vitais de todos os universos que estadeiam suas magnificências diante da eternidade. Ela é a mãe fecunda de todas as coisas, a primeira avó e, sobretudo, a eterna geratriz. Absolutamente não desapareceu essa substância donde provêm as esferas siderais; não morreu essa potência, pois que ainda, incessantemente, dá à luz novas criações e incessantemente recebe, reconstituídos, os princípios dos mundos que se apagam do livro eterno.

O Livro dos Espíritos (1991) apresenta que Deus, espírito e matéria são o princípio de tudo o que existe, a trindade universal. Mas ao elemento material é necessário ajuntar o fluido universal, que está colocado entre o espírito e a matéria. Ele é fluido, como a matéria é matéria; e é susceptível, em suas inumeráveis combinações com esta, e sob a ação do espírito, de produzir infinita variedade de coisas.

Este fluido universal, ou primitivo, ou elemento, sendo o agente de que o espírito se serve, é o princípio sem o qual a matéria permaneceria em perpétuo estado de dispersão e não adquiriria jamais as propriedades que a gravidade lhe dá.

Essa matéria elementar é suscetível de passar por todas as modificações e adquirir todas as propriedades, e é por isso que podemos dizer que tudo está em tudo. As moléculas e todos os corpos que consideramos simples nada mais são do que modificações desta substância primitiva.

O espírito André Luiz (1989) narra que o fluido cósmico é o plasma divino, hausto do Criador ou força nervosa do Todo-Sábio; que é este o elemento primordial onde vibram e vivem constelações e sóis, mundos e seres, como peixes no oceano; confirma-nos que o fluido cósmico ou plasma divino é a força em que todos vivemos.

Allan Kardec (1987) aponta que o fluido universal é, ao mesmo tempo, o elemento universal, é o princípio elementar de todas as coisas. Para encontrá-lo em sua simplicidade absoluta, seria preciso remontar aos espíritos puros. O fluido universal, que na Terra é sempre mais ou menos modificado para formar a matéria compacta, é a fonte da vida, anima a matéria.

Segundo Armond (1975), a energia cósmica tem muitos sinônimos, manifesta-se de muitas formas, conquanto seja sempre a mesma, em essência e fundo: akasa, aor, telesma, azoth, força psíquica, fluido mesmérico, fluido vital, prana, fluido universal, eletricidade, enfim, como quer que se chame, é sempre o mesmo fluido cósmico fundamental. A energia está sempre em movimento, condensando-se ou expandindo-se, formando correntes no seio da massa. A matéria, em si mesma, nada mais é do que energia condensada a vários graus e sofre transformações.

Na essência, toda a matéria é energia tornada visível, e toda energia, originariamente, é força divina de que nos apropriamos para interpor os nossos propósitos aos propósitos da Criação. (André Luiz, 1989)

Conforme Léon Denis (1981), o fluido cósmico sofre, primordialmente no estado de eterização, inúmeras modificações, podendo ou não deixar de ser etéreo vindo a formar fluidos diferentes. Não obstante a mesma origem, tais fluidos adquirem propriedades especiais.

Sabemos que o fluido universal representa o estado mais simples da matéria; desse fluido procedem, mediante condensações graduais, todos os corpos sólidos e pesados que constituem a base da matéria terrestre.

Em *Cascata de Luz*, o espírito Luiz Sérgio (1995) escreve sobre os fluidos, dizendo que estes partem do fluido cósmico universal, matéria elementar primitiva, cujas modificações e transformações constituem a inumerável variedade dos corpos da natureza. O fluido universal é de pureza absoluta, mas sofre várias transformações quando compõe o que se pode chamar "a atmosfera espiritual da Terra".

Esclarece-nos quanto aos tipos de fluidos:

a) O fluido espiritual é o que serve para o desenvolvimento da inteligência; envolve a matéria cerebral, tornando-a mais ou menos flexível. Portanto, o cérebro é o reservatório e a sede de impulsão e direção dos fluidos espiritual, nervoso e vital.

b) O fluido vital circula nas veias, misturado ao sangue, influindo nas suas qualidades e, por conseguinte, na organização humana.

c) O fluido nervoso serve para imprimir elasticidade aos músculos, nervos e às articulações.

A mente é a orientadora desse universo microscópico, em que bilhões de fluidos e energias consagram-se a seu serviço.

A célula nervosa é de natureza elétrica, e diariamente se nutre de fluidos. No corpo humano, energia e fluidos trabalham juntos para que o espírito mantenha-se no comando do corpo físico; eles é que dão vitalidade ao corpo físico. O espírito é o chefe; o fluido e a energia são instrumentos de que se serve o chefe para suas necessidades. Não nos esqueçamos de que o perispírito é composto de fluido cósmico universal e de que a energia se encontra no duplo etérico, nos chacras.

É do fluido cósmico universal que se originam e se processam todos os fluidos, todas as forças, todas as energias, todas as matérias, tanto palpáveis aos nossos sentidos como intangíveis. Não existe outra fonte.

Dele deriva o princípio vital, o princípio da vida universal, uma energia que está dentro do ser humano, interligando-se entre os órgãos, agindo em perfeita harmonia entre o coração, o pulmão, os intestinos, os rins, todos os órgãos. Esse princípio dá o alento da vida. Contudo, ele não se perde: transforma-se, renova-se, dentro mesmo das criaturas que anima.

São Luiz, respondendo a Kardec (2013), nos elucida que o princípio vital reside no fluido universal; dele o espírito extrai o envoltório semimaterial que constitui o seu perispírito, e é por meio desse fluido que atua sobre a matéria inerte; ele anima a matéria por uma espécie de vida fictícia; a matéria se anima pela vida animal. E que só a matéria é fluido; o espírito, a alma ou o princípio inteligente é espiritual e retira do fluido universal o princípio vital para compor seu corpo perispiritual para atuar e dar vida à matéria.

O fluido vital é o veículo do princípio vital, a forma física ou energia própria do ser encarnado, segundo o Dr. Décio Iondoli Jr. (2007).

Ele forma um envoltório em todos os seres humanos, protegendo-os de descargas eletromagnéticas intrusas, amparando as pessoas contra as obsessões. É renovado através de pensamentos e fluidos positivos e das preces, enriquecendo aquelas fortes camadas fluídicas que envolvem o ser. Da mesma forma, destrói-se na efusão de pensamentos negativos. Esse fluido faz uma conjunção entre o perispírito e o corpo físico, e assim se instala uma cadeia de harmonia entre esses dois corpos.

Já o fluido ectoplasmático — ecto = para fora; plasma = modelar — é conceituado pelo espírito André Luiz (1955) como uma pasta flexível, do mesmo modo como uma geleia viscosa e semilíquida, que é situada entre o corpo físico e o perispírito, e age como um produto de emanações da alma pelo filtro do corpo. Trata-se de um recurso peculiar não somente ao homem, mas a todas as formas da natureza.

Ainda em *Nos Domínios da Mediunidade* (1955), o instrutor Áulus esclarece que podemos dividir o ectoplasma representando as forças superiores e sutis de nossa esfera, definindo os recursos do médium e dos companheiros que o assistem e constituindo energias tomadas à natureza terrestre.

Iondoli Jr. (2007, p. 15) destaca as citações da palestra do Dr. Sérgio Felipe de Oliveira: o ectoplasma é produto da energia produzida pela respiração celular que ocorre nas mitocôndrias (citoplasma celular), sob a ação do perispírito que a organiza. Explica que parte da energia que será utilizada pela célula é armazenada nas moléculas de trifosfato de adenosina (ATP); outra parte é liberada na forma de energia calorífica (fótons), que, potencializada pelas energias do perispírito, sintetizaria o ectoplasma, tornando-o um produto apenas do encarnado. Da mesma forma, encontramos no ensaio sobre ectoplasmia do Dr. Jorge Andréa (*Revista Espiritismo e Ciência* 13, pp. 10-41) que a ectoplasmia encontraria no ATP das células uma das substâncias específicas para as próprias moldagens. E estas só seriam possíveis com a presença do campo-organizador-orientador do agente Psi-Theta ou campo espiritual.

Ele cita no ensaio vários pesquisadores que estudaram o ectoplasma, como, por exemplo, o Dr. V. Dombrowsky (Varsóvia): "O ectoplasma está constituído de matéria albuminoide, acompanhado de gordura e de células tipicamente orgânicas. Não foram encontrados amiláceos e açúcares"; o Dr. Francês (Munique): "Substância constituída de inúmeras células epiteliais, leucócitos e glóbulos de gordura"; Dr. Albert Scherenk--Notzing citado por Charles Richet: "O ectoplasma está constituído por restos de tecido epitelial e gorduras"; e Dr. Hernani G. Andrade: "O ectoplasma é substância formada com recursos da natureza originando-se dos tecidos vegetais (ectofiloplasma), de origem animal (ectozooplasma) e de origem mineral (ectomineroplasma)."

Eusápia Paladino, uma médium italiana, foi estudada por vários cientistas da época, inclusive por Charles Richet, que criou o termo ectoplasma para a substância que emanava dos médiuns.

O ectoplasma é um fluido mais condensado, grosseiro e mais ponderável; é o elo entre os outros fluidos citados; é diferente de indivíduo para indivíduo. Esse fluido é bastante usado, tanto pelos espíritos protetores quanto pelos espíritos obsessores.

André Luiz (1989), referindo-se ao fluido cósmico, escreve que: "Compete-nos, pois, anotar que o fluido cósmico ou plasma divino é a força em que todos vivemos, nos ângulos variados da natureza, motivo pelo qual já se afirmou, e com toda a razão, que 'em Deus nos movemos e existimos'." (Paulo de Tarso, Atos, 17:28)

Allan Kardec (1987), por seu lado, atribui ao fluido universal conter o princípio da vida, ser o agente principal das manifestações, que recebe a impulsão do espírito, seja encarnado, seja errante. Condensado, esse fluido constitui o perispírito, ou invólucro semimaterial do Espírito.

Encerramos com o espírito Eurípedes Barsanulfo (1991): "Ora, lá naquele imenso vazio do mundo atômico outra matéria há ocupando aquele espaço de aparente vácuo, da mesma maneira que no espaço cósmico há uma matéria fluídica sutil: Huygens a chamou de éter, e Einstein, de campo. No Espiritismo, tal matéria denomina-se fluido cósmico universal."

2. QI

> É preciso que o discípulo da sabedoria tenha o coração grande e corajoso.
> O fardo é pesado, e a viagem, longa.
>
> Confúcio

No primeiro dia do curso de acupuntura no Facis-Ibehe, em 2003, antes da aula teórica tivemos um exercício de Qi Gong, que proporciona a circulação do Qi no corpo com alongamentos e controle da respiração, concentrando-se nos movimentos suaves, na postura, relaxando o corpo, a mente e o espírito. A sensação de bem-estar, de leveza e de tranquilidade é tão grande que, após o término do exercício, quando já nos encontrávamos sentados, um espírito encostou bem próximo ao nosso ouvido e nos sussurou: "Vamos estudar juntos. Escute atentamente e faça uma conexão com os ensinamentos espíritas."

A noção do Qi foi volitando pela sala de aula, penetrou pelas nossas narinas, escoando pelo centro coronário e iluminando o professor, que, com didática poética, passava-nos os conceitos chineses dos conteúdos tão custosos de serem compreendidos e aceitos pelos ocidentais, e principalmente pelos materialistas.

A filosofia chinesa considera o Qi como a substância fundamental que constitui o Universo, e que todos os fenômenos foram produzidos pelas mudanças e pelos movimentos do Qi (Xinnong, 1999).

A base de tudo é o Qi; todas as outras substâncias vitais são manifestações do Qi em vários graus de materialidade, variando do completamente material — como os Fluidos Corpóreos (Jin

Ye) — para o totalmente imaterial — como a Mente (Shen).

O caractere para indicar Qi indica alguma coisa que possa ser material e imaterial ao mesmo tempo.

Qi é uma substância energética que flui do ambiente para o corpo, uma energia sutil que impregna o nosso ambiente, possui função nutritiva e de organização celular, superando as contribuições energéticas do alimento ingerido e do ar.

Ele é absorvido pelo corpo humano através de portais de entrada localizados na pele, que são os pontos de acupuntura, como conclui Gerber (1998).

A antiga teoria chinesa afirma que os pontos de acupuntura do corpo humano situam-se ao longo de um sistema invisível de meridianos que atravessa todos os tecidos do corpo. Através desses meridianos passa uma energia nutritiva, também invisível, que os chineses chamam de Qi. Ela penetra no corpo através dos pontos de acupuntura e flui até os órgãos mais profundos, levando-lhes alimento vital de natureza energética sutil.

São descritos doze principais pares de meridianos ligados a sistemas de órgãos específicos no interior da estrutura humana. Os chineses acreditam que quando o fluxo de energia para os órgãos é bloqueado ou sofre algum desequilíbrio, o funcionamento do sistema de órgão fica prejudicado.

Mann (1982) coloca que não existe prova científica absoluta da existência do Qi. Na linguagem característica dos antigos, o Qi teve origem na ação simultânea do céu e da terra, cujo resultado foi a criação do homem, a dádiva dos céus gerada no útero da terra.

Segundo Maciocia (1996), a medicina chinesa considera a função do corpo e da mente como o resultado da interação de determinadas substâncias vitais; algumas delas são muito rarefeitas, e outras, totalmente imateriais.

Todas elas constituem a visão chinesa antiga do corpo--mente, visto como um círculo de energia e substâncias vitais interagindo uns com os outros para formar o organismo.

A razão da dificuldade em traduzir a palavra Qi (energia, força material, éter, matéria, matéria-energia, força vital, força da vida, poder vital, poder de locomoção) corretamente consiste em sua natureza fluida, pela qual o Qi pode assumir manifestações diferentes e ser diferentes coisas nas diferentes situações.

De acordo com Needham, professor do Institute Of High Energy Phisics Of China: "Qi também transmite a ideia de 'ondas etéreas' ou 'emanações radioativas', no sentido moderno."

O Qi é a base de todos os fenômenos no Universo, e proporciona uma continuidade entre a forma material e dura e as energias tênues, rarefeitas e imateriais.

A variedade infinita de fenômenos no Universo (incluindo minerais, vegetais e animais, entre eles o homem) é o resultado do contínuo ato de englobamento e dispersão do Qi para formar os fenômenos de vários graus de materialização.

Xun Kuang (313-238 a.C.) disse: "Água e Fogo têm Qi, mas não têm vida; plantas e árvores têm vida, mas não o conhecimento; pássaros e animais possuem conhecimento, mas não têm ideia do que é correto."

Lie Zi, um filósofo taoísta que viveu por volta de 300 a.C., disse: "Os mais puros e os mais leves (elementos) tendem a ascender, como o céu; os mais grossos e mais pesados (elementos) tendem a descender, como a terra."

Assim, "céu e terra" são frequentemente utilizados para simbolizar os estados extremos da rarefação e dispersão, ou da condensação e agregação do Qi, respectivamente.

O livro taoísta *Huainanzi* (139 a.C.) diz: "O Tao originou-se do Vazio, e o Vazio produziu o Universo. O Universo produziu o Qi ... O que era leve e limpo levantou-se para tornar-se o céu, e o que era pesado e turvo solidificou-se para formar a terra."

De acordo com estes filósofos antigos, vida e morte não são nada em si mesmas, mas uma agregação e dispersão do Qi.

Wang Chong (27-97) disse:

> O Qi produz o corpo humano, assim como a água se torna gelo. Assim como a água se transforma em gelo, o Qi coagula-se para formar o organismo humano. Quando o gelo derrete, torna-se água. Quando a pessoa morre, torna-se espírito (Shen) novamente. Isto se chama espírito, assim como gelo derretido se chama água. Quando aconteceram a separação e a diferenciação, os (elementos) puros formaram o céu, e os turvos, a terra.

"O homem adquire a sua forma na terra. O destino está no

céu. O Qi combinado do céu e da terra possibilita as atividades vitais do homem." (He e Ne,1999:5)

Zhang Zai (1020-1077) foi quem mais desenvolveu o conceito do Qi. Ele propôs que o Grande Vazio não era um mero vazio, mas o Qi no seu estado contínuo. Disse ainda que o Grande Vazio não pode, mas é constituído de Qi. Desenvolveu a ideia de condensação e dissipação do Qi dando origem aos muitos fenômenos do Universo. Ele afirmou que a agregação extrema do Qi originou a forma atual, Xing, ou seja, a substância material.

Zhang Zai disse: "O Grande Vazio consiste do Qi. O Qi condensa-se para transformar-se em muitas coisas. Coisas necessariamente se desintegram e retornam ao Grande Vazio." Além disso: "Se o Qi se condensa, sua visibilidade se torna efetiva, e a forma física aparece."

É importante notar que Zhang Zai viu nitidamente a indestrutibilidade da matéria-energia: "Qi em dispersão é substância, assim como em condensação." A vida humana também é apenas uma condensação do Qi, e a morte é a dispersão do Qi. Ele falou que: "Todo o nascimento é uma condensação, toda morte, uma dispersão. Nascimento não é um ganho, a morte não é uma perda ... quando condensado, o Qi transforma-se em seres vivos, quando disperso, é o substrato das mutações."

Zhu Xi (1130-1200) considera a vida uma condensação do Qi. Para ele, "o Qi, condensado, pode formar seres vivos".

Wang Fuzhi (1619-1692) reafirmou o conceito da continuidade de energia, e da matéria e da condensação do Qi disperso em formas físicas: "A vida não é uma criação do nada, e a morte não é dispersão e destruição completas." Também acrescentou: "Apesar da condensação e dispersão do Qi, sua substância original não pode ser adicionada nem diminuída."

Outras citações dos seus escritos evidenciaram a natureza do Qi:

> Tudo que é vazio está cheio de Qi, que, no seu estado de condensação, portanto visível, é chamado de ser, mas no seu estado de dispersão, portanto invisível, é chamado de não ser. Quando o Qi disperso cria o Grande Vazio, somente recupera sua característica nebulosa original, mas não perece; quando condensado, torna-se a origem de todas as coisas.

Maciocia (1996) conclui que Qi é uma formação de matéria contínua, que resulta na forma física (Xing) quando condensa. Xing é uma formação descontínua da matéria, que resulta no Qi quando dispersa.

O Qi tem dois sentidos: denota tanto a matéria (corpo) como a atividade funcional dos órgãos, das vísceras e dos tecidos. O Qi é percebido funcionalmente pelo que faz, sendo a força motriz de todos os processos fisiológicos. O Qi é a forma física dos seres e, ao mesmo tempo, produz e ordena a atividade que dá vida a esta forma física (Maciocia, 1998).

"Qi é demasiadamente rarefeito para ser visto, e sua existência é manifestada nas funções dos Órgãos e das Vísceras." (Xinnong, 1999, p.35)

O *Simple Questions*, no capítulo 25, diz: "O ser humano resulta do Qi do Céu e da Terra ... A união do Qi do Céu e da Terra é chamado ser humano." Isto enfatiza a interação entre o Qi dos seres humanos e as forças naturais. Assim como o Qi é o substrato material do Universo, também é substrato material e espiritual da vida humana. O *Classic Of Difficulties — A Translation of the Nan Jing* afirma: "Qi é a raiz do ser humano."

Dois aspectos do Qi são especialmente relevantes para a medicina: o Qi é uma energia que se manifesta simultaneamente sobre os níveis físico e espiritual; e o Qi é um estado constante de fluxo em estados variáveis de agregação. Quando o Qi se condensa, a energia se transforma e se acumula em forma física.

De acordo com os chineses, há muitos "tipos" diferentes de Qi humano, variando do tênue e rarefeito ao mais denso e duro. Todos os tipos de Qi, todavia, são na verdade um único Qi, que tão só se manifesta de diferentes formas de acordo com a sua localização e função. Embora seja fundamentalmente o mesmo, o Qi coloca "diferentes vestimentas" em diversos lugares e assume inúmeras funções.

As várias formas de Qi:

- Qi Original (Yuan Qi);
- Qi dos Alimentos;
- Qi Torácico;
- Qi Verdadeiro assume duas formas: Qi Nutritivo (Ying Qi) e Qi Defensivo (Wei Qi).

Yamamura (2001) relata que a energia (Qi) é a forma imaterial que promove o dinamismo, a atividade do ser vivo. Manifesta-se sob dois aspectos principais, um de característica Yang e o outro de característica Yin.

A energia é imutável, e recebe denominações diferentes conforme suas funções.

A energia precede a forma física e, por conseguinte, as estruturas físicas teciduais, responsáveis pelo controle do dinamismo e da nutrição do corpo, mantêm nítida relação com os canais de energia, que se sobrepõem à rede nervosa central e periférica e à distribuição dos vasos sanguíneos. Por isso, as variações intrínsecas ou extrínsecas de energia dos canais repercutem sobre esses tecidos de modo local e/ou sistêmico.

Os canais de energia constituem meio de ligação entre o interior e o exterior, transmitindo assim as diversas formas de energia entre esses dois meios.

Em síntese, o Qi é, para os chineses, a substância fundamental construtora do Universo, e todos os fenômenos são produzidos pelas mudanças e pelos movimentos do Qi.

O Universo físico consiste num ambiente de energia que nos envolve e nos permeia; assim, desde a menor de todas as células até as maiores galáxias no espaço, toda a existência é gerada e perpetuada por uma energia sutil denominada Qi, uma força vital que coexiste em todas as coisas existentes no Universo, uma espécie de sopro vital que anima o Cosmo e sustenta a vida na Terra.

Como escreve Fritjof Capra em seu livro *O Tao da Física* (1989), tal como o conceito de campo quântico da física moderna, o Qi é concebido como uma forma de matéria tênue e não perceptível, onipresente em todo o espaço, e que se pode condensar em objetos materiais sólidos, apresentando uma semelhança impressionante.

Quando o Qi se condensa, a sua visibilidade torna-se aparente para que surjam então as formas (das coisas individuais). Quando se dispersa, a sua visibilidade deixa de existir, tal como as formas. Na altura da sua condensação, pode dizer-se que isso é nada mais que temporário? E quando se dispersa, pode afirmar-se que é o não existente? (Chang Tsai)

Assim, o Qi condensa-se e dispersa-se ritmicamente, fazendo surgir todas as formas que eventualmente se dissolvem no vazio. Como diz Chang Tsai, o Grande Vazio só pode ser constituído por Qi; este condensa-se para dar forma a todas as coisas; e estas coisas não fazem mais que dispersar-se (novamente) no Grande Vazio.

Tal como na teoria de campo quântica, o campo — ou Qi — não é apenas a essência subjacente a todos os corpos materiais, ele também transporta as suas mútuas interações sob a forma de ondas.

Capítulo 8
1. Processo reencarnatório: união do espírito à matéria

> A matéria é o liame que escraviza o espírito; é o instrumento que ele usa, e sobre o qual, ao mesmo tempo, exerce a sua ação.
> Allan Kardec

Para o Espiritismo, no momento da união do espírito com o corpo, na encarnação, pela sua essência espiritual, o espírito é um ser indefinido, abstrato, que não pode ter ação direta sobre a matéria, sendo-lhe indispensável um intermediário, que é o envoltório fluídico, denominado de perispírito. Esse envoltório é semimaterial, pertence à matéria pela sua origem e à Espiritualidade pela sua natureza etérea. (Kardec, 2013)

Como toda a matéria é extraída do fluido cósmico universal, que, nessa circunstância, sofre uma modificação especial, esse envoltório faz de um ser abstrato, o espírito, um ser concreto, definido, apreensível pelo pensamento. Torna-o apto a atuar sobre a matéria tangível, conforme se dá com todos os fluidos imponderáveis, que são os mais poderosos motores.

O fluido perispirítico constitui o traço de união entre o espírito e a matéria. O perispírito serve ao espírito como veículo de pensamento, para transmitir o movimento às diversas partes do organismo, as quais atuam sob a impulsão da sua vontade e repercutem no espírito as sensações que os agentes exteriores produzem. Servem-lhe de fios condutores os nervos.

Desde o início da encarnação o fluido vital do óvulo já fixa as energias perispirituais do reencarnante. Na fecundação, milhões de espermatozoides que sobram fornecem a energia vital excedente para a constituição inicial do corpo etérico, o qual fixará o corpo astral ao embrião. (Dr. Ricardo Di Bernardi)

Quando o Espírito precisa encarnar num corpo humano em vias de formação, um laço fluídico, que mais não é do que uma expansão do seu perispírito, o liga ao germe que o atrai por uma força irresistível, desde o momento da concepção. À medida que o germe se desenvolve, o laço se encurta.

Sob a influência do princípio vito-material do germe, o perispírito, que possui certas propriedades da matéria, se une, molécula a molécula, ao corpo em formação, onde o Espírito, por intermédio do seu perispírito, se enraiza, de certa maneira, nesse germe, como uma planta na terra.

Quando o germe chega ao seu pleno desenvolvimento, completa é a união; nasce então o ser para a vida exterior. (Kardec, 2013)

O espírito André Luiz (1976) narra a reencarnação de Segismundo esclarecendo que não há criação sem fecundação; as formas físicas descendem das uniões físicas, as construções espirituais procedem das uniões espirituais.

Elucida que a modelagem fetal e o desenvolvimento do embrião obedecem a leis físicas naturais; o organismo dos nascituros, em sua expressão mais densa, provém do corpo dos pais, que lhes entretêm a vida e lhes criam os caracteres com o próprio sangue. A criatura terrena herda tendências, e não qualidades; estas resultam do labor individual da alma encarnada, na defesa, educação e aprimoramento de si mesma nos círculos da experiência.

As minúcias e os contornos anatômicos vão desenvolver-se de acordo com os princípios de equilíbrio e com a lei de hereditariedade. A forma física depende dos cromossomos paternos e maternos, da influência dos moldes mentais da mãe, da atuação do próprio interessado e do concurso fraterno dos amigos espirituais.

Descreve o espírito André Luiz em *Missionários da Luz* (1976) que, na fecundação, a união do espírito à matéria se faz pelo processo de união magnética:

> Em seguida Alexandre ajustou a forma reduzida de Segismundo, que se interpenetrava com o organismo perispirítico de Raquel, sobre aquele microscópico globo de

luz, impregnado de vida, e observei que essa vida latente começou a movimentar-se. Havia decorrido precisamente um quarto de hora, a contar do instante em que o elemento ativo ganhara o núcleo do óvulo passivo. Estava terminada a operação inicial de ligação; seguia, agora, o processo da divisão celular, em que se formava rapidamente a vesícula de germinação. Alexandre, o orientador, explicou que o organismo maternal forneceria todo o alimento para a organização básica do aparelho físico, enquanto a forma reduzida de Segismundo, como vigoroso modelo, atuaria como ímã entre limalhas de ferro, dando forma consistente à sua futura manifestação no cenário da Crosta. ... O que opera a diferenciação da forma é o valor evolutivo, contido no molde perispirítico do ser que toma os fluidos da carne.

André Luiz (1976) afirma que os fios tenuíssimos que ligam os encarnados ao aparelho físico quando em estado de temporária libertação prendem-nos também à organização fetal.

Andréa (1990) relata que todas as células do organismo humano trazem, além dos caracteres energéticos paternos e maternos vindos através dos gametas, os dos núcleos em potenciação do conjunto espiritual reencarnado. Dessa forma, a herança da personalidade depende do campo energético paterno-materno e do campo energético espiritual. O organismo físico equilibra-se e harmoniza-se pelo ciclo de energias, que se expressam em correntes aferentes e eferentes. Por intermédio das correntes deste ciclo seriam levadas ao centro espiritual todas as realizações desenvolvidas no organismo. A redução espiritual observada no psicossoma se retrai por concentração com a diminuição dos espaços intermoleculares que lhe são próprios, ocupando em extensão a região do útero materno, para liderar a construção do organismo, e aí se fixa por determinado tempo. O embrião acompanha a expansão e o crescimento do psicossoma, que traz sempre em seus genes cromossomiais as sugestões originadas na zona dos núcleos em potenciação.

Lex (1997) explica que, em seu desenvolvimento, o embrião vai crescendo orientado pelas determinações genéticas dos cromossomos, incorporando os alimentos recebidos da mãe, através da placenta. Vai preenchendo as regiões delineadas pelo perispírito, que assim se afirma como esboço fluídico do corpo físico. Porém, não se pode negar a influência da herança na formação do feto. Há doenças que são herdadas, com toda a certeza, através dos cromossomos, como a síndrome de Down, que é causada por uma anomalia em seu número. Há ainda as doenças congênitas, sem alterações cromossômicas, que causam lesões no embrião durante a vida intrauterina.

No processo reencarnatório, segundo Teixeira (2000), a relação afetiva, espiritual e biológica com os pais, assim como os antecedentes cármicos do próprio espírito reencarnante, são fatores determinantes.

Para poder haver a efetivação da ligação da célula-ovo no zigoto a partir da fecundação propriamente dita, ocorre previamente, no plano extrafísico, a miniaturização, que se caracteriza pela redução da forma perispirítica.

Com base na análise dos mapas cromossômicos e organogênicos, tais intervenções se fazem no sentido de orientar a modelagem bioenergética e genético-estrutural referente à embriogênese e morfogênese do futuro corpo físico, em consonância com a herança cármica e o programa de realização na nova experiência reencarnatória.

Efetuadas as operações de imantação e ligação do perispírito da consciência do reencarnate à célula-ovo, no terço médio da trompa de Falópio, segue-se a nidação no útero materno, com a participação mental e afetiva dos pais gestantes e do filho ou filhos reencarnantes.

Após a fecundação, inicia-se a fase organogênica, que envolve embriogênese, histogênese e morfogênese, em obediência às leis biogenéticas, culminando no crescimento e desenvolvimento do feto. O reencarnante vai adensando o seu perispírito miniaturizado e, consequentemente, entrando num estado de bloqueio de memória, com o esquecimento total ou parcial de suas vivências reencarnatórias anteriores.

Cunha (1994) cita e ilustra o Pavilhão do Restringimento, onde os espíritos são preparados para a reencarnação sofrendo o restringimento do corpo espiritual para o tamanho adequado ao processo.

Assim que se inicia a fase do sono letárgico, o corpo espiritual passa a se despojar da matéria grosseira, ficando o perispírito sutil, sem trazer-lhe prejuízo algum.

Após o restringimento, corpo espiritual fica reduzido a um diminuto corpo ovalado, no qual estão preservados os seus centros de força: coronário, frontal, laríngeo, cardíaco, esplênico, gástrico e genésico, que se localizam no corpo espiritual, matriz do corpo físico. Verdadeiras estufas aperfeiçoadas resguardam o sêmen espiritual.

Chegado o momento da reencarnação, o mentor daquele espírito assume controle, conduzindo-o ao processo reencarnatório.

Se a mãe não tiver no ventre materno o sêmen espiritual, não há fecundação pelo espermatozoide. Cunha relata que há duas fecundações no momento da concepção, a espiritual e a material. A material, com a penetração do espermatozoide no óvulo, formando a célula-ovo, semente do corpo físico; a outra, que se opera no plano espiritual, consiste na integração do espírito reencarnante com o espírito da mãe, que pode se operar de modo diverso — no caso, através da ingestão, pela mãe, em estado espiritual, do sêmen espiritual. É a fecundação espiritual que vai transmitir vida ao óvulo fecundado e modelá-lo segundo o corpo espiritual.

Segundo as orientações de Barsanulfo (1999), os chacras acompanham o espírito. Assim, quando reencarna na Terra, eles estão fracos, são tensos e vão se desenvolvendo cada vez com mais intensidade. Na mesma medida em que o encarnado cresce e o seu corpo toma forma definida, o chacra também toma sua forma. Ele acompanha o desenvolvimento do corpo e acompanha o perispírito.

Existem outras categorias de espíritos e, por isso mesmo, outras categorias de processos reencarnatórios; tudo depende da necessidade e condição evolutiva.

As enfermidades morais estão impressas no perispírito, e através das reencarnações eclodirão em forma de doenças, segundo a lei de causa efeito, muitas ligadas a vidas passadas e também à vida atual. Lembremo-nos de que a cura se encontra em nossas mãos.

Orgulho, vaidade, egoísmo, preguiça e crueldade são vícios da alma, que geram perturbações e doenças no perispírito e no corpo físico. Dessa maneira, a cura do corpo físico está diretamente ligada à cura do corpo perispiritual.

Emmanuel (1971) nos esclarece que

> ... as enfermidades congênitas nada mais são que reflexos da posição infeliz a que nos conduzimos no pretérito próximo, reclamando-nos a internação na esfera física, às vezes por prazo curto, para tratamento da desarmonia interior em que formos comprometidos. Causas amargas de mutilações e doenças são guardadas na profundez de nosso campo espiritual.

Em *Iniciação — Viagem Astral*, o espírito Lancellin aponta a importância do perispírito em relação ao corpo físico e a assimilação dos fluidos comportamentais do espírito:

> É a volta do espírito em novo corpo, para saldar dívidas que não poderiam ser proteladas mais. Os perispíritos se encontravam semideformados, e o físico, certamente, iria se formar sobre a sua matriz, obedecendo a todos os seus mais secretos contornos, com determinadas heranças, para complemento das provas escolhidas. ... A carne é qual uma esponja que absorve as impurezas cármicas agregadas no perispírito, em forma de enfermidades múltiplas e problemas inúmeros.

As explicações do espírito Luiz Sérgio no livro *Consciência* resumem a necessidade de estudo do perispírito em relação aos tratamentos de saúde na casa espírita referindo que todos os males de que sofre a humanidade (físicos e mentais) são provenientes de desorganização no corpo perispiritual. É citado o exemplo de um paciente cujos rins se encontravam em péssimo estado, e o relatório indicava que o mal que o acometia era devido a excessos praticados em encarnações anteriores, e que, por conseguinte, seu perispírito ficara danificado no local relativo ao órgão renal.

Allan Kardec (1991) relata que a união começa na concepção, mas só é completa por ocasião do nascimento. Desde o instante da concepção, o espírito já se liga por um laço fluídico, que cada vez mais se vai apertando até o instante do nascimento, e que a partir do momento da concepção, começa o espírito a ser tomado de perturbação, e ela cresce de contínuo até ao nascimento. Nesse intervalo, seu estado é quase idêntico ao de um espírito encarnado durante o sono. À medida que a hora do nascimento se aproxima, suas ideias se apagam, assim como a lembrança do passado, do qual deixa de ter consciência na condição de homem logo que entra na vida. Porém, essa lembrança volta pouco a pouco até retornar ao estado de espírito.

Aproveitamos a oportunidade para registrar a resposta dada pelos espíritos a Kardec (1991) em relação ao aborto. Eles explicam que trata-se de "uma existência nulificada e que ele [o espírito] terá de recomeçar".

2. Embriogênese do corpo energético e físico (MTC)

> Todo nascimento é uma condensação, toda morte é uma dispersão.
> Nascimento não é um ganho, morte não é uma perda ... quando condensado, o Qi se transforma nos seres vivos, quando disperso, é o substrato das mutações.
>
> Zhang Zai

Durante os anos de 1960, na Coreia, o professor Kim Bong Han e uma equipe de pesquisadores estudaram sobre a natureza anatômica do sistema de meridianos em animais.

Foi injetado P^{32} radioativo (isótopo de fósforo) em um ponto de acupuntura de um coelho, utilizando-se a técnica da microautorradiografia, e revelou-se que o P^{32} era absorvido ativamente ao longo de um delgado sistema tubular (0,5 a 1,5 mícrons de diâmetro) que seguia o trajeto clássico dos meridianos de acupuntura. Injetando o P^{32} em uma veia vizinha, a quantidade da substância detectada na rede de meridianos era pequena ou nula. Essa descoberta sugere que o sistema de meridianos é independente da rede vascular.

O francês Pierre de Vernejoul e seus colaboradores confirmaram a experiência de Kim em seres humanos. Injetaram tecnécio radioativo 99m nos pontos de acupuntura dos pacientes e acompanharam a absorção do isótopo através de uma câmara gama. Eles verificaram que o tecnécio radioativo 99m migrava ao longo do traçado dos meridianos da acupuntura chinesa, percorrendo uma distância de trinta centímetros em quatro a seis minutos. A injeção do isótopo em pontos aleatórios da pele nos sistemas venoso e linfático não produziu resultados semelhantes, o que sugere que os meridianos constituem uma via morfológica distinta.

Os estudos histológicos de Kim sobre os sistemas de dutos em coelhos mostraram que esses sistemas de meridianos tubulares parecem estar divididos em um sistema superficial e outro profundo.

O sistema profundo foi subdividido em vários subsistemas. O primeiro foi chamado de Sistemas de Dutos Internos; esses dutos flutuam livremente no interior dos vasos linfáticos e vasculares e penetram nas paredes dos vasos em pontos específicos de entrada e saída. Geralmente os fluidos presentes no interior desses dutos deslocavam-se na mesma direção do fluxo de sangue e linfa dos vasos dentro dos quais eles foram descobertos, embora em certas circunstâncias tenha sido observado um fluxo no sentido oposto; isso sugere que sua origem é diferente da dos sistemas vascular e linfático e, é possível, cronologicamente anterior à deles.

Pode ser que, no decorrer da embriogênese, os meridianos tenham sido formados antes do desenvolvimento das artérias, veias e do sistema linfático.

Para Gerber (1998), os meridianos talvez atuem como indicadores esparciais que orientam a formação e o desenvolvimento da rede dos sistemas vascular e linfático. À medida que os vasos sanguíneos se desenvolvem, eles vão crescendo em torno dos meridianos, dando a impressão de que estes entraram e saíram dos vasos.

A segunda série de túbulos, o Sistema de Dutos Intraexternos, foi encontrada ao longo da superfície dos órgãos internos, e parece formar uma rede independente dos sistemas vascular, linfático e nervoso.

A terceira série, o Sistema de Dutos Externos, estende-se ao longo da superfície externa das paredes dos vasos sanguíneos e linfáticos. Estes dutos também são encontrados na pele e, nesse caso, chamados de Sistema de Dutos Superficiais.

A quarta série de túbulos, o Sistema de Dutos Neurais, está distribuída pelos sistemas nervoso central e periférico.

Todos os dutos estão interligados. Os vários sistemas de dutos ligam-se através de dutos terminais dos diferentes sistemas.

Kim descobriu ainda que os dutos terminais chegam até o núcleo das células. Ao longo dos meridianos, a determinados intervalos, foram encontrados corpúsculos espaciais. Esses corpúsculos do Sistema de Dutos Superficiais parecem localizar-se abaixo dos clássicos pontos e meridianos acupunturais do corpo humano.

O fluido extraído desses túbulos apresentou elevadas concentrações de DNA, RNA, aminoácidos, ácido hialurônico, dezesseis tipos de nucleotídeos livres, adrenalina, corticosteroides, estrógenos e outras substâncias hormonais em níveis muito diferentes das encontradas na corrente sanguínea.

A fim de descobrir em que altura da embriogênese surgia esse elo nuclear/celular, Kim começou a estudar, em diferentes espécies, o momento em que os meridianos eram formados.

Consultando os estudos embriológicos do Dr. Burr, Kim descobriu que, no embrião da galinha, os dutos meridianos formavam-se dentro de quinze horas depois da fecundação.

Em suma, as pesquisas de Burr e Kim indicam que o sistema meridiano constitui uma interface entre o corpo físico e corpo etérico.

O sistema de meridianos é o primeiro elo físico entre o corpo etérico e o corpo físico em desenvolvimento. A estrutura organizada do corpo etérico precede e orienta o desenvolvimento do corpo físico.

A medicina oriental afirma que a energia vem, penetra os rins para formar o corpo e começa a formá-lo pelos órgãos; estes vão formar cada um o seu canal. Cada canal produz um movimento eletromagnético que provoca uma onda, que vai irradiar em volta do indivíduo e buscar um contato com o exterior.

Para Gerber (1998), o corpo energético é um molde de energia holográfica que contém informações codificadas para a organização espacial do feto, e também um mapa para permitir a regeneração celular no caso de o organismo em desenvolvimento sofrer algum dano.

Segundo Yamamura (2001), o nosso corpo energético e físico (embrião) forma-se à custa da interação de duas Essências, o Lin Tai (Morada do Espírito, energia do sol interior) e o Yin Chao (energia da terra interior), que geram o Qi Ancestral Essencial, e que, sucessivamente, formarão as Energias, os Zang

Fu (Órgãos e Vísceras), o Xue (Sangue), o Qi, os Jing Luo (Meridianos e Colaterais), a Energia Mental e a forma física.

A partir da fase trofoblástica, a integração do Qi da mãe com a Energia Ancestral Essencial forma a Energia Fetal, que representa a base para a formação dos Órgãos, das Vísceras e das demais estruturas do corpo.

Yamamura (2001) descreve ainda que, no período fetal, o Qi dos Órgãos e das Vísceras exterioriza-se dando origem à formação dos Canais de Energia ou de Meridianos sobre os quais ocorrerá a incorporação de matéria, para constituir a forma física dos membros e do tronco.

> No contexto da embriologia energética e subsequentemente da embriologia morfológica, a energia incorpora-se à matéria para que, juntas, promovam a atividade da matéria, que pode manifestar-se no nível energético, constituindo as atividades orgânicas, e também no nível da matéria, produzindo diferentes substâncias.

Quanto ao movimento, o Po (alma corpórea) dá ao organismo a capacidade de movimento, agilidade, equilíbrio e coordenação de movimentos, e o Hun (alma etérea) dá movimento psíquico. O Po morre com a morte do corpo, mas acredita-se que fique aderido ao corpo por algum tempo, especialmente nos ossos, antes de retornar à Terra.

O Po está intimamente ligado à Essência, decorre da mãe e surge logo após a Essência pré-natal de um novo ser formado. Assim, o Po é o primeiro a vir, a existir após a concepção (fecundação). A Essência e o Po representam os princípios de organização da vida que dão forma ao corpo, desde a concepção, através dos canais de energia chamados Canais Extraordinários.

Durante a gestação, o feto é todo Po e Essência, e se comunica com o Po da mãe (corpo materno). A ligação entre o Po e a vida fetal é muito antiga. Granet chama de Po a "Alma de Sangue". O feto depende da alma corpórea da mãe, sangue e essência, que o guia e o alimenta.

O Po dá origem à forma humana durante a gestação. O Po é centrípeto: separara, materializa e agrega. De um lado, essa separação é expressa através da pele (que separa o Ser do mundo), mas existe também uma conexão entre a pele corpórea e o Pulmão. Estes aliados podem separar-se com as forças centrípetas do Qi, opondo-se e fragmentando-se constantemente e, eventualmente, separam-se pelo germe da morte. A alma corpórea é, portanto, ligada a uma "sede de existência", centrípeta, que consubstancia a força da vida, agregando em uma existência separada. O Po é a manifestação da essência na esfera das sensações e dos sentimentos.

Assim como o Hun proporciona um movimento para a mente, o Po proporciona um movimento para a Essência, ou seja, ele traz a Essência em jogo para todos os processos fisiológicos do corpo.

Sem o Po a Essência seria inerte. O Po é o mais próximo à Essência e é o intermediário entre ela e as outras substâncias vitais do corpo. O Po representa a vida e a própria força.

Para a medicina tradicional chinesa o aparecimento das malformações depende das alterações energéticas dos Zang Fu e dos Jing Luo, por exemplo: o pé torto congênito pode ser considerado como malformação decorrente da plenitude de Qi do Canal de Energia Principal do Shen; a deformidade "mão em pinça de lagosta" pode estar associada ao vazio extremo de Qi do Canal de Energia Principal do Xin Bao, que, ao determinar agenesia de estruturas orgânicas no trajeto deste Canal de Energia à mão, faz com que não seja possível materializar e formar o eixo central dela.

A palavra Shen é utilizada no *Yellow Emperor's Classic of Internal Medicine* com vários significados diferentes, dois principais:

1. Shen indica a atividade do pensamento, consciência, "insight" e memória: todos dependem do Coração. Maciocia traduz como "Mente".
2. Shen indica o complexo de todos os cinco aspectos mentais e espirituais do ser humano, isto é, a Mente propriamente dita, a Alma Etérea, a Alma Corpórea, a Inteligência e a Força de Vontade. Maciocia traduz como "Espírito".

Shen é um princípio criador e organizador. Cria e organiza o homem, comandando os aspectos múltiplos do corpo e a relação desse corpo, e de todo o homem com o mundo. Shen dá origem ao funcionamento do corpo e da mente; é o suporte da vida. A formação do Shen, segundo a MTC, ocorre no momento de união do óvulo com o espermatozoide, do encontro da energia, o Jing (Essência) da mãe e do pai, a partir do qual se forma um novo ser e uma nova consciência. (Campiglia, 2009)

O Jing é traduzido como Essência. Segundo Maciocia, o Jing pode ser considerado a base biológica e é o responsável pela origem da Mente. O Jing é o que determina as condições orgânicas do ser, podendo ser entendido então como o código genético, responsável pela hereditariedade. (Maciocia, 1996).

A força do Shen depende da força do Jing dos pais, mas também do desejo dos pais. Segundo Campiglia, o encontro sexual da mãe e do pai é regido pelo Shen, ele é o responsável por coordenar a concepção, fazendo a passagem e a transformação do espírito imaterial para o corpo, para a matéria, através da união dos pais. É este o aspecto mais misterioso de Shen, pois ele controla a criação de si mesmo.

Jing (Essência) é a base do corpo e princípio vital, o Qi, o sopro, e o Shen, o espírito criador e organizador. (Campiglia, 2009)

A Essência é a origem e a base biológica da Mente. O livro *Spiritual Axis* diz o seguinte no capítulo 8: "A vida acontece através da Essência; quando as duas Essências (da mãe e do pai) se unem, formam a Mente." Zhang Jie Bin diz: "As duas Essências, uma Yin, a outra Yang, se unem ... para formar a vida; as Essências da Mãe e do Pai se unem para formar a Mente."

Jung e Wilhelm (1983) narram que o homem se desdobra, de acordo com sua aparência, numa multiplicidade de indivíduos, em cada um dos quais está incluído o Uno central como princípio de vida; só que antes do nascimento, no momento de sua concepção, ele se divide numa polaridade: ser (Sing) e vida (Ming).

O sinal para ser (Sing) compõe-se de coração e surgir, nascer. O coração, segundo os chineses, é a sede da consciência emocional, que é despertada, através da reação emotiva dos cinco sentidos, para as impressões do mundo exterior. O substrato que permanece quando nenhum sentimento se manifesta, o que perdura num estado transcedente ou supraconsciente, é o ser.

O ser (Sing) liga-se estreitamente à vida (Ming). O sinal

Ming significa uma ordem régia, e, portanto, determinação, fatalidade, o destino que cabe a alguém e, assim, também a duração da vida, a medida da força vital disponível.

Ambos os princípios são supraindividuais. O ser (Sing) é o que torna o homem um ser espiritual. O homem enquanto indivíduo o possui, mas ele ultrapassa muito o ser individual. A vida (Ming) também é supraindividual, uma vez que o homem deve simplesmente aceitar seu destino, que não provém de sua vontade consciente.

O Confucionismo vê no destino uma lei determinada pelo céu, à qual devemos submeter-nos; o Taoísmo vê o jogo multicolorido da natureza, que não pode fugir às leis de Tao; e o Budismo na China o considera a atuação do carma.

O verdadeiro ser é o espírito originário (Hun — alma etérea). O espírito originário é justamente ser e vida.

O mestre Lu Dsu afirmou:

> Comparado com o céu e a terra, o homem é como o inseto chamado efêmera. Mas comparado com o grande sentido, céu e terra não são mais do que uma bolha de ar e uma sombra. Só o espírito originário e o verdadeiro ser vencem tempo e espaço. ... Quando os homens se desprendem do corpo materno, o espírito originário mora na polegada quadrada (entre os dois olhos), e o espírito consciente abaixo, no coração. Este coração de carne, embaixo, tem a forma de um grande pêssego; ele é encoberto pelas asas do pulmão, sustentado pelo fígado e servido pelas vísceras. ... O corpo não é apenas o corpo exterior, de sete pés de altura. No corpo está a anima. Esta adere à consciência como seu efeito. A consciência depende da anima para existir. A anima é feminina (Yin), substância da consciência. Enquanto esta consciência não é interrompida, prossegue de geração em geração, e as modificações da forma e transformações da substância da anima são incessantes. Além disso, há o animus, no qual o espírito se abriga. De dia, ele mora nos olhos, e de noite, no fígado. Morando nos olhos, vê; alojado no fígado, sonha. ... Quando o único ser verdadeiro e atuante mergulha na morada do criativo, divide-se em animus e anima. O animus reside no coração celeste. Sua natureza é a de luz, ele é a força do leve e do

puro. Foi isto que recebemos do grande vazio, que é um só com o começo originário. A natureza da anima é a do obscuro. Ela é a força do pesado e do turvo, estando presa ao coração corpóreo e carnal. O animus ama a vida, a anima procura a morte ...

Nessa passagem é descrita a função do espírito originário (Hun — alma etérea) e do espírito consciente (Po — alma corpórea). Diz Lu Dsu que o verdadeiro ser sai do não polar e recebe a força originária do polar, acolhendo em si o verdadeiro ser do céu e da terra, e assim se transformando em espírito consciente. Afirma que só o ser e o espírito originário é que são perenes. Quando nascemos, o espírito originário mora entre os dois olhos (localização do chacra frontal), e o espírito consciente, no coração (chacra cardíaco).

O espírito originário recebe o ser do pai e da mãe enquanto espírito originário; este é desprovido de consciência e saber, mas é capaz de regular os processos formativos do corpo.

O espírito consciente é manifesto e muito atuante, capaz de adaptar-se continuamente. É o senhor do coração humano. Enquanto habita o corpo é animus, Hun. Após sua separação do corpo, torna-se espírito.

Ilustra a separação do animus (Hun) e da anima (Po), quando o espírito volta ao espaço (após a morte), e complementa dizendo que o Hun ama a vida e tem continuidade, e o Po procura a morte, extingue-se.

O espírito originário, quando o corpo acede à existência, ainda não tem nenhum embrião no qual possa corporalizar-se. Assim, pois, se cristaliza no Uno, livre de polaridades.

Por ocasião do nascimento, o espírito consciente aspira a força do ar, transformando-se na morada do recém-nascido.

Temos no *Simple Questions*, capítulo 25: "O ser humano resulta do Qi do Céu e da Terra. A união do Qi do Céu e da Terra é chamado ser humano." Isto enfatiza a interação entre o Qi dos seres humanos e as forças naturais. Assim como o Qi é o substrato material do Universo, também é substrato material e espiritual da vida humana.

Capítulo 9
1. Perispírito

> O perispírito, ou corpo fluídico dos espíritos, é um dos mais importantes produtos do Fluido Cósmico Universal; é uma condensação desse fluido em torno de um foco de inteligência ou alma.
>
> Alan Kardec

Vamos tecer neste pequeno capítulo alguns conceitos sobre o corpo perispiritual, e não nos alongaremos para que possamos refletir sobre a possível similaridade com a alma etérea (Hun) dos chineses.

Segundo Allan Kardec (1987), o perispírito (do grego *peri*: em torno) é conceituado como envoltório semimaterial do espírito. Nos encarnados, serve de laço intermediário entre o espírito e a matéria; nos espíritos errantes, constitui o corpo fluídico do espírito.

O perispírito é definido, ainda segundo Kardec (1991), como um laço que liga a alma ao corpo. Esse laço é semimaterial, de natureza intermediária entre o espírito e o corpo, para que os dois possam comunicar-se. Por meio do perispírito, o espírito atua sobre a matéria e reciprocamente.

Em *A Gênese*, Kardec (2013) explica que o perispírito é um dos mais importantes produtos do fluido cósmico universal; é uma condensação desse fluido em torno de um foco de inteligência ou alma. O corpo carnal tem seu princípio de origem nesse mesmo fluido condensado e transformado em matéria tangível. No perispírito, a transformação molecular se opera de modo diferente, porque o fluido conserva a sua imponderabilidade e suas características etéreas.

O *Livro dos Espíritos*, segundo Kardec (1991), assim o conceitua: "Envolvendo o gérmen de um fruto há o perisperma; do mesmo modo, uma substância que, por comparação, se pode chamar perispírito, serve de envoltório ao Espírito propriamente dito."

Léon Denis (1979) diz que o perispírito é, pois, um organismo fluídico; é a forma preexistente e sobrevivente do ser humano, sobre a qual se modela o envoltório carnal, como uma veste dupla, invisível, constituída de matéria quintessenciada.

Em *A Evolução Anímica*, Gabriel Delanne esclarece que é o perispírito que contém o desenho prévio, a lei onipotente que servirá de regra inflexível ao novo organismo e lhe assinará o lugar na escala morfológica, segundo o grau de sua evolução. É no embrião que se executa essa ação diretiva. Diz ainda que o perispírito é a realização física da "ideia diretora", que Claude Bernard assinala como a verdadeira característica da vida; e é, ainda, o desenho vital que cada um de nós realiza e conserva durante toda a existência.

Léon Denis (2011) conceitua o perispírito como um molde fluídico, elástico, que calca sua forma sobre a matéria. Daí emanam as condições fisiológicas do renascimento. As qualidades ou defeitos do molde reaparecem no corpo físico, que é apenas, na maioria dos casos, uma feia e grosseira cópia do perispírito.

Menciona que o corpo visível é formado de acordo com as necessidades da vida terrestre, é temporário e perecível; desagrega-se e dissolve-se quando morre. Por seu lado, o corpo sutil permanece; preexistindo ao nascimento, sobrevive às decomposições do corpo e acompanha a alma nas suas transmigrações. É o modelo, o tipo original, a verdadeira forma humana, à qual vêm incorporar-se temporariamente as moléculas da carne. Essa forma sutil, mesmo durante a vida, pode separar-se, em certas condições, do corpo carnal, e também agir, aparecer, manifestar-se a distância.

A forma do perispírito é a forma humana, e quando nos aparece é, geralmente, aquela sob a qual conhecemos o espírito em sua vida, como nos expõe *O Livro dos Médiuns* (1987). O perispírito é a ideia diretora; ele armazena, registra, conserva todas as percepções, todas as vontades e ideias da alma. É sede das faculdades, dos sentimentos, da inteligência, dos pensamentos e sonhos; é o santuário da memória, onde se encontram os elementos da identidade, o acervo do nosso passado. É o assimilador das forças protoplasmáticas, o mantenedor da aglutinação molecular, incorporando átomo a átomo, assimilando a matéria a seu molde e a sua estrutura, a fim de materializar-se no mundo palpável.

O corpo espiritual é a organização definitiva, é o organizador das contrapartes físicas, que estrutura cada célula, cada órgão e cada sistema existente no corpo físico de acordo com a matriz original, que é ele mesmo. (Gleber, 2000)

Enquanto encarnado, é o perispírito o fator de equilíbrio vital que proporciona a coesão molecular e a manutenção da forma do mundo físico.

Modelo organizador primordial possui, além das matrizes dos órgãos biológicos, um sistema de vórtices energéticos, responsáveis pela transformação, filtração, distribuição e canalização das energias cósmicas e eletromagnéticas vindas tanto do Universo como da própria intimidade do ser, de sua estrutura psico-física-espiritual, que mantém sua natureza eletromagnética inalterada em meio às transformações da matéria.

A natureza sutil e energética desse corpo torna-o sensibilíssimo aos fatores externos e internos. Em sua própria estrutura astral são gravadas todas as informações produzidas pela experiência do espírito, encarnado ou desencarnado, que atuam sobre o dinamismo de seus centros de energia. A vida moral e emocional pode alterar, preservar ou violentar todo o sistema eletromagnético do perispírito.

Todas as funções físicas ou glandulares que determinam os estados de saúde ou as condições psicológicas enfermas dos indivíduos na carne trazem suas raízes na atividade das células e dos órgãos do corpo espiritual.

Através da respiração é que o perispírito absorve a maior quantidade de fluidos responsáveis pelo bom funcionamento da fisiologia espiritual, uma vez que respira direto do meio.

O Fluido Cósmico Universal, presente em toda a criação, como energia primordial que preside e a tudo interpreta, é absorvido através do processo respiratório (também comum ao corpo espiritual) e irriga todos os órgãos, sistemas e células astrais.

Os raios solares captados e assimilados pelos poros perispirituais transportam a energia que mantém o magnetismo psicossomático sempre ativo e atuante, o que colabora com o equilíbrio íntimo do organismo.

Os pulmões perispirituais processam a transformação dos fluidos assimilados pelo espírito. O coração astral, comandado pelas energias absorvidas pelo centro energético cardíaco, é um transformador vivo do Fluido Cósmico Universal, que, após ser processado pelo centro coronário, irriga todos os átomos astrais de que se constitui o corpo espiritual, convertendo essa energia a todos os poros da epiderme perispiritual.

Semelhante ao sistema glandular, no perispírito se encontram os chacras, que estão intimamente relacionados com as glândulas do físico. Eles não produzem os hormônios, mas são os responsáveis pela manutenção dos sentimentos, das emoções e da própria condição psicológica do desencarnado. (Gleber, 2000)

Quando encarnado, é o perispírito o intermediário entre o espírito e o corpo somático, e sua função é transmitir as sensações do corpo para o espírito e as impressões do espírito para o corpo. Ele exibe a aparência do corpo físico por ser de extrema plasticidade; irradia-se para o exterior do corpo, envolvendo-o numa espécie de atmosfera que o pensamento e a força de vontade podem mais ou menos dilatar. Apresenta densidade rarefeita nos espíritos já evoluídos; pastosa e opaca, nos espíritos imperfeitos. A coloração é brilhante e luminosa nos espíritos superiores e sem nenhum brilho e luminosidade nos espíritos inferiores. (Kardec, 1991)

A matéria sutil do perispírito não tem a tenacidade nem a rigidez da matéria compacta do corpo. Ela é flexível e expansível; por isso a forma que toma, se bem que calcada sobre a do corpo, não é absoluta; amolda-se à vontade do espírito, que pode lhe dar a aparência a seu gosto, enquanto o corpo lhe oferece resistência. Fora do corpo físico o perispírito se expande ou se contrai, se transforma, se presta às metamorfoses, segundo a vontade que age sobre ele. (Kardec, *Revista Espírita*, maio de 1858)

Possui ainda a característica de penetrabilidade, entra e sai de qualquer lugar, qualquer ambiente ou local. O mundo material não lhe apresenta nenhum obstáculo.

A separação completa entre o perispírito e o corpo só se dá por ocasião da morte física. Mas, em múltiplas circunstâncias, pode-se dar um desprendimento parcial; o caso mais simples se dá durante o sono, em que a pessoa pode manter contato com os espíritos, receber orientações e visitar ambientes. Isso acontece nos desdobramentos, quando o perispírito vai a incomensuráveis distâncias sem perder a ligação com o corpo físico, pois está ligado a este pelo cordão fluídico, leve cordão prateado, semelhante a sutil elástico entre o cérebro da matéria densa e o cérebro de matéria rarefeita.

E ainda nos fenômenos de bilocações, quando a pessoa viva pode aparecer ao mesmo tempo em dois lugares diferentes: num com o corpo real, em outro com o perispírito condensado, momentaneamente, sob o aspecto de suas formas materiais.

Separado definitivamente do corpo físico através da morte, o espírito continua com seu corpo espiritual (perispírito), onde sobrevivem os mesmos fenômenos que experimentava na carne: sente que possui todos os órgãos, os pulmões arfam, o coração palpita, os sentidos funcionam; enfim, todas as sensações, que na verdade são do espírito e cujas potencialidades se achavam reduzidas durante a reencarnação manifestam-se agora mais vivas.

Nos tratamentos de saúde na casa espírita sabemos que o perispírito é o elo fluídico que faz interagir o espírito com o corpo físico, e que modificações na sua estrutura são capazes de perturbar a ordem molecular do corpo material levando-o às doenças. Por isso se faz necessário voltarmos à atenção e a compreensão do corpo etérico, sobretudo ao grupo da Corrente Médica Espiritual, sem fanatismo ou ilusões, mas com muito estudo e fé raciocinada.

Allan Kardec, *Revista Espírita*, novembro de 1866 orienta:

> A mediunidade curadora não vem suplantar a medicina e os médicos; vem simplesmente provar que há coisas que eles não sabem e os convidar para estudá-las; que a natureza tem recursos que eles ignoram; que o elemento espiritual que eles desconhecem não é uma quimera, e que, quando o levarem em conta, abrirão novos horizontes à ciência e terão mais êxitos do que agora.

2. Duplo etérico

> Na realidade mais profunda, além do espaço e do tempo, talvez sejamos, todos, membros de um só corpo.
>
> Sir James Jeans

Para Allan Kardec (1991), alma é sinônimo de espírito encarnado. A alma, antes de unir-se ao corpo, era espírito. Ela não se acha encerrada no corpo, qual pássaro numa gaiola, mas sim irradia e se manifesta exteriormente. Podemos dizer que ela é exterior, sem que por isso constitua o envoltório do corpo. Possui dois invólucros: um sutil e leve, que é o perispírito, e outro, grosseiro, material e pesado, que é o corpo físico.

O perispírito não é mais do que esse mesmo fluido vital. Segue-se que, quando o espírito está encarnado, é ele próprio quem dá vida ao seu corpo, por meio do seu perispírito, conservando-se unido a esse corpo, enquanto a organização deste o permite. Quando se retira, o corpo morre. (Kardec, 1987)

Entendemos o duplo etérico, ou corpo vital, ou fluido vital, constituído de ectoplasma, como parte do perispírito, somente enquanto a alma está encarnada. Pelo fato de não ter sido mencionado nas obras básicas pelo ilustre Kardec muitos espíritas não aceitam o corpo etérico na Doutrina Espírita.

Na definição de Carlos de Brito Imbassahy, considerando que uma pessoa viva possui um campo energético somático provocado pelas energias orgânicas e um campo psicoenergético provocado pela presença do perispírito durante o processo encarnatório, os dois juntos vão se acoplar formando o que vulgarmente se conhece como duplo.

E no livro *O Nosso Lar*, ditado ao médium Francisco Cândido Xavier, o espírito André Luiz refere-se ao duplo etérico, dentre os outros corpos mencionados.

Assim como em *Nos Domínios da Mediunidade* (1955) André Luiz faz a seguinte revelação sobre o duplo etérico:

> A princípio seu perispírito ou "corpo astral" estava revestido com os eflúvios vitais que asseguram o equilíbrio entre a alma e o corpo de carne, conhecidos aqueles, em seu conjunto, como sendo o "duplo etérico" formado por emanações neuropsíquicas que pertencem ao campo fisiológico e que, por isso mesmo, não conseguem maior afastamento da organização terrestre, destinando-se à desintegração, tanto quanto ocorre ao instrumento carnal, por ocasião da morte renovadora.

Em *Evolução em Dois Mundos* (1989), o mesmo espírito esclarece:

> No homem, contudo, semelhante projeção surge profundamente enriquecida e modificada pelos fatores do pensamento contínuo que, em se ajustando às emanações do campo celular, lhe modelam, em derredor da personalidade, o conhecido corpo vital ou duplo etérico de algumas escolas espiritualistas, duplicata mais ou menos radiante da criatura.

O espírito Joseph Gleber (2000) em *Medicina da Alma* diz que o duplo etérico constitui a parte mais eterizada, ou menos grosseira, do corpo físico. Em sua constituição íntima encontra-se, além das substâncias físicas comuns, em vibração ligeiramente diferente, grande quantidade de ectoplasma como sendo a essência básica dessa contraparte etérica do corpo humano, cuja razão de ser está na distribuição equilibrada das energias provenientes do grande reservatório cósmico universal e sua transformação em fluido vital, encarregando-se de irrigar toda a comunidade orgânica do aparato fisiológico humano.

O duplo etérico é, assim como os outros corpos de manifestação da entidade pensante, um elemento precioso na economia orgânica e na manutenção da saúde do ser humano; é um centro distribuidor de fluido vital.

Elemento de constituição delicada, de natureza etérica, ectoplasmática e de alta sensibilidade, o duplo etérico é altamente influenciável e se reveste em sua estrutura íntima do comportamento humano equilibrado ou não. É o duplo etérico responsável pela metabolização das energias advindas dos chamados planos "material" e "astral".

Todo ser vivo, por meio do seu duplo etérico, mantém-se em relação direta, através dos campos de energia que se interligam em toda a natureza, com os outros elementos da família universal. Vindas de várias dimensões do Universo, as energias do plano etérico da criação participam da formação e do equilíbrio do homem e o liga etericamente com os animais, vegetais e minerais na troca incessante de recursos, uma vez que todos estão envoltos em uma rede de energia etérica que nutre e revigora os corpos de manifestação mais densa do ser humano.

Segundo Gleber (2000), o sistema de meridianos representa o molde original da ramificação das células nervosas, em sua parte etérica estruturados no duplo, e representam, esses meridianos, um sistema de abastecimento vital para o corpo físico, uma vez que se acham intimamente relacionados com os chacras e o próprio sistema circulatório.

Encontram-se em sua estrutura canais ou filamentos (nádis) onde circulam as energias etéricas e o fluido vital que irrigam os órgãos do corpo físico. Esses canais funcionam, para estas energias mais sutilizadas, como funcionam as artérias para o sangue. Neles circulam as diversas formas de energia que são processadas pelo corpo etérico. Sua natureza hipersensível é afetada pelo comportamento humano, mais ou menos como as células nervosas, que são uma continuação desses canais, ou sua materialização.

Tais filamentos existentes no corpo etérico são muitas vezes obstruídos ou destruídos devido aos vícios de álcool e fumo, e isso causa os variados distúrbios na circulação sanguínea, no sistema nervoso e nas disfunções dos chacras. Muitos abusos alimentares provocam a obstrução desses canais ou filamentos na área de atuação do baço e do pâncreas, promovendo, juntamente com diversos fatores emocionais, a disfunção nesses órgãos, o que facilita a irregularidade de seu funcionamento, causando enfermidades.

Nos processos de desencarne, é vedada a "existência" do duplo etérico no plano espiritual devido à sua densidade, por pertencer, em sua origem, ao plano físico. Com a dissolução das células físicas através do desencarne, o duplo dissocia-se igualmente após pouco tempo, voltando os seus fluidos a integrar-se na atmosfera do planeta.

Esse corpo, também chamado de corpo vital, apresenta-se à visão do médium clarividente com a aparência de dois polos energéticos, o negativo e o positivo, o Yin e o Yang da ciência oriental. Sua constituição de natureza radioativa — que possui aparência fosforescente, como nos esclarece Gleber (2000) — é responsável pelo efeito eletromagnético observado nas fotografias Kirlian ou eletrofotografias.

O duplo etérico assemelha-se à camada de ozônio que reveste o planeta Terra. É extremamente sensível a agentes físio-químico-magnéticos, estados depressivos, traumas, fobias, inflamações, infecções, conflitos emocionais e desvios morais, e são facilmente perceptíveis através da observação do duplo etérico.

Tubino (1999) descreve que o ser humano é um "espírito", que é o princípio inteligente do ser e não possui forma determinada. Cada espírito tem um "corpo espiritual", chamado de perispírito. Todos os espíritos, encarnados ou desencarnados, têm um corpo espiritual. O corpo de carne de uma pessoa é "cópia" desse perispírito; no entanto, para promover a ligação entre o corpo de carne e o espiritual é necessário admitir-se a existência de um outro corpo, que só os encarnados possuem — o duplo etérico, que é constituído de matéria ectoplasmática obtida dos alimentos, dos líquidos e do ar que respiramos, que são introduzidos no corpo físico.

Para o Dr. Ricardo Di Bernardi, o corpo etérico é o agente intermediário entre o corpo físico e o perispírito; é constituído por fluido vital (energia vital ou prana), daí a denominação corpo vital. Os limites plásticos do corpo humano são ultrapassados em cerca de um centímetro pelo corpo etérico, que possui a forma humanoide, com grande elasticidade. O corpo etérico é uma massa de fluido vital que toma a forma do corpo, mas enquanto ocupa esse espaço. Quando desencarnamos essa massa de fluidos volta (quase toda) para o fluido cósmico.

O duplo etérico é um invólucro energético, vibratório, luminoso, vaporoso e provisório que coexiste estruturalmente com o corpo físico e o envolve. Está ligado à doação ou exteriorização de energias. O duplo etérico não possui órgãos como o perispírito, mas regiões denominadas chacras ou centros de força, que captam energia cósmica e as distribuem para o corpo físico (rebaixamento vibratório) e para o perispírito (ou corpo astral). Por aceleração vibratória, os chacras são interligados por nádis ou canais, que permitem circular as energias.

Segundo o Di Bernardi, o corpo etérico possui várias funções: é o veículo e a reserva da nossa energia vital; absorve e distribui o fluido vital pelo corpo humano, além de transformá-lo em fluidos sutis que envia ao perispírito; é o principal responsável pela elaboração do ectoplasma, e assim participa diretamente na mediunidade de efeitos físicos e materialização dos espíritos; exterioriza energias nos processos de irradiação (nos passes magnéticos em direção ao paciente); traz em si a programação do tempo de vida física do indivíduo, pois o duplo etérico possui um quantum de energia vital; é ele que faz a fixação do corpo astral ao corpo físico; vitaliza (alimenta com fluido vital) as formas pensamento ou criações ideoplásticas criadas pelo pensamento (corpo mental), cuja existência é transitória.

O corpo etérico não é veículo da consciência. Não possui órgãos como o perispírito, não atua como veículo separado, individual, para manifestação da consciência, nem está apto a captar informações.

Há um desgaste natural do fluido vital durante a vida. Os vícios podem levar a desgastes mais rápidos, assim como os casos de obsessão espiritual ou vampirização energética por espíritos desequilibrados, doenças e o suicídio. Não havendo o esgotamento dos órgãos, o perispírito pode permanecer ligado ao cadáver pelo duplo etérico.

De acordo com o Dr. Ricardo Di Bernardi, o Fluido Cósmico Universal mais a energia solar física e extrafísica dão origem ao fluido vital. Ele considera que a energia vital doada (passe) é captada pelo corpo etérico, sofre uma aceleração vibratória e "sobe" ao corpo astral (perispírito), bem como sofre um rebaixamento ou uma desaceleração vibratória e "desce" para o corpo físico.

E concluímos com Gleber (2000) que:"... o estudo do duplo etérico por parte de meus irmãos deveria ocupar um pouco mais de sua atenção, pois, sendo a sua existência uma necessidade para a manutenção do organismo fisiológico, da saúde ou do equilíbrio energético, vasto material teriam meus irmãos, para pesquisar e aprender."

Capítulo 10
1. Alma Etérea (Hun)

> Em cada átomo existem mundos dentro de mundos.
>
> Yoga Vasishtha

A Alma Etérea, chamada de Hun em chinês, é um aspecto mental-espiritual do Fígado (Gan).

Segundo os chineses, ela penetra no organismo logo após o nascimento. De natureza Etérea (sublime, celestial), é descrita como "aquela parte da Alma, oposta à Alma Corpórea, a qual, após a morte, deixa o corpo, carregando a aparência da forma física". Seria o perispírito?

Quando o Espírito (Yang) caminha para a Matéria (Yin), apresenta-se sob a forma de Alma Etérea ou Vegetativa (Hun). Por isso ela é uma parte da manifestação do Shen (Espírito), que se aloja no Sangue (Xue) e é armazenado no Fígado (Gan). A Alma Vegetativa (Hun) refere-se ao lado obscuro da consciência, o estado obnubilado e torporoso. Isto acontece quando o Yang (Espírito) caminha para dentro do Yin (Matéria), refletindo o estado de sono-sonho, isto é, o subconsciente.

A Alma Etérea ou Vegetativa, por estar armazenada no Fígado (Gan), mantém estreitas relações com a atividade dele, assegurando-lhe boa circulação de Sangue e facilidade nos movimentos, enfim, a difusão da Alma. Seu papel mais importante é sobre o equilíbrio emocional. É o livre fluir da energia do Fígado que vai.

Corresponde intimamente ao ponto de vista grego antigo sobre "espírito" (respiração) ou "alma" que significa "vento ou respiração vital".

Hun é como um espírito, porém de natureza Yang, etérea e inofensiva; não se trata de espírito maligno.

Há três tipos de Alma Etérea: uma vegetativa (comum às plantas, animais e seres humanos); uma animal (comum aos animais e seres humanos); e uma humana (que se encontra presente apenas nos seres humanos).

O *Simple Questions*, no capítulo 9 diz: "O Fígado (Gan) é a residência da Alma Etérea."

O seu conceito está vinculado às antigas crenças chinesas sobre "espírito" e "demônios". De acordo com estas crenças, espíritos e demônios são criaturas com forma de espíritos que preservam a aparência física e vagam pelo mundo dos espíritos. Alguns são bons, outros, ruins.

No período anterior à Guerra dos Estados (476-221 a.C.), tais espíritos eram considerados a principal causa da patologia. Desde essa guerra, as causas naturalísticas da patologia (tais como o tempo) substituíram essas crenças, porém, até o presente momento, elas não desapareceram totalmente.

O caractere para Hun contém o radical Gui, que significa "espírito" no sentido descrito anteriormente, e o radical para Yun é "nuvem". A combinação desses dois caracteres transmite a ideia da natureza da Alma Etérea: é como um "espírito", mas é de natureza Yang e etérea, sendo essencialmente inofensivo, ou seja, não é um espírito ruim (daí a presença do radical "nuvem").

A Alma Etérea é de natureza Yang (oposta à Alma Corpórea), e após a morte sobrevive ao corpo para fluir de volta ao mundo de energias sutis e não materiais.

A Alma Corpórea representa um aspecto físico da Alma, a parte da alma que é indissoluvelmente vinculada ao corpo. Após a morte, volta para a Terra. O conceito chinês de "alma" inclui tanto a Alma Etérea como a Corpórea.

O *Discussion On Blood Diseases* afirma: "Se o Sangue (Xue) do Fígado (Gan) for deficiente, o Fogo agita a Alma Etérea resultando em emissões noturnas com sonhos." Isto confirma que a Alma Etérea pode se tornar livre à noite, quando o Sangue (Xue) ou o Yin são deficientes.

Maciocia (1996) resume as funções da Alma Etérea em sete tópicos:

- **Sono e sonho** — Influencia o sono e o sonho, inclusive o "sonhar acordado". Zhang Jie Bin, em *Classic of Categories*, nos diz: "A Ausência da Mente, como que em transe, é proveniente da Alma Etérea vagueando fora de sua residência." Tang Zong Hai afirma: "À noite, durante o sono, a Alma Etérea retorna para o Fígado; se a Alma Etérea não está em paz, ocorrem muitos sonhos."
- **Atividades mentais** — Temos no livro *Five-Channel Righteousness*, da dinastia Tang: "O conhecimento é dependente da sutileza da Alma Etérea."
- **Equilíbrio das emoções** — A Alma Etérea é responsável pela manutenção do equilíbrio emocional e, principalmente, impede que as emoções se tornem excessivas e se transformem em causas de doenças. Esta função reguladora está relacionada com o equilíbrio entre o Sangue do Fígado (a parte Yin do Fígado) e o Qi do Fígado (a parte Yang do Fígado).
- **Olhos e visão** — De acordo com Tang Zong Hai: "Quando a Alma Etérea flui para os olhos, eles podem ver." Esta conexão com os olhos pode ser relacionada com o "enraizamento" da Alma Etérea no Sangue do Fígado.
- **Coragem** — Relaciona-se com a coragem e com a covardia, por isso o Fígado é chamado de órgão da decisão. Segundo Tang Zong Hai: "Quando a Alma Etérea não é forte, o indivíduo é tímido." A "força" da Alma Etérea deriva principalmente do Sangue do Coração. Uma sensação vaga de medo à noite, antes de adormecer, é proveniente de falta de "enraizamento" da Alma Etérea.
- **Planejamento** — Considera-se que a Alma Etérea influencia a capacidade de planejamento da nossa vida e de encontrar para ela um sentido de direção. A falta de rumo na vida e a confusão mental poderiam ser comparadas à Alma Etérea que vaga sozinha no espaço e no tempo.
- **Relacionamento com a Mente** — A Mente e a Alma Etérea estão intimamente interligadas, e ambas participam de todas as atividades mentais do ser humano. Através da Alma Etérea, a Mente pode projetar-se para o mundo exterior e para as outras pessoas, e pode interiorizar-se para receber intuição, inspiração, sonhos e imagens provenientes do inconsciente. A Alma Etérea pertence ao mundo das imagens (existência não substancial),

para o qual retorna após a morte. A Mente representa a mente individual do ser humano, que morre com a pessoa.

No coma, a Mente é desprovida por completo de residência, e, portanto, não pode funcionar de todo, muito embora a pessoa não esteja morta. Isto quer dizer que existem outros aspectos mentais em jogo, e estes são o Hun e o Po. Assim, a morte não será tão só a mente morrer, mas também o Hun deixar o corpo e retornar à Terra Po. E no sonâmbulo, a mente é inativa, mas o Hun está ativo. O Hun vaga à noite e leva a pessoa a dormir andando.

Para Jung e Wilhelm (1983), o Hun é composto do sinal para "nuvens" associado ao sinal para "demônio". Significa, portanto, "demônio nas nuvens", alto sopro da alma que pertence ao princípio Yang e que é masculino. Após a morte, o Hun se eleva e se torna "schen", "espírito ou deus que se expande e manifesta".

O Hun está no coração celeste; de dia, mora nos olhos (na consciência) e, de noite, sonha a partir do fígado". Ele é o que "recebemos do Grande Vazio, idêntico pela forma ao começo primevo".

Hun é a alma superior que se eleva no ar após a morte, aí se mantendo ativa durante algum tempo. Depois se desvanece no espaço celeste e reflui para o reservatório geral da vida. É luminosa e dotada de grande mobilidade.

2. Alma Corpórea (Po)

> Cada filho de Deus deve ser médico de si mesmo.
>
> André Luiz

A Alma Corpórea é a parte mais física e material da alma do ser humano. Pode-se dizer que é a manifestação somática da alma, ou, contrariamente, o princípio organizacional do corpo.

Zhang Jie Bin diz: "No começo da vida de um indivíduo o corpo é formado; o espírito do corpo é a Alma Corpórea. Quando a Alma Corpórea está no interior, há Yang Qi suficiente."

O *Classic Of Categories* (1624), escrito por Zhang Jie Bing, afirma: "A Alma Corpórea move-se e faz ... através disto, dor e prurido podem ser sentidos."

A Alma Corpórea está intimamente relacionada à Essência (Jing), e pode-se dizer que é a manifestação da Essência (Jing) na esfera dos sentimentos e das sensações.

A Essência (Jing) é o fundamento para o organismo saudável, e a Alma Corpórea, para as sensações e os movimentos claros e definidos.

O Pulmão (Fei) é a residência da Alma Corpórea (Po). Estando relacionada ao Pulmão (Fei), ela também está vinculada à respiração.

Para os gregos antigos, alma significava "vento ou respiração vital", e espírito, "respiração".

A Alma Corpórea, que reside no Pulmão (Fei), é a manifestação direta da respiração na vida.

A respiração pode ser vista como o pulsar da Alma Corpórea. A meditação faz uso do elo entre a respiração e a Alma Corpórea. Pela concentração ao respirar, aquele que estiver meditando aquieta a Alma Corpórea, a Mente se torna sossegada e vazia, e com isto a Alma Etérea se torna aberta e comunica-se com a Mente universal.

Em nível emocional, a Alma Corpórea é diretamente afetada pelas emoções de tristeza ou lamento, as quais obstruem seus movimentos. Uma vez que a Alma Corpórea reside no Pulmão (Fei), tais emoções têm um efeito poderoso e direto sobre a respiração, pode ser sentido como a pulsação da Alma Corpórea.

A tristeza e o lamento afetam a Alma Corpórea, dissolvem o Qi do Pulmão (Fei) e suspendem nossa respiração. A respiração curta e artificial de uma pessoa que está triste e deprimida é um exemplo disso. Similarmente, a respiração rápida e superficial que ocorre no topo do tórax somente, quase no pescoço, é uma expressão da constrição da Alma Corpórea e do Qi do Pulmão. Por essa razão, o tratamento do Pulmão (Fei) é frequentemente muito importante nas alterações emocionais derivadas de depressão, tristeza, lamento, ansiedade ou luto.

Para Maciocia (1996), o ponto Lieque P-7 apresenta um efeito de alívio poderoso sobre as emoções contidas, enquanto o ponto Pohu B-42 tonifica o Qi do Pulmão (Fei) e fortalece a Alma Corpórea.

O *Simple Questions* diz que a Alma Corpórea está próxima à Essência (Jing) e ao Qi.

Para o *Classic Of Categories* (1624): "A Alma Corpórea move e realiza coisas e (quando está ativa) a dor e a coceira podem ser sentidas." Esta passagem ilustra exatamente como a Alma Corpórea é física, e nos dá a capacidade de sensação, sentimento, audição e visão.

A Alma Corpórea (Po) pode ser definida como a parte da Alma (oposta à Alma Etérea) que é indissoluvelmente agarrada ao corpo e desce para a Terra com a morte.

Maciocia (1996) relata que alguns médicos consideram a Alma Corpórea como a "atividade reguladora básica de todas as funções fisiológicas do corpo".

A Alma Corpórea, estando intimamente relacionada ao corpo, é a primeira a ser afetada quando as agulhas são inseridas: a sensação quase imediata de relaxamento, após a inserção das agulhas da acuputura, é proveniente do desembaraçar da Alma Corpórea. Através dela, a Mente, a Alma Etérea, a Inteligência e a Força de Vontade são afetadas.

A Alma Corpórea protege o indivíduo de influências psíquicas externas. Algumas pessoas são muito facilmente afetadas pelas influências negativas: isto é proveniente da fraqueza da Alma Corpórea.

Jung e Wilhelm (1983) conceituam Po como "fantasma branco"; pertence ao princípio Yin, à alma corporal, portanto é feminino. Após a morte, ele desce, tornando-se "gui", demônio, chamado "aquele que retorna" (à terra): o fantasma ou espectro. Considera-se o Po particularmente ligado aos processos corporais; por ocasião da morte, ele mergulha na terra e se decompõe.

A Alma Corpórea é "a força do pesado e turvo", e está presa ao coração corporal, carnal. Suas atuações (efeitos) são os "desejos carnais e os ímpetos de cólera". Quem, ao despertar, se sente sombrio e abatido, está encadeado pelo Po.

Entendemos a Alma Corpórea como sinônimo de corpo energético. Segundo Ross (2003), o corpo energético humano, chamado de "corpo etérico" ou "teia etérica", permeia e cerca o corpo físico sólido. Ele o descreve como a soma dos campos de energia das células individuais, tecidos e órgãos agindo em coordenação, refletindo a atividade do corpo físico, os pensamentos e as emoções.

Os pontos e os canais de acupuntura são a fronteira entre o corpo físico e o energético, os quais possuem características dos dois aspectos. Os chacras, ou centros de energia, os canais e os pontos de acupuntura fazem parte do sistema de circulação de energia do corpo.

Yamamura (2001) diz: "Os pontos de acupuntura, por serem a área mais externa do corpo energético ... Os mecanismos de ação da acupuntura estão intimamente relacionados com a origem de nosso corpo energético e de nossa forma física."

Capítulo 11
A lenda de ch'ienniang (um conto da dinastia tang)

> Para quem acredita, nenhuma palavra é necessária; para quem não acredita, nenhuma palavra é possível.
> Dom Inácio de Loyola

Ch'ienniang era filha de Chan Yi, um oficial em Hunan. Tinha ela um primo chamado Wang Chou, um rapaz inteligente e bonito. Os dois foram criados juntos desde a mais tenra idade, e como seu pai gostava muito do menino, dissera que faria de Wang Chou seu genro.

Ambos ouviram essa promessa e, como a menina era a única filha e os dois estavam sempre juntos, cada dia mais se afeiçoavam um ao outro.

Quando se tornaram dois jovens, porém, continuaram a se tratar como parentes íntimos. Infelizmente, o pai da moça era o único que nada percebia.

Um dia, um jovem oficial veio pedir-lhe a mão da filha e, ignorando ou esquecendo sua antiga promessa, ele consentiu. Ch'ienniang, desesperada entre o amor e a piedade filial, quase morreu de dor. O rapaz sofreu tamanho desgosto que resolveu sair para outras terras a ficar ali e ver sua amada tornar-se a esposa de outro. Assim, inventou um pretexto e informou ao tio que precisava ir para a capital.

Não conseguindo persuadi-lo a ficar, o tio deu-lhe dinheiro e presentes, e preparou um banquete de despedida para ele.

Wang Chou, triste por ter de separar-se da amada, pensou na partida durante toda a festa, dizendo a si mesmo que era melhor partir do que viver ali vendo seus sonhos despedaçados.

Assim, Wang Chou saiu num barco à tarde, e, antes de estar a algumas milhas de distância, já a noite caíra.

Sem conseguir dormir, por volta da meia-noite ele ouviu passos ligeiros que se aproximavam. Em minutos, o som pareceu bem próximo. Wang Chou se ergueu e perguntou: "Quem pode ser a esta hora da noite?" "Sou eu, Ch'ienniang", foi a reposta.

Surpreso e encantado, Wang Chou abriu a porta da cabine, e ali ela lhe contou que esperava ser sua esposa, que o pai não tinha procedido bem para com ele, e que ela não suportava a separação. Receava, outrossim, que ele, só e viajando por terras estranhas, pudesse ser tentado a suicidar-se. Eis por que recaíra na censura da sociedade e na cólera dos pais e viera segui-lo para onde quer que o primo fosse.

Assim, ambos ficaram satisfeitos e continuaram a viagem juntos para Szechuen.

Passaram-se cinco anos de felicidade, durante os quais ela o presenteou com dois filhos. Porém, não tinham notícias da família, e diariamente ela pensava nos pais.

Era essa a única coisa que lhes empenava a felicidade.

Ch'ienniang não sabia se os pais ainda viviam e quais as condições, e certa noite começou a contar a Wang Chou como se sentia infeliz. Por ser a filha única, considerava-se culpada de grande impiedade filial por ter deixado os velhos pais daquela maneira. "Tem um coração cheio de amor filial e estou de acordo com você", disse-lhe o marido. "Já se passaram cinco anos; certamente não nos guardam rancor. Voltemos para casa."

Ch'ienniang exultou ao ouvir isso, e assim fizeram todos os preparativos para retornar ao lar com os dois filhos.

Quando o barco chegou à cidade natal, Wang Chou disse a Ch'ienniang: "Não sei qual o estado de ânimo de seus pais. Será melhor que eu vá para verificar."

Seu coração palpitava ao aproximar-se da casa do sogro. Ao vê-lo, Wang Chou ajoelhou-se pedindo perdão.

Ao ouvi-lo, Chang Yi surpreendeu-se e disse: "De quem está falando? Ch'ienniang jaz inconsciente em sua cama nestes últimos cinco anos, desde que você nos deixou. Ela jamais abandonou seu leito." "Não estou mentindo", disse Wang Chou, "ela está passando bem e esperando por mim no barco".

Chan Yi não sabia o que pensar, por isso, mandou duas servas irem ver Ch'iennaiang. Elas a viram sentada, bem-vestida e feliz, e até disse às servas para que dissessem a seus pais o quanto os amava.

Amendrontadas, as duas servas correram para sua casa, para dar essas novas, e Chang Yi ainda ficou mais intrigado.

Nesse ínterim, aquela que estava na cama ouviu as novidades, e parece que sua enfermidade desapareceu e os olhos se brilharam. Ela se levantou da cama e vestiu-se, ajeitando-se diante do espelho. Sorrindo e sem proferir uma palavra, encaminhou-se diretamente para o barco. A que estava no barco preparava-se para tomar o caminho de casa, e assim encontraram-se nas margens do rio.

Quando as duas chegaram perto uma da outra, seus corpos fundiram-se num só, com roupas em duplicata, e surgiu a antiga Ch'ienniang, tão jovem e encantadora como nunca.

Os pais ficaram satisfeitíssimos, porém, pediram aos servos que guardassem segredo e nada dissessem aos vizinhos a respeito do que acontecera, a fim de que não houvesse comentários.

Eis por que ninguém, exceto os parentes mais chegados da família Chang, jamais soube desse estranho acontecimento.

Wang Chou e Ch'ienniang viveram como marido e mulher durante mais de quarenta anos antes de morrerem.

Supõe-se que essa história tenha acontecido mais ou menos no ano de 690 de nossa era. (Lin Yutang, 1959)

Capítulo 12
1. Corpo mental
Victor Manuel Pereira de Passos

> O corpo mental é o envoltório sutil da mente, sede da inteligência e do sentimento.
> André Luiz

O cosmo espiritual possui diversas proporções vibratórias, concebendo díspares planos de existência.

A dimensão cósmica não é exatamente espiritual, na mensuração em que a tríade genérica é constituída por Deus, Espírito e Matéria. Então, nesse contexto, o que não for Deus e Espírito é Matéria. Portanto, poderemos dizer que os espaços existenciais que denominamos como mundo espiritual são, também na sua condição, constituídos de matéria, e isto congrega as diversas extensões vibratórias que envolvem o espaço adjacente a cada ambiente.

Todos sabemos que o espírito somos nós em outra extensão vibratória. Logo, o corpo espiritual é a roupagem empregada pelo espírito em outra comensuração vibratória.

André Luiz explica: Após a morte, é o corpo espiritual o veículo físico por excelência, com sua estrutura eletromagnética, algo modificado no que tange aos fenômenos genésicos e nutritivos. (p. 29, *Evolução em Dois Mundos*)

Além disso, conforme ensina André Luiz em *Evolução em Dois Mundos*, o corpo físico em nossa dimensão vibratória é moldado pelo chamado corpo espiritual (traje da outra dimensão), sendo este, o corpo espiritual, moldado pelo corpo mental.

Desse modo, teremos: espírito mente, corpo mental, corpo espiritual e corpo físico.

Apesar de não existirem expressões nas obras codificadas, mas com apoio de entidades credíveis, neste caso André Luiz, poderemos dizer que o corpo mental é um envoltório sutil do espírito. O espírito não possui forma determinada (é flama ou centelha luminosa), como se pode conferir na obra *O Livro dos Espíritos*, item 93:

> *O espírito, propriamente dito, nenhuma cobertura tem, ou, como pretendem alguns, está sempre envolto numa substância qualquer?*
> "Envolve-o uma substância, vaporosa para os teus olhos, mas ainda bastante grosseira para nós; assaz vaporosa, entretanto, para poder elevar-se na atmosfera e transportar-se aonde queira."

Item 94:

> *De onde tira o espírito o seu invólucro semimaterial?*
> "Do fluido universal de cada globo, razão por que não é idêntico em todos os mundos. Passando de um mundo a outro, o espírito muda de envoltório, como mudais de roupa."
> a) *Assim, quando os espíritos que habitam mundos superiores vêm ao nosso meio, tomam um perispírito mais grosseiro?*
> "É necessário que se revistam da vossa matéria, já o dissemos."

Item 95:

> *O invólucro semimaterial do espírito tem formas determinadas e pode ser perceptível?*
> "Tem a forma que o espírito queira. É assim que este vos aparece algumas vezes, quer em sonho, quer no estado de vigília, e que pode tomar forma visível, mesmo palpável."

Pois bem, na oportunidade em que cita esta nova espécie de envoltório do espírito, André Luiz afirma que não é possível explicá-lo detalhadamente em razão da falta de linguagem terrena.

O livro *Evolução em Dois Mundos* foi escrito em 1958, e naquela época o estudo científico do Espiritismo ainda estava pouco disseminado, e as consciências não se achavam à altura de entender o conceito — daí André Luiz não ter aprofundado as elucidações sobre o corpo mental, limitando-se a mencionar sua existência com pequenas aclarações.

Ora, na pubescência da consciência espiritual, podendo compreender a existência de diversas comensurações paralelas, conseguimos ampliar nossa visão e entender que não existe apenas o corpo espiritual (perispírito).

Ao falar nestes termos, não podemos abster-nos de dizer que o corpo fluídico dos espíritos é uma condensação do fluido cósmico em torno da alma. O corpo físico, ou carnal, resulta de uma maior condensação do mesmo elemento, fato que o transforma em matéria tangível.

> Embora tenham origem comum, que é o fluido cósmico, as transformações moleculares são diferentes nesses dois corpos, resultando daí ser o perispírito etéreo e imponderável. Ambos são, portanto, matéria, mas em estados diferentes. Conforme ensina o ministro Clarêncio, da colônia espiritual "Nosso Lar", o corpo perispiritual é constituído à base de princípios químicos semelhantes, em suas propriedades, ao hidrogênio, a se expressarem através de moléculas significativamente distanciadas umas das outras (*Entre a Terra e o Céu*, capítulo XXIX).

O espírito forma seu envoltório perispirítico com os fluidos retirados do ambiente em que vive. Como a natureza dos mundos varia conforme o seu grau de evolução, será maior ou menor a materialidade dos corpos físicos dos seus habitantes. O perispírito guarda relação, quanto à sua composição, com esse grau de materialidade. Admitindo-se que um espírito emigre da Terra, aí ficará o seu envoltório fluídico, porquanto o espírito precisa tomar um outro envoltório fluídico apropriado ao planeta em que passará a viver.

Daí o tal conceito de que o corpo mental em sua natureza de envoltório fluídico guarda sempre relação com o grau de adiantamento moral do espírito. A condição moral do espírito corresponde, por assim dizer, a uma determinada compacidade do perispírito. Maior elevação, menor densidade fluídica. Maior inferioridade, maior consistência, isto é, perispírito mais grosseiro, com maior condensação fluídica. É claro que, apesar de mais densos, os envoltórios fluídicos mais grosseiros continuam imponderáveis.

No capítulo XIII da obra acima citada, Clarêncio assevera que o veículo espiritual é, por excelência, vibrátil e se modifica profundamente, segundo o tipo de emoção que lhe flui do âmago. Como ninguém ignora, em nosso próprio meio a máscara física altera-se na alegria ou no sofrimento, na simpatia ou na aversão. No plano espiritual, semelhantes transformações são mais rápidas e exteriorizam aspectos íntimos do ser, com facilidade e segurança, porque as moléculas do perispírito giram em mais alto padrão.

Não é, pois, idêntica a constituição íntima do perispírito dos indivíduos que povoam a Terra e o espaço que a circunda, fato que não se dá com o corpo material, formado pelos mesmos elementos, independentemente da elevação espiritual das pessoas. O envoltório perispirítico dos espíritos modifica-se com o progresso moral que eles realizam em cada existência, ainda que reencarnem no mesmo meio. Assim, os espíritos superiores, mesmo quando reencarnarem em mundos inferiores, terão perispírito menos grosseiro do que o perispírito dos espíritos vinculados, devido ao seu nível evolutivo, a esses mundos.

Desta forma, poderemos conferir melhor o que será o corpo mental, mesmo que empregando outras proveniências doutrinárias a fim de esclarecer os ensinamentos de André Luiz.

Pois bem, no livro *Medicina da Alma* (pp. 137-138), o espírito Joseph Gleber explica que o corpo mental:

> É o corpo ou veículo superior de que se reveste a individualidade eterna e onde se processa o raciocínio puro, elaborador, e de onde procede igualmente a formação dos outros corpos inferiores, através dos quais se manifesta o espírito no mundo das formas.
>
> Sua estrutura íntima é de natureza vibrátil muito superior à do perispírito, embora suas energias sejam de características magnéticas, variando sua frequência vibracional de acordo com a natureza do pensamento.

Ora, este entendimento nos faz ver que o corpo mental é o invólucro sutil do espírito e, pela expressividade da mentalização do indivíduo (ou seja, como ele se imagina como ser vivente), dá um princípio à constituição do corpo a ser utilizado nos incomensuráveis planos de vida.

Podemos conceber o corpo mental como sendo o auréola com que alguns pintores diferenciam ilustrações nas quais retratam espíritos elevados. Lembro que falamos apenas duma reprodução pictórica, mas que deduzo plenamente razoável para abrangermos essa projeção magnética, da irradiação e recepção de vibrações do espírito.

No livro *Nosso Lar*, aparece-nos uma passagem em que André Luiz visita sua mãe, estando ambos nas dimensões vibratórias chamadas de mundo espiritual. Porém, embora os dois estejam no mundo espiritual, ocupam extensões vibratórias diferentes: André Luiz, em Nosso Lar, e sua mãe, em extensão vibratória mais sutil e elevada.

Nessa ocasião, André Luiz adormece, seu espírito se desprende do corpo espiritual e, revestido apenas com corpo mental, desloca-se à estância em que está a mãe e a visita, socorrendo-se de um corpo mais sutil projetado pelo seu campo mental exclusivamente para aquela finalidade.

Aqui, o corpo mental dele, estando em sincronia vibracional com a esfera habitada por sua mãe, consegue conceber o corpo sutil de forma a poder fazer-lhe a visita.

Logicamente seu perispírito, denso e grosseiro, não estava ao nível fluídico para elevar-se até o plano de existência ocupado por sua mãe. Mas como o corpo mental é um envoltório bem mais sutil, e na razão de a mente dele já deter evolução vibracional satisfatória para atingir o plano de existência de sua mãe, conseguiu aparecer-lhe. Todos nós, quando dormimos, permitimos a libertação do espírito do corpo físico e, por ser a composição perispiritual mais sutil que o corpo material, é possível transitar em extensões diferentes no mundo espiritual, mas limitados ao grau de evolução do espírito (correlação vibratória).

Verificamos, então, que o corpo mental: É o envoltório mais sutil que pode revestir o espírito e que dará origem aos demais corpos de composições inferiores e mais grosseiros, em relação com o plano existencial em que o espírito irá se manifestar.

Sobre o corpo espiritual, ou seja, sobre o nosso corpo logo após o desencarne, André Luiz explica:

> Claro está que é ele santuário vivo em que a consciência imortal prossegue em manifestação incessante, além do sepulcro, formação sutil, urdida em recursos dinâmicos, extremamente porosa e plástica, em cuja tessitura das células, noutra faixa vibratória, à face do sistema de permuta visceralmente renovado, se distribuem mais ou menos à feição das partículas coloides, com a respectiva carga elétrica, comportando-se no espaço segundo a sua condição específica e apresentando estados morfológicos conforme o campo mental a que se ajusta. (*Evolução em Dois Mundos*, pp. 30).

Frise-se: "*... apresentando estados morfológicos conforme o campo mental a que se ajusta.*"

Lembremo-nos: corpo mental é a individualização do ser vivente, e ele dá origem à formação do perispírito. Como ainda temos uma vibração mental grosseira, nosso corpo mental dá origem a um corpo espiritual mais denso.

Nós já estudamos que o nosso corpo espiritual (psicossoma ou perispírito) é, para nós, sutil, porque estamos em uma dimensão vibracional muito densa, mas, em relação aos planos de existências extracorpóreos, trata-se, ainda, de uma veste grosseira.

Além disso, como vimos anteriormente, esse corpo espiritual é perecível, sendo possível até mesmo outras "mortes" do espírito.

Este fato é confirmado no livro *Evolução em Dois Mundos*:

> Em suma, o psicossoma é ainda corpo de duração variável, segundo o equilíbrio emotivo e o avanço cultural daqueles que o governam. ...
> Esse corpo que evolve e se aprimora nas experiências de ação e reação, no plano terrestre e nas regiões espirituais que lhe são fronteiriças, é suscetível de sofrer alterações múltiplas, com alicerces na adinamia [falta de forças] proveniente da nossa queda mental no remorso, ou na

hiperdinamia imposta pelos delírios da imaginação ... e pode também desgastar-se, na esfera imediata à esfera física, para nela se refazer, pelo renascimento, segundo o molde mental preexistente, ou ainda restringir-se a fim de se reconstituir de novo, no vaso uterino, para a recapitulação dos ensinamentos e experiências de que se mostre necessitado, de acordo com as falhas da consciência perante a Lei.

Deste pequeno texto é possível encontrarmos três assuntos que precisam ser estudados:

1 — Sofrer alterações múltiplas. O corpo espiritual, por ser formado por outra espécie de matéria vibracional, é mais plástico, suscetível à influência direta da mente. Assim, pela mente é possível que o corpo espiritual sofra diversas alterações:
  a) Adotar a aparência física de outras vidas;
  b) Tornar-se mais jovem;
  c) Deformar-se.

2 — Renascer na própria dimensão vibracional. É possível que o corpo espiritual sofra desgaste tal que a pessoa venha a ter uma segunda morte, dando origem a um novo perispírito, tudo isso na própria dimensão em que vive. O mesmo pode ocorrer com o desgaste natural de seu corpo espiritual.

3 — A Reencarnação. O corpo espiritual, por ser plástico, pode suportar um redimensionamento suficiente para ingressar no útero da futura mãe, como veremos quando estudarmos o processo reencarnatório.

O médium Divaldo Pereira Franco, no livro *Mediunidade — Encontro com Divaldo*, fala a respeito do corpo mental, onde afirma que: "... outras doutrinas, como o Budismo, a Teosofia, o Esoterismo, estabeleceram que teríamos sete corpos superpostos ao espírito, entretanto, Allan Kardec, optou por uma tríade, por ser mais compacta, mais complexa, mas não podemos negar que existam o chamado corpo mental, que está naturalmente aderido ao perispírito."

O que se pode entender, até então, tendo em vista que estes estudos somente poderão ser alcançados com a evolução do homem, é que o corpo mental, também chamado de corpo causal, seria a essência da formação do corpo espiritual, como este, o modelo organizador do corpo físico. Tem a propriedade de transformar as imagens, impressões, lembranças e sensações, advindas do perispírito, em percepções mentais e transmiti-las ao espírito. É o veículo do pensamento e faz desenvolver os poderes da memória. Por fim, tem a função de assimilar as mais sublimes experiências de nossas vidas e acumular as "causas" do futuro num suposto "cofre espiritual", lembrando que Jesus se referiu aos "tesouros" que deveriam ser juntados "no céu, onde nem a traça nem a ferrugem consomem, e onde os ladrões não minam e nem roubam" (Mateus, 6:20):

Há estudos ainda não comprovados cientificamente que falam do corpo búdico e do corpo átmico — ambos fazem parte da sublimação do corpo que estamos estudando, sendo o primeiro o que atinge o êxtase mais elevado, e o segundo, o que atinge o plano e a compreensão da eternidade. Com toda a certeza, esses corpos são os mais sutis de todos, que guardam direta relação com o espírito.

André Luiz (*Nosso Lar*, 1953, p. 59) faz referência ainda ao corpo causal como sendo a "roupa imunda", "tecida por nossas mãos, nas experiências anteriores". Assim sendo, verificamos que o corpo causal é o ponto de registro, o banco divino onde se encontram os nossos débitos e os nossos créditos, e que se, presentemente, é ainda uma roupa imunda, isto ocorre por desídia nossa, pois a tarefa reencarnatória se destina a "nos purificarmos pelo esforço da lavagem", tarefa que, na maior parte das vezes, não empreendemos. As explicações são do espírito Lísias, visitador dos serviços de saúde:

> "Imagine", explicava Lísias, "que cada um de nós, renascendo no planeta, é portador de um fardo sujo, para lavar no tanque da vida humana. Essa roupa é o corpo causal, tecido por nossas mãos nas experiências anteriores". Os hindus denominam-no kâranakosha (corpo causal) ou anandamaykosha (corpo de bem-aventurança), o corpo de luz, naturalmente porque se reportam a ele quando devidamente depurado.

Essa pluralidade de corpos invisíveis corresponde ao que sabemos a respeito através de outras religiões e filosofias. A sequência de rarefação dos corpos torna-se compreensível, se atentarmos para a diversidade de planos espirituais, bem como para o fato de que as zonas espirituais devem ser formadas de distintas matérias e que os corpos devem ser consentâneos com elas. A questão que se coloca é saber o motivo pelo qual André Luiz teria preferido utilizar o termo perispírito para designar apenas um desses corpos, sem dar a ele, portanto, um sentido amplo. Provavelmente, porque o que se designa por perispírito seja exatamente o corpo astral que se revela nos lances da clarividência, e por ser essa a matéria sutil com a qual o espírito se individualiza após a perda do corpo físico nas zonas mais próximas à Terra. Qualquer que seja a preferência na utilização da terminologia, é necessário estar atento, na leitura de André Luiz, para essa particularidade, bem como deixar claro, em qualquer exposição, o significado do termo.

Concatenações

Sabemos que os fenômenos psicológicos exigem uma base física no organismo humano, isto é, eles se produzem em nosso nível de ação fundeados pelo sistema nervoso central e periférico. Do mesmo modo, existirão nos vários corpos espirituais sistemas distintos equivalentes, que suportam esses fenômenos. Registrando as palavras do assistente espiritual Calderaro, André Luiz escreveu: "Todo campo nervoso da criatura constitui a representação das potências perispiríticas, vagarosamente conquistadas pelo ser, através de milênios e milênios." (*No Mundo Maior*, 1951, p. 49).

O sistema nervoso é um ponto de contato entre o perispírito e o corpo físico (idem, p. 55), ele "mais não é do que a representação de importante setor do organismo perispirítico" (idem, p. 164). "É no sistema nervoso e no sistema hemático que possuímos as duas grandes âncoras do organismo perispiritual com relação ao físico" (*Missionários da Luz*, 1949, p. 221; *Evolução em Dois Mundos*, 1959, p. 202).

Não há de causar admiração o fato de haver, no perispírito, sistemas correspondentes aos do organismo físico, desde que, afinal, aquele é que modela este. André Luiz destaca-os como responsáveis pelo campo eletromagnético do corpo espiritual:

> ... o nosso corpo de matéria rarefeita está intimamente regido por sete centros de força, que se conjugam nas ramificações dos plexos e que, vibrando em sintonia uns com os outros, ao influxo do poder diretriz da mente, estabelecem, para nosso uso, um veículo de células elétricas, que podemos definir como sendo um campo eletromagnético, no qual o pensamento vibra em circuito fechado. (*Entre a Terra e o Céu*, p. 126).

Palavras elucidativas de André Luiz:

> ... para definirmos o corpo espiritual é preciso considerar que ele não é reflexo do corpo físico, na realidade, é o corpo físico que o reflete; tanto quanto ele próprio, o corpo espiritual, retrata em si o corpo mental que lhe preside a formação. ... o corpo espiritual possui sua estrutura eletromagnética, algo modificado no que tange aos fenômenos genésicos e nutritivos, de acordo com as aquisições da mente que o maneja, de formação sutil, urdida em recursos dinâmicos, extremamente porosa e plástica, em cuja tessitura as células, noutra faixa vibratória, à face do sistema de permuta visceralmente renovado, se distribuem mais ou menos à feição das partículas coloides, com a respectiva carga elétrica, comportando-se no espaço segundo a sua condição específica, e apresentando estados morfológicos conforme o campo mental a que se ajusta.

Sintetizando, é a causa maior de todas as exteriorizações da vida, tanto na Terra, para o homem, quanto na Espiritualidade, para o espírito. Na sua organização encontram-se as agitações excitáveis que se transmitem para o campo biológico e que efluem dos compromissos contraproducentes das reencarnações passadas. Equitativamente também dá solução para as enfermidades congênitas e das inclinações que o espírito carreteia em razão das distonias morais que encaminha de uma vida para outra.

Em comparação com nosso mundo físico, possui as seguintes propriedades: penetrabilidade, imponderabilidade, invisibilidade, indestrutibilidade e individualidade.

Hyppolite Baraduc, médico e pesquisador francês, através de suas pesquisas com máquina fotográfica sensível, conseguiu isolar e fotografar uma estrutura luminosa que envolvia o cérebro da pessoa fotografada.

Durval Ciamponi pôde concluir que:

> ... tanto o corpo mental como o corpo espiritual participam da natureza do perispírito como envoltórios do princípio inteligente ... o corpo mental é a parte imperecível do perispírito, pois acompanha o princípio inteligente qualquer que seja seu grau de evolução, desde a criação simples e ignorante até o nível dos puros; mas o corpo espiritual é a parte perecível, porque o espírito pode privar-se dele ao trocá-lo, ainda que com a rapidez de um relâmpago, e porque sua substância é haurida do meio ambiente, conforme a natureza do mundo em que vai viver.

E nos elucida ainda que o "Homem Integral" (referente ao espírito e todos seus corpos) apresenta sete graus de densidade, assim compreendidos: sólido, líquido, gasoso, atômico, subatômico, etérico e superetérico.

Todo o manto de escrita tem tentado mostrar que, quando falamos do corpo mental, não o fazemos apenas de viva voz, mas para demonstrar a sua importância e existência. E então, para sermos mais taxativos, reforçamos com a opinião da relação quântica e de quem pode nos trazer algo mais sobre o corpo mental, Amit Goswami, autor de *O Atavismo Quântico e a Saúde*. Ele nos diz: "Nós sempre devemos tentar curar a doença pela raiz. Se é um adoecimento no corpo mental que está causando a doença no corpo físico, então temos que tratar o corpo mental."

A abordagem quântica observa o ser humano em todas as dimensões: física, mental, emocional e espiritual. Através dessa perspectiva, o indício de uma doença transforma-se numa magnífica oportunidade do ser humano se olhar integralmente, diligenciando o seu aperfeiçoamento.

A supressão de um sintoma físico deve ser sempre acompanhada da busca do autoconhecimento, que nos torna mais felizes e conscientes da nossa realidade, em vez de nos vermos como mártires.

Nesta visão das causas, o mais marcante é despertar na pessoa o entendimento da causa que proporcionou o desequilíbio. O foco passa a ser a saúde, e não a doença. Mudanças alimentares, novas atitudes mentais que possibilitam lidar melhor com as emoções destrutivas, bem como o estímulo de práticas contemplativas, meditativas e físicas, são ações voltadas para promover saúde, bem-estar e prevenir as doenças.

A utilização de terapias não invasivas como homeopatia, florais, fitoterapia, reconexão, reiki, assim como acupuntura e fluidoterapia, entre outras, faz parte de uma ação de cuidado com o corpo. As substâncias tóxicas devem ser a última opção a ser usada, e não a primeira, com exceção das emergências médicas que exigem ações invasivas como o uso dos antibióticos com naturalidade.

Nós iremos nos concentrar na relação da fluidoterapia com a recuperação e o equilíbrio no que concerne ao corpo mental e suas demandas na relação com ele.

Estamos a falar de movimentação de fluidos energéticos, sejam eles magnéticos ou espiritualizados, pois tudo o que envolve pensamentos, emoções, sentimentos é o pólen da essência da vida e da harmonização do Ser.

A fluidoterapia é uma técnica milenar que visa usar fluidos energizados para fim terapêutico das moléstias corpóreas e espirituais. Direcionados sobre o perispírito, eles são sorvidos à semelhança de um porífero.

Todos sabemos que é especialmente das combustões respiratórias intracelulares que o corpo humano adquire a energia indispensável ao seu funcionamento.

Digamos que, visto como um mecanismo vivo, o sistema corpóreo do homem é verdadeiramente um instrumento de sobre-excitação, onde a instilação de oxigênio em moléculas de carbono desobstrui a energia íntima de pressão destas na organização de gás carbônico, vindo a conceber, desse modo, energia calorífica.

Há trinta bilhões de células no corpo humano, e cada uma delas é, além de uma fonte viva ativada por impulso de vibrações eletromagnéticas, um polo emissor, ininterruptamente ativo, de preponderantes radiações ultravioleta.

Os métodos de manutenção da biossíntese do ser humano podem ser essencialmente endotérmicos, mas é a mente espiritual que comanda a vida fisiopsicossomática, duma forma mais ou menos consciencial, conforme a organização evolutiva de cada espírito.

Para definir o corpo espiritual é preciso considerar, antes de tudo, que ele não é reflexo do corpo físico. De fato, é o corpo físico que o reflete, tanto quanto ele próprio, o corpo espiritual, retrata em si o corpo mental, que lhe comanda a formação.

Todas as alterações que apresenta, depois do estágio berço--túmulo, verificam-se na base da conduta espiritual da criatura que se despede do arcabouço terrestre para continuar a jornada evolutiva nos domínios da experiência.

Existem ainda muito poucos espíritas e cientistas que se referem ao chamado corpo mental, denominação dada pelo médico e pesquisador francês Hyppolite Badaruc. No entanto, também não vemos contraordenações, até porque alguns autores, incluindo André Luiz, falam nele. Estamos longe ainda da percepção de muita coisa, e nossos olhos permanecem envoltos em muita névoa para considerar algo que me parece lógico. Mas o tempo o confirmará. Ninguém é dono da verdade, mas o direito ao estudo e a opiniões sinceras sempre foram importantes, mesmo quando elas até possam parecer absurdas, e nem preciso mencionar os imensos cientistas que foram alvo de chacota e depois calaram o mundo.

No entanto, podemos apenas identificar que o corpo mental possui estreita relação com a alma, fonte do pensamento, e não tem forma definida. (Alguns estudiosos lhe atribuem a forma ovoide.) Compreender-se-á que o campo mental, de certo modo, comanda a formação do corpo espiritual (perispírito), e ao influxo da alma expandir-se-ia em campo perispirítico, difundindo vida e sustentação.

Tenhamos em vista que o corpo mental é o terceiro corpo da aura, que se distende além do corpo emocional e se compõe de natureza ainda mais leve, associada a pensamentos e processos mentais espiritualizados. Esse corpo aparece geralmente como luz amarela brilhante que se irradia nas proximidades da cabeça e dos ombros e se estende à volta do corpo. O corpo mental é também estruturado, e, como sabemos, o pensamento projeta imagens, formas de pensamento, neste caso com cores adicionais sobrepostas, e que, na realidade, são reflexo do nível emocional.

Pensamentos habituais tornam-se forças "bem formadas" influentes, que depois exercem ação sobre a vida. Estamos a redimensionar a aura.

A mente espiritual bebe energias cósmicas, de natureza eminentemente divina, das quais retira recursos para a sua autossustentação. Esses recursos são transformados fluidicamente em energia dinâmica e eletromagnética, que, envolvida com o ambiente fluídico cósmico, se apresenta e controla a energia no contato com o citoplasma, dando-lhe a impressão e moldagem terapêutica sobre as células, geradas pelos reflexos da mente. Ora, o espírito modifica os recursos quanto mais livremente estagia e dirige a si mesmo e ao seu cosmo basilar, com o controle metabolizado e orientado pelo seu pensamento e por suas emoções, pois todos sabemos que imprimindo força de vontade e pensamento benéficos estamos a redimensionar uma força vibratória de muito maior dimensão, e impregnando os fluidos com o mesmo teor vibracional estamos a beneficiar quem dele precise para ser ajudado.

É importante frisar, no entanto, e todos o sabem, que não basta a boa vontade, o querer, para sermos receptivos a uma cura; o crivo do merecimento se faz presente, e todos têm que fazer a sua parte. Sem isso, é vibrar para o vazio.

No livro *Universo e Vida*, o espírito Áureo nos diz o seguinte:

> Quem de fato cresce, definha, adoece e se cura é sempre o espírito. Em sua multimilenária trajetória no tempo e no espaço, ele aprendeu, aprende e aprenderá, por via de incessantes experimentações, a manter e enriquecer a própria vida. O cristal cresce por acúmulo, em sua superfície, de substâncias idênticas à de que se constitui; mas isso não se dá com os seres vivos. Mesmo no caso de células nervosas, de características especialíssimas, que crescem sem se dividir, o fenômeno é outro, pois seu crescimento se verifica de modo estruturalmente uniforme e não apenas superficial.

Reforçando:
>Assim também com o espírito. Quanto mais evoluído, sábio e moralizado, mais complexa e poderosa a sua estrutura orgânica perispiritual, capaz de viver e agir em domínios cada vez mais amplos de tempo e espaço. Se a conquista progressiva do conhecimento nos faz compreender sempre melhor a modéstia da nossa atual condição evolutiva e a extensão do quanto ainda ignoramos, compelindo-nos à humildade diante da sabedoria e do poder de Deus, dá-nos também uma crescente noção de autorrespeito, em face da excelsa nobreza da Vida.

Temos então que o efeito depende sempre do mérito e da consequência que gerou o sofrimento, pois por vezes ele não é mais que uma chamada de atenção para o espírito. A fluidoterapia não faz julgamentos, ela apenas é emissora de caridade, e não juiz; porém, a recepção será sempre aquela que merecemos.

É preciso entender que todo abuso de natureza física ou moral faz-se refletir, de imediato, por reações mentais consequentes sobre as regiões celulares, circunscrevendo situações benignas ou desfavoráveis à harmonia orgânica. O pensamento é a força que, devidamente orientada no sentido de garantir o nível das entidades celulares no reino fisiológico, lhes facilita a migração ou lhes acelera a mobilidade para certos efeitos de preservação ou defensiva. O corpo mental é um dos elos mais próximos à corrente que o envolve, sendo por isso um dos vários estágios a estabilizar.

Fluidicamente, se duas mentes se sintonizam, uma passivamente e outra ativamente, estabelecem-se entre ambas uma corrente mental, cujo efeito é o de plasmar condições, entrando aí o fenômeno da magnetização.

Assim, magnetismo é o processo pelo qual o homem, emitindo energia do seu perispírito, age sobre outro homem, bem como sobre todos os corpos vivos ou inânimes.

O pensamento é o molde das transformações fluídicas e revitalizador, compondo as energias a resgatar; disseminando fluidos negativos contraídos; auxiliando na cura das enfermidades, a partir do reequilíbrio do corpo espiritual. O corpo mental, sendo um envoltório do corpo espiritual, tem suma influência sobre ele, daí que futuramente os estudos serão promissores e darão resposta firme aos conceitos de que a realidade cósmica está longe de se achar entendida, e muito do nevoeiro e das dúvidas que sobressaíam vão se dissipando com o crescimento moral, espiritual e intelectual.

2. Pensamento
André Luiz Ramos

> Os maus pensamentos corrompem os fluidos espirituais como os miasmas deletérios corrompem o ar respirável.
>
> *A Gênese*

Ciência e espiritualidade

"A ciência sem a religião é manca, a religião sem a ciência é cega." (Albert Einstein)
Ciência e espiritualidade por muitos séculos caminharam separadas, tanto no entendimento de grande parcela da humanidade como na prática de cada uma delas. Ao longo dos últimos séculos, diversas crenças estimularam esse afastamento na mente do ser humano e em sua visão sobre o mundo. Albert Einstein, uma das maiores personalidades da ciência do século XX, físico alemão e Prêmio Nobel de Física de 1921, expressou o pensamento acima, que abriu nova visão para os séculos futuros, o estímulo à construção de um novo paradigma na Terra: a união entre ciência e espiritualidade. Vale ressaltar que a palavra religião utilizada pelo cientista, naquele tempo, carrega o sentido de espiritualidade para os dias atuais.

Ciência e espiritualidade são duas janelas do entendimento humano sobre a vida. Com elas é possível ampliar a compreensão inteligente sobre a "paisagem" das leis naturais manifestando a harmonia, o Amor Universal. Por serem duas fontes de devoção como asas do progresso humano, Einstein compreendera que uma dependia da outra para que o progresso se estabelecesse com harmonia — ambas são complementares. Além disso, espiritualidade e ciência, por terem mesma origem na Fonte Eterna Suprema do Universo, jamais poderão estar em contradição uma com a outra.

Energia e matéria, radiações e partículas: a natureza complementar?

Na busca do entendimento sobre a constituição do homem e a sua natureza, um importante foco de devoção para físicos e cientistas desde a antiguidade, é saber do que a matéria é formada. O esforço pela compreensão dos fenômenos naturais conduziu a humanidade a importantes descobertas e revelações, as quais modificam constantemente nossa visão sobre a vida para o progresso. A ciência descobriu que estamos todos envolvidos em um "mar" de ondas; algumas são perceptíveis diretamente (luz e som) e outras foram descobertas ao longo dos anos a partir dos efeitos que geravam na matéria. Inúmeros pesquisadores contribuíram com seus trabalhos à construção de modelos que auxiliem na maior compreensão sobre a constituição da matéria.

Demócrito e Leucipo, na Grécia antiga, acreditavam que se a matéria fosse submetida a múltiplas divisões em partes cada vez menores, chegaria uma partícula infinitesimal e indivisível, à qual deram o nome de átomo (em grego: indivisível). Para eles, cada tipo de matéria e estado físico (sólido, líquido, gasoso) era constituído por diferentes tipos de átomos.

No século XIX, John Dalton postulou que átomos de um determinado elemento químico são idênticos em massa e apresentam as mesmas propriedades químicas, porém diferentes elementos apresentam massa e propriedades distintas. As reações químicas correspondem a uma reorganização de átomos, e os compostos são formados pela combinação de átomos de elementos diferentes. Apesar de sua valiosa contribuição à química, para Dalton os átomos eram indivisíveis e permanentes. Na mesma época o físico inglês James Clerk Maxwell demonstrou matematicamente que os impulsos elétricos viajavam no espaço em forma de ondas, similares na forma, e tinham a velocidade da luz. Maxwell postulava a existência de ondas eletromagnéticas responsáveis pela luz que nos cerca. Em 1887, Heinrich Rudolf Hertz, físico alemão, ao realizar experimentos, descobriu a produção e propagação das ondas eletromagnéticas, bem como formas de controlar a frequência das ondas produzidas. Todas essas experiências permitiram-lhe demonstrar a existência de radiação eletromagnética, tal como previsto teoricamente por Maxwell.

Willian Crookes, físico e químico inglês, desenvolveu o radiômetro — aparelho capaz de medir a intensidade das radiações de vários elementos. Ele ficou famoso por seus estudos do tubo de Crookes, conhecido atualmente como tubo de raios catódicos, que determinou as propriedades desses raios de excitar a fluorescência das pedras preciosas e aquecer metais. Esta invenção levou à descoberta dos raios-X em 1895 pelo físico alemão Wilhelm Conrad Röentgen[2]. Dois anos mais tarde, o físico britânico Joseph John Thompson[3] demonstrou que os raios catódicos eram formados por partículas, os elétrons. Após esta descoberta, ele anunciou o primeiro modelo do átomo como partícula divisível composta de uma esfera maciça de partículas positivas pesadas (prótons) e negativas (elétrons), mais leves. Para Thompson, os elétrons estariam mergulhados nesta massa positiva. Este modelo ficou conhecido como modelo "pudim de passas".

Na mesma época, em Paris, o casal Pierre e Marie Curie[4] introduziu o conceito de radioatividade após investigação das radiações da pechblenda (ou uraninita). Marie conseguira isolar quimicamente dois elementos como fontes principais de radiação do minério, nomeando-os rádio e polônio. Graças ao efeito magnético das radiações emitidas, Pierre desenvolveu os instrumentos necessários para sua confirmação do ponto de vista físico.

No alvorecer do século XX nasce a física quântica. As radiações e a matéria ganham nova visão no entendimento científico.

Em 14 de dezembro de 1900, em reunião da Sociedade de Física da Alemanha, o físico teórico Max Planck[5] anunciou a lei da radiação, referindo-se à constante que seria chamada mais tarde de Constante de Planck, em sua homenagem. Estudando a radiação emitida por corpos aquecidos, Planck assumiu que a

---
[2] Prêmio Nobel de Física de 1901.
[3] Prêmio Nobel de Física de 1906.
[4] Prêmio Nobel de Física de 1903
[5] Prêmio Nobel de Física de 1918.

onda ou radiação eletromagnética emitida não era emitida continuamente, mas por pacotes discretos de energia, conhecidos como "quanta". Esta quantização da energia radiante é como a água fluir em gotas em vez de em um fluxo contínuo. A energia total será um múltiplo deste "quantum de radiação", uma constante designada pela letra "h". A lei de Planck diz que a energia de radiação é o produto da constante h com a frequência da radiação. Esse dia entrou para a história como o nascimento da física quântica, anunciando uma nova era na ciência!

Cinco anos depois, a física quântica passou a se desenvolver. Albert Einstein usou a Constante de Planck para explicar o efeito fotoelétrico. Ele foi o primeiro a aplicar a Constante de Planck corretamente, demonstrando por experimento que a luz é formada por partículas de energia (fótons), cada uma carregando um quantum de energia. Por exemplo, a luz vermelha é constituída por fótons de menor energia, enquanto os fótons da luz violeta são de maior energia, e acima deles a energia dos fótons ultravioleta podem arrancar elétrons de metais e até mesmo causar câncer de pele.

O poder do fóton depende de sua frequência (ou comprimento de onda).

Estes estudos demonstraram experimentalmente que ondas eletromagnéticas têm a propriedade de partículas, e a partir deles nasceu no mundo o conceito de **dualidade onda-partícula da radiação** eletromagnética.

Em seguida, o físico Niels Henrik David Bohr usou a quantização da luz para explicar a estabilidade dos átomos com seu trabalho sobre a estrutura do átomo utilizando os novos conceitos da física quântica anunciados por Planck e Einstein. Seu trabalho deu base para o desenvolvimento da física quântica e surgimento da tecnologia atual. No modelo átomo de Bohr os elétrons se movem em certas órbitas ao redor do núcleo, sem irradiar energia (Figura 1). Quando um elétron sofre transição de um estado estacionário de energia E_1 para outro de menor energia E_0, uma onda eletromagnética (ou fóton) é emitida com energia $E_{fóton}$ dada pela diferença de energia entre as duas órbitas.

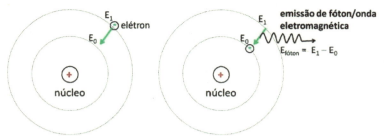

Figura 1: Emissão de energia do átomo de Bohr.

A onda eletromagnética, ou fóton, emitida apresenta frequência, e se estiver na faixa visível do espectro apresentará cor peculiar. A energia do fóton é dada pelo produto da Constante de Planck com a frequência do fóton; dizemos que o fóton carrega um quantum de energia. Quando o átomo absorve energia proveniente de um estímulo externo, o elétron salta para um nível de maior energia (salto quântico), e em seguida tende a retornar a seu estado de origem, irradiando fótons. Portanto, quanto maior a energia externa a excitar um átomo ou molécula, maior será a frequência (ou energia) do fóton emitido por ele.

Em 1924 o físico francês Louis De Broglie, em sua tese de doutorado, introduziu a ideia de que as partículas de matéria, em determinadas condições, se comportarão à maneira de ondas, assim como as ondas da luz, em certas circunstâncias, se comportam como partículas[6]. As ideias apresentadas nesse trabalho, o que deu origem ao primeiro espanto devido à sua novidade, foram completamente confirmadas em experimento onde elétrons irradiados sofreram difração em cristais de níquel; em seguida visualizou-se padrão de interferência (fenômeno ondulatório), em 1927, por Davisson e Germer[7]. Surge no planeta o conceito de **dualidade onda-partícula da matéria**, ou seja, um elétron, que até então era interpretado como uma partícula rígida, também pode apresentar caráter ondulatório (Figura 2).

O elétron é detectado como partícula, mas se propaga como onda, apresentando frequência e comprimento de onda como ilustrado acima.

---

[6] Tradução de: *Recherches Sur La Theorie des Quanta*, (Annales de Phisique, 10e serie, t. III (Javier-Fevrier, 1925).
[7] C. Davissonj, L. H. Germer (1927)."Reflection of eletrons by a crystal of nickel". *Nature*, 119, pp. 558-60.

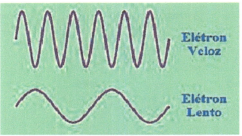

Figura 2: Dualidade onda-partícula da matéria.

- elétron veloz — maior frequência, se propaga como onda de maior energia (comprimento de onda curto);
- elétron lento — baixa frequência, se propaga como onda de menor energia (mais longo comprimento de onda).

O poder do elétron depende de seu comprimento de onda.

Com isso, toda a matéria que nos cerca passa a ser interpretada como um mar de ondas infinitesimais (energia); quando agregadas, constituem átomos, moléculas e todo o mundo macroscópico.

Os conceitos apresentados acima marcaram o nascimento da mecânica quântica (ou ondulatória). Nos dias atuais, ela é estudada por milhares de cientistas, e foi base para entendimento da constituição das partículas subatômicas e nucleares ao longo de todo o século XX até os dias atuais, além de ferramenta fundamental para o desenvolvimento da tecnologia eletrônica e dos modernos equipamentos de diagnóstico por imagens.

A mecânica quântica descortinou uma nova maneira de enxergar a natureza através do caráter dual energia/matéria, e assim deu à humanidade a oportunidade de romper com a visão exclusivamente cartesiana, determinista ou absoluta, e assumir a visão probabilística, sistêmica e holística sobre a natureza. Com esta nova visão, o corpo físico visto apenas como um amontoado de matéria densa passa a ser encarado também como uma usina de força eletromagnética!

A comunicação cérebro a cérebro

Erwin Rudolf Josef Alexander Schrödinger, físico austríaco, em 1935 apresentou um postulado de seus estudos sobre sistemas quânticos (Figura 3): "Quando dois sistemas, cujos estados conhecemos através de seus representantes, entram em **interação física temporária** devido a **forças conhecidas entre eles**, e quando depois de um tempo de influência mútua os **sistemas voltam a se separar**, eles não mais podem ser descritos da mesma forma que anteriormente ... pela interação os dois sistemas se tornaram **emaranhados**[8]."

Imagine um experimento com dois elétrons independentes, um apresentando momento magnético (spin) para baixo e o outro para cima. Em uma primeira etapa, eles são colocados em interação através de forças conhecidas; em seguida, separados a cem quilômetros de distância (Figura 3). Se for escolhido arbitrariamente um dos dois elétrons para fazer uma medição, o outro será instantaneamente afetado a distância. Se for realizado um estímulo que promova inversão do sentido de seu momento magnético (spin), a outra partícula emaranhada sofrerá inversão de spin de maneira instantânea, a distância!

Após a segunda etapa, qualquer estímulo em um dos sistemas afetará o outro instantaneamente e independente da distância. Albert Einstein, naquela época, acreditava ser o entrelaçamento quântico um paradoxo, uma "ação fantasmagórica a distância", fora dos limites da causalidade, pois nenhuma informação poderia ser transferida mais rápido que a velocidade da luz (Paradoxo EPR)[9]. Então, toda a matéria física estaria interconectada? Haveria uma interação a distância entre as moléculas no interior de um organismo? Ou mesmo entre as moléculas que constituem nosso corpo e as partículas dos objetos? Para explicar este fenômeno, o físico teórico irlandês John Stewart Bell, em 1964, postulou por cálculos a existência de uma outra "realidade", porém invisível e fora dos limites de percepção humana, que sustenta esta realidade percebida por nossos sentidos físicos, a **realidade não local:** "O mundo real (o qual conhecemos) se apoia nessa **realidade invisível que perdura além do espaço, do tempo ou da causalidade.**" Para Bell, a realidade não local estabelece o vínculo entre partículas, átomos ou sistemas emaranhados, sem passar pelo espaço e é atemporal.

---
[8] E. Schrödinger, *Discussion of Probability Relations Between Separated Systems*, Proc. Cam. Phil. Soc. 31, 555 (1935) e Probability Relations Between Separated Sistems, ibid. 32, 446 (1936).
[9] A. Einstein, B. Podolsky, e N. Rosen, Phys. Rev. 47, 777 (1935).

Em 1982, o entrelaçamento quântico foi comprovado experimentalmente pela primeira vez, e nos dias atuais diversos experimentos reforçam esta característica da natureza, ou seja, o estado quântico de uma partícula emaranhada afeta outra independente da distância [10], [11]. A importância do emaranhamento quântico conduziu ao desenvolvimento da computação quântica com transmissão de dados de altíssima velocidade, da criptografia quântica, do fenômeno de teletransporte e de pesquisas sobre transmissão não local de informação entre seres vivos.

Em 1994, pesquisadores estudaram correlações entre os cérebros humanos para verificar se o cérebro tem um componente quântico macroscópico[12]. No estudo, pares de indivíduos que não se conheciam anteriormente foram orientados a emitir bons pensamentos um para o outro em estado de meditação por quinze minutos (fase de **interação temporária**); em seguida, foram então **separados** em salas distantes catorze metros e meio, cercadas com blindagem eletromagnética (gaiola de Faraday), ambos com a atividade cerebral registrada por eletroencefalograma (EEG). (Figura 4)

Emaranhamento Quântico

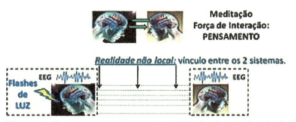

Figura 4: Experimento para verificar correlação não local cérebro a cérebro.

Apenas um indivíduo de cada par foi estimulado por cem flashes aleatórios de luz na face. Quando ele mostrou potenciais evocados distintos, o sujeito não estimulado mostrou "potenciais

[10] A. Aspect, J. Dalibard, e G. Roger, Phys. Rev. Lett. 49: 1804 (1982).
[11] Lemos, G. B., Borish , V., Cole, G. D., Ramelow, S., Lapkiewicz, R., Zeilinger, A.. "Quantum Imaging with Undetected Photons". *Nature*, 512, pp. 409-12 (2014).
[12] J. Grinberg-Zylberbaum, M. Delaflor, L. Attie, A. Goswami. "The Einstein-Podolsky-Rosen Paradox in the Brain: The Transferred Potential". *Phisics Assays*, 7, 422-28 (1994).

transferidos" **semelhantes** ao evocado no indivíduo estimulado. Indivíduos controle não tiveram tais potenciais transferidos. Os potenciais transferidos evidenciam uma correlação não local cérebro a cérebro, apoiando a natureza quântica do cérebro em nível macroscópico. Estes estudos foram replicados por muitos pesquisadores ao redor do mundo utilizando, além de EEG, neuroimagem por ressonância magnética funcional (fMRI), e pesquisas experimentais sobre intencionalidade a distância foram feitas. Os resultados sinalizam que correlações entre atividades cerebrais de duas pessoas separadas podem ocorrer, e regiões cerebrais específicas podem ser ativadas[13],[14],[15].

Tente se lembrar de algum momento, caro leitor, em que você teve uma leve discussão com alguém e estabeleceu forte interação psíquica com ele, de ordem mental ou emocional (fase de **interação temporária**); em seguida, o indivíduo foi embora e você voltou para seu lar (segunda etapa — **separação**); já aconteceu de você permanecer mentalmente discutindo com o sujeito? Se a resposta for sim, a conexão não local mesmo a distância foi mantida, e os potenciais cerebrais puderam ser transferidos cérebro a cérebro por permanecerem quanticamente emaranhados após a interação. De maneira similar, quando a interação é fundamentada no respeito, na amizade, compaixão, compreensão e no amor, o vínculo permanece. O **vínculo**, ou **conexão**, proporcionado pela realidade não local existe de forma geral; no entanto, muito importante é a qualidade desse vínculo que se estabelece com as pessoas que nos cercam — se de ressentimento ou perdão, julgamento ou indulgência, ódio ou amor, compaixão ou indiferença, egoísmo ou caridade!

Pela mecânica quântica, o emaranhamento quântico pode ser rompido entre duas partículas ou dois sistemas quando um deles recebe estímulos muito diferentes do padrão. Em nosso

[13] Wackermanna, J., Seiterb, C., Keibelb, H., Walachb, H. "Correlations Between Brain Electrical Activities of Two Spatially Separated Human Subjects". *Neuroscience Letters*, 336: 60-4(2003).
[14] Richards, T. L., Kozak, L., Johnson, C., Standish, L. J. "Replicable Functional Magnetic Resonance Imaging Evidence of Correlated Brain Signals Between Physically and Sensory Isolated Subjects". *The Journal of Alternative and Complementary Medicine*. vol.11, 6, 955-63 (2005).
[15] Achterberg, J., Cooke, K., Richards, T., Standish, L. J., Kozak, L., Lake, J. "Evidence for Correlations Between Distant Intentionality and Brain Function in Recipients: A Functional Magnetic Resonance Imaging Analysis". *The Journal of Alternative and Complementary Medicine*, vol. 11, n° 6, 965-71 (2005).

cotidiano, se a conexão cerebral com outra pessoa for menos feliz, deve-se estabelecer no próprio cérebro em estímulo diferente do padrão emaranhado, como, por exemplo, atitudes de amor e a oração. Por esta razão acredita-se que Jesus, o Cristo, recomendou "medicamento" oportuno: "Amai os vossos inimigos, fazei o bem aos que vos odeiam, orai pelos que vos perseguem e caluniam."

Será o cérebro de natureza quântica em nível macroscópico?

Como detectar a possível força de interação direta entre os seres, cérebro a cérebro?

Estará na existência da alma a origem da natureza quântica do cérebro?

Existe conexão não local entre meu cérebro e os demais órgãos do corpo?

Autocura é possível?

Estas perguntas fazem parte das fronteiras da física nos dias atuais.

Número expressivo de pesquisadores tem feito grandes esforços para elaborar modelos e hipóteses que possam responder a essas perguntas e explicar os mecanismos desses fenômenos. Os fenômenos de ordem espiritual ou biomagnéticos foram pesquisados por muitos estudiosos na busca de compreender as leis naturais que atuam na interface entre os mundos tangível e intangível. Allan Kardec, Leon Denis, Willian Crookes, Mesmer, Gabriel Delane, Camille Flammarion, Hernani Guimarães Andrade e outros pesquisadores, com seus estudos experimentais, deram à humanidade extraordinária contribuição para o entendimento destes fenômenos à luz da ciência, com consequências filosóficas, morais e religiosas. Uma releitura destes estudos à luz da física quântica e o conhecimento dos resultados já obtidos se fazem necessários como base para a elaboração de novos estudos científicos experimentais desta natureza.

Em 2013 a respeitada revista europeia *Neuroendocrinology Letters* publicou um artigo escrito por pesquisadores brasileiros sobre a glândula pineal, uma comparação entre a evidência científica corrente e as teorias escritas nos anos 1940 por Francisco Cândido Xavier (espírito André Luiz). A conclusão do trabalho aponta que todos os conceitos sobre a glândula pineal apresentados nas obras — saúde mental, função endócrina, sistema reprodutor, atividade física, secreção da melatonina e conexão com o mundo espiritual — anteciparam as publicações científicas. Alguns conceitos somente vieram à luz na ciência oficial trinta anos após os livros psicografados[16].

Esta confirmação de grande impacto fundamenta e justifica a investigação de conceitos ainda não respondidos pela ciência, em especial sobre a transmissão do pensamento, a influência do pensamento na saúde, a cura etc. trazidos na obra do autor espiritual. A comprovação experimental do pensamento como possível força da natureza contribuirá para uma nova visão sobre saúde e métodos de cura.

Influência do pensamento na conquista da saúde[17]

Na obra *Mecanismos da Mediunidade*, o autor afirma:

> ... podemos compreender, sem dificuldade, no pensamento ou radiação mental, a substância de todos os fenômenos do espírito, a expressar-se por **ondas de múltiplas frequências**. Valendo-nos de ideia imperfeita, podemos compará-lo, de início, à onda hertziana, tomando o cérebro como sendo um aparelho emissor e receptor ao mesmo tempo. [grifos meus]

Em outro trecho, ele diz que "o **pensamento**, a formular-se em ondas, **age de cérebro a cérebro** ...". [grifos meus] A transmissão de potenciais evocados cérebro a cérebro foi confirmada a partir de 1994. Além de por nossas palavras, nós nos comunicamos uns com os outros pela radiação mental. Esta, de natureza eletromagnética, transmite a informação de nossos desejos, de nossas aspirações, imaginações e opiniões mesmo que não verbalizados. Faz sentido o alerta de Jesus sobre as intenções não verbalizadas: "Ouvistes que foi dito aos antigos: Não adulterarás. Eu, porém, vos digo que todo o que olhar para uma mulher, cobiçando-a, já no seu coração adulterou com ela." (Mateus, 5: 27-28).

---

[16] Lucchetti, G., Daher, J. C., Iandoli, D., Gonçalves, J. P. B., Lucchetti, A. L. G. "Historical and Cultural Aspects of the Pineal Gland: Comparison Between the Theories Provided by Spiritism in the 1940s and the Current Scientific Evidence". *Neuroendocrinology Letters*, vol. 34, No. 8 (2013).
[17] Xavier, F. C. (espírito André Luiz) *Mecanismos da Mediunidade* (1959).

Nesta passagem cristã, a transferência dos potenciais evocados ao outro receptor cerebral está implícita. Estudos de neuroimagens mostram que, para o cérebro, imaginar firmemente algo simples, como comer uma maçã, é uma experiência real; áreas cerebrais são ativadas, dando ao ser a sensação do paladar e aumento da salivação. Portanto, todo o corpo físico é informado sobre os pensamentos que o próprio cérebro emite através das fibras nervosas e por todo o eixo neuro-psico-endócrino. (Figura 5)

Depois de formada,

> ... a corrente mental se espraia sobre o cosmo celular em que se manifesta, mantendo a fábrica admirável das unidades orgânicas, através da inervação visceral e da inervação somática a se constituírem pelo arco reflexo espinhal, bem como pelos centros e vias de coordenação superior. ... A corrente mental, segundo anotamos, vitaliza, particularmente, todos os centros da alma e, consequentemente, todos os núcleos endócrinos e junturas plexiformes da usina física [pontos de ligação dos plexos], em cuja urdidura [conjuntos de fios] dispõe o espírito de recursos para os serviços da emissão e recepção, ou exteriorização dos próprios pensamentos e assimilação dos pensamentos alheios.

Com isso, pode-se inferir que a corrente mental do Ser é responsável pelo estado de saúde ou doença — conforme os pensamentos repetitivos, os estados emocionais de bom

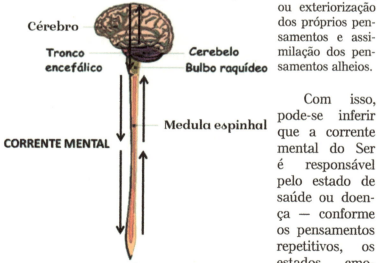

Figura 5: Representação da corrente mental no encéfalo e na medula espinhal.

ânimo ou desânimo que alimentam o pensamento, os reflexos mentais, as palavras e atitudes —, e também pela regeneração, devido a sua capacidade energética de vitalizar os centros de força, regular as atividades endócrinas favorecendo a maior ou menor liberação de hormônios de uma glândula específica, enriquecer o sistema imunológico (timo) conduzindo o organismo à homeostase.

> Por intermédio das **mitocôndrias**, que podem ser consideradas acumulações de energia espiritual, em forma de grânulos, assegurando a atividade celular, **a mente transmite** ao carro físico a que se ajusta, durante a encarnação, **todos os seus estados felizes ou infelizes**, equilibrando ou conturbando o ciclo de causa e efeito das forças por ela própria libertadas nos processos endotérmicos, mantenedores da biossíntese.[18][grifos meus]

De onde nasce a corrente mental?

> ... toda partícula da corrente mental, **nascida das emoções e desejos recônditos do espírito**, através dos fenômenos íntimos e profundos da consciência, cuja estrutura ainda não conseguimos abordar, se desloca, **produzindo irradiações eletromagnéticas, cuja frequência varia conforme os estados mentais do emissor,** qual acontece na chama, cujos fótons arremessados em todas as direções são constituídos por grânulos de força, cujo poder se revela mais ou menos intenso, segundo a frequência da onda em que se expressam. [grifos meus]

O conhecimento sobre a natureza e estrutura do átomo poderá levar a humanidade a compreender a natureza do pensamento além do fluxo de neurotransmissores nas sinapses neuronais. No livro *Mecanismos da Mediunidade*, André Luiz apresenta o pensamento formado por matéria constituída de átomos em diferentes condições vibratórias. O espírito se envolve das correntes atômicas dos próprios pensamentos

> ... dentro de normas que correspondem à lei dos "quanta de energia" e aos princípios da mecânica ondulatória,

---
[18] Xavier, F. C. (espírito André Luiz), *Evolução em Dois Mundos*, capítulo 7.

que lhes imprimem frequência e cor peculiares. Essas forças, em constantes movimentos sincrônicos ou estado de agitação pelos impulsos da vontade, estabelecem para cada pessoa uma onda mental própria.

Segundo o autor, os átomos mentais obedecem aos postulados da mecânica quântica, e a vontade do Ser exerce o papel do estímulo externo a desencadear irradiação de ondas mento-eletromagnéticas de frequências definidas. Por exemplo, estados íntimos de alegria, confiança, medo, ressentimento, amor e perdão, ou oração, são estados de energia dos átomos mentais. De acordo com o estímulo da vontade, estas partículas sofrem maior ou menor salto quântico, que levará à emissão de luz interior ou ondas eletromagnéticas de frequências baixas ou superiores. A vontade é a poderosa alavanca de progresso da alma, é o leme que dá a direção a toda a energia mental para concentrar-se em um objetivo, em uma meta ou ideal superior e na retidão do pensamento. Ela é quem delibera a intenção profunda do espírito.

> Então, uma mulher que havia doze anos sofria de uma hemorragia — que sofrera muito nas mãos dos médicos e, tendo gasto todos os seus haveres, nenhum alívio conseguira —, como ouvisse falar de Jesus, veio com a multidão atrás dele e lhe tocou as vestes, porquanto, dizia: **"Se eu conseguir ao menos lhe tocar nas vestes, ficarei curada."** No mesmo instante, o fluxo sanguíneo lhe cessou, e ela sentiu em seu corpo que estava curada daquela enfermidade.
> Logo, Jesus, conhecendo em si mesmo a virtude que dele saíra, se voltou no meio da multidão e disse: "Quem me tocou as vestes?" Seus discípulos lhe disseram: "Vês que a multidão te aperta de todos os lados e perguntas quem te tocou?" Ele olhava em torno de si à procura daquela que o tocara.
> A mulher, que sabia o que se passara em si, tomada de medo e pavor, veio lançar-se-lhe aos pés e lhe declarou toda a verdade. Disse-lhe Jesus: "Minha filha, tua fé te salvou; vai em paz e fica curada da tua enfermidade."
> (Marcos, 5:25-34) [grifos meus]

A fé é o procedimento da vontade ao canalizar a energia

mental em um fim colimado. Acompanhado da certeza de atingir o êxito, atrai os agentes mentais em sintonia com a emissão favorecendo a realização. Sempre que direcionada para o mal e interesses egoístas, gera desarmonia e dor para que o ser, após refletir sobre o que está emitindo, redirecione para o bem comum, no caminho determinante do progresso interior e da saúde integral!

A atitude e ação na direção que a fé determinou é essencial para a conquista da felicidade. É na prática que imantamos todo o corpo físico com as energias benfazejas da ação, do hábito, e esta corrente mental gerada na atitude altruísta estabelece harmonia e prazer de viver, alimenta o pensamento para novas ações do Bem e traz de volta para a alma os efeitos transformadores da caridade, que ampliam a capacidade de Amar!

Mensagem: a importância do pensamento reto

O "pensamento reto" é uma expressão usada no plano maior para indicar o foco e a frequência únicos da mente do espírito para atingir o objetivo de manter o seu padrão mental sempre elevado; não é monoideísmo, não é cristalização mental em um único padrão: é a participação ativa da vontade, que é o leme que direciona as intenções do espírito. Ele é fruto dessa direção que a vontade — o leme, a direção consciente, responsável — dá ao campo mental do Ser. Por isso, ele se difere dos vícios mentais que mantêm a mente em um único padrão. O pensamento reto é filho do dever do Ser para consigo mesmo, é consequência da responsabilidade que o Ser consciente de si mesmo tem sobre o seu pensar, pois sabe que quando pensa, cria, sabe que quando sente, irradia e exerce influência ao seu redor. Nesse ínterim, ele reconhece que deve se empenhar para ter a retidão do pensamento no bem.

Foi assim que Francisco de Assis, nosso Poverello e guia junto a Jesus, nos ensinou, na Idade Média, com sua oração:

> "Oh! Deus, grande e glorioso! Iluminai as fraquezas de nossos corações.
> Dai-nos uma fé reta,
> uma esperança certa,

uma caridade perfeita,
uma humildade profunda.
Dai-nos, Senhor, o justo discernimento para cumprir a Vossa santa e verdadeira Vontade."

Com esta oração, Francisco nos mostra do que o pensamento reto é construído: porque o sentimento gera o pensar, e o pensar materializa-se nas ações. Portanto, o pensamento reto nasce de um conjunto de sentimentos que dão estabilidade ao pensar. **O primeiro é a fé reta; o segundo, a esperança certa; o terceiro, a caridade perfeita; e o quarto, a humildade profunda.** Estes quatro pilares — fé, esperança, caridade e humildade — sustentam o pensamento, sustentam o ambiente mental de todos os seres que se motivarem para estas frequências. Cultivai esses quatro sentimentos e permiti emergir, sustentada pela vossa própria responsabilidade, a harmonia do pensamento reto.

Orientai vossas células do corpo com o pensamento reto. Orientai as células do corpo alheio com o pensamento reto e vereis um resultado diferente e mais profundamente eficaz nos tratamentos que realizais, nos centros espíritas onde trabalhais. O pensamento reto induz uma postura de retidão na mentalidade das células do corpo físico, como também na mentalidade do espírito com quem dialogais e interagis.

Fé, esperança, caridade e humildade: pilares da redenção humana de todo espírito que acorda para a realidade da vida, assume a própria responsabilidade e aplica esses princípios iniciáticos que antecedem os tempos cristãos.

Impregnai essas paredes com o pensamento reto a partir desses quatro sentimentos que dão estrutura para os demais sentimentos serem construídos em bases sólidas. Podeis notar, inclusive, que os outros sentimentos — alegria, responsabilidade, bondade, o próprio amor, a saudade harmoniosa, o dever —, se não encontrarem base profunda no nosso ser, base do pensamento reto, afloram, mas têm um tempo de duração em nosso ambiente mental, porque, com os pensamentos tortuosos, os sentimentos superiores têm menor tempo de permanência no ambiente psíquico. Mas com o pensamento reto, esses outros sentimentos conseguem ter maior duração e, por isso, não é qualquer situação exterior que os tira do eixo de harmonia, porque vós estareis sustentados pelo pensamento reto, sustentando os demais sentimentos. O pensamento reto vibra sempre um novo querer.

Fé, esperança, caridade e humildade! (Eurípedes Barsanulfo, São Paulo, 2015) [grifos meus]

Capítulo 13
1. As emoções
Renata Stort

> Quem sabe pode muito, quem ama pode mais.
>
> Francisco Cândido Xavier

As emoções são a percepção humana mais importante no processo de evolução espiritual e no desenvolvimento físico e social.

Um bebê que ainda não chegou à fala faz das emoções seu meio de comunicação. Ele chora quando sente fome e sorri quando algo está lhe fazendo bem.

Quando adulto, é fácil perceber que as emoções oscilam inúmeras vezes no decorrer de um dia e, mesmo que de forma diferente ao de um bebê, são elas que impulsionam nossas atitudes.

Assim, é fácil compreender que, desde o nascimento, usamos as emoções para nos expressar e perceber que nossas atitudes estão intimamente ligadas ao que sentimos. Para melhor entender, basta refletirmos um pouco sobre quantas vezes nos arrependemos de coisas que fizemos ou falamos durante um momento de raiva, e dos momentos alegres que ficaram gravados na memória e nos trazem ótimas sensações quando recordados.

Não é errado ou ruim sentir raiva, ciúme, culpa, medo ou qualquer outra emoção considerada negativa. Muito pelo contrário, saber lidar com essas emoções é um grande aprendizado. No momento da raiva, por exemplo, buscar a calma, a oração e o equilíbrio eleva nossa alma e nos faz compreender melhor a situação que nos envolve, além de nos despertar para uma reflexão interior, que propicia mudanças de hábitos, pensamentos e preconceitos. São apenas emoções instintivas que cumprem funções nobres no nosso processo de aprendizagem e evolução espiritual.

Do mesmo modo, a alegria, o amor, a compaixão, a paz e tantas outras emoções consideradas sublimes possuem grande influência curativa em nossos corpos físicos e espirituais e na nossa transformação íntima. Elas melhoram nossos pensamentos, influenciam nossas atitudes à prática do bem comum e nos envolvem de fluídos benéficos que atuam de forma terapêutica: adequação do pensamento à realidade e o desenvolvimento do autoconhecimento.

Deste modo, trago a seguinte reflexão: Você conhece suas emoções?

Conhecer o que sentimos é prever nossas reações, e é também a forma de sintonizar nossos pensamentos e nossas atitudes. Perceber nossas emoções é escutar nossa alma.

Nosso querido Dr. Bezerra de Menezes — adorável doutor das emoções humanas — nos esclarece que "a inteligência é o instrumento evolutivo para as conquistas de fora, e as emoções são os instrumentos evolutivos para as conquistas de dentro".

Essas "conquistas de dentro" citadas pelo nosso querido doutor nos trazem tantas sensações boas que nos permitem sermos nós mesmos do começo ao fim do dia, independente do que nos aconteça. Aceitar o que sentimos, sem vergonha ou melindre, nos possibilita uma rica caminhada evolutiva. Quem finge que sente, sobrevive. Quem sente nobremente, existe!

Não poderia deixar de citar que os processos obsessivos se iniciam nas nossas emoções, tornando-as "portas de entrada" para influências negativas que controlam nossos pensamentos e nossas atitudes, podendo ainda, transferir para o nosso corpo físico energias que envolvem as células, as fazem adoecer e nos deixam completamente inconscientes de nossos reais desejos e nossas condutas, ou seja, das nossas verdadeiras emoções.

Um exercício importante além da prece e do tratamento fluidoterapico é não ignorar as próprias emoções e aprender a distinguir entre o que parece ser de si mesmo e o que parece ser "dos outros". E sim, isso é possível quando conhecemos nossas emoções!

Se ao acordar podemos escolher a roupa para vestir, podemos também escolher qual emoção irá vestir nosso espírito. Se podemos salvar uma vida doando sangue, podemos também salvar uma alma doando sentimentos. Fomos criados para doar, receber e sentir.

    Emoções tranquilas e prazer de viver sempre serão a maior conquista evolutiva das pessoas livres e felizes.

2. Emoções na visão da medicina tradicional chinesa

> Pagai o mal com o bem, porque o amor é vitorioso no ataque e invulnerável na defesa.
>
> Lao Tsé

Ana Clélia Mattos (2012), em seu estudo "O Emocional na Medicina Chinesa", explica a Teoria do Zang-Fu (Órgãos e Vísceras), sendo que o Zang (Órgãos) é constituído por uma estrutura material que necessita do Qi (Energia) para promover seu funcionamento. A associação do Qi (Yang) e do Órgão-matéria (Yin) constitui o Zang (Órgão-energético), e este, por sua vez, na sua integração, gera uma terceira essência de origem energética relacionada a fenômenos psíquicos, mental e astral, denominada Shen (espírito).

Cada órgão (Zang) emana o seu Shen (Espírito) e, em conjunto, os cinco Zang (Órgãos) formam o Shen, o Espírito Verdadeiro.

Na medicina chinesa, as emoções, como elementos causadores de doença, são estímulos mentais que perturbam a Mente (Shen reside no Coração), a Alma Etérea (Fígado) e a Alma Corpórea (Pulmão), alterando o equilíbrio entre os órgãos internos e a harmonia do Qi e do Xue (Sangue).

Mattos (2012) afirma que o estresse emocional é nocivo para o organismo como um todo, pois afeta a circulação e a direção apropriadas do Qi (cada emoção produz um efeito particular na circulação do Qi), além de prejudicar os órgãos diretamente.

Em contrapartida, o estado dos órgãos internos igualmente

afeta o estado emocional do indivíduo. Existe uma interdependência contínua e dinâmica dos órgãos com a emoção (Yang) e da emoção com o funcionamento (Yin) dos órgãos.

Cada Órgão Yin "abriga" um aspecto mental e espiritual particular do ser humano: Mente (Shen) — Coração; Alma Etérea (Hun) — Fígado; Alma Corpórea (Po) — Pulmões; Inteligência (Yi) — Baço/Pâncreas; Força de Vontade (Zhi) — Rins.

Dos aspectos mentais e espirituais citados acima, o Shen é o único que possui dois significados: um deles significa Espírito, e o outro, Mente. (Maciocia)

O *Simple Questions*, no capítulo 9, diz: O Coração é a raiz da vida e a origem da Mente ... os Pulmões são a raiz do Qi e a residência da Alma Corpórea ... os Rins são a raiz do armazenamento selado (Essência) e a residência da Força de Vontade ... o Fígado é a raiz da harmonização e a residência da Alma Etérea.

Segundo Maciocia (1996), esses Cinco Órgãos Yin são as bases do Espírito. O estado do Qi e do Sangue de cada órgão pode influenciar a Mente e o Espírito, e de modo contrário, alterações da mente ou do Espírito irão afetar um ou mais órgãos internos.

As emoções podem causar um desequilíbrio ou serem causadas por este, por exemplo: um estado de medo e ansiedade por um longo período pode causar Deficiência do Rim (Shen); por outro lado, se o Rim (Shen) se tornar deficiente, poderá provocar sentimentos de medo e ansiedade.

A medicina chinesa considera a emoções como parte natural da existência humana. As emoções somente se tornarão causas patológicas quando forem intensas e prolongadas, especialmente se não forem expressas ou reconhecidas.

Todas as emoções, além de afetarem diretamente o órgão pertinente, afetam indiretamente o Coração (Xin), pois ele abriga a Mente, e os caracteres das sete emoções são baseados no radical Coração.

São sete as emoções consideradas na medicina chinesa, e cada uma apresenta um efeito particular sobre o Qi e afeta um determinado sistema. Segundo os ensinamentos chineses, a Raiva faz o Qi subir; a Alegria excessiva e a Euforia retardam o Qi; a Tristeza dissolve o Qi; o Medo faz o Qi descer; o Choque, por sua vez, dispersa o Qi; e o Pensamento forçado prende o Qi.

Outros médicos, segundo Maciocia consideram outras emoções, como o pesar (igual tristeza), o desejo (ânsia excessiva) e o amor (obsessivo e mal direcionado).

Raiva — Pode incluir ressentimento, raiva contida, irritabilidade, frustração, ódio, indignação, animosidade ou amargura. Qualquer um destes estados emocionais pode afetar o **Fígado** (Gan), e se persistir por mais tempo pode causar estagnação do Qi do Fígado (Gan), ou do Sangue (Xue). A raiva faz o Qi subir, e os sintomas se manifestam na cabeça e no pescoço: cefaleia, zumbido, tontura, erupção, manchas vermelhas na parte frontal do pescoço, rubor facial, sede, língua vermelha e gosto amargo na boca. Alguém que esteja furioso nem sempre demonstra esses sintomas e pode aparentar submissão, depressão e palidez. Algumas pessoas encobrem a culpa na raiva durante muitos anos, ou até não a reconhecendo; outras manifestam a raiva, mascarando-a para ocultar a culpa, o medo, por não gostar de ser controladas, por fraqueza ou complexo de inferioridade.

Alegria — "A alegria faz a Mente pacífica e relaxada, beneficia o Qi Defensivo e o Nutritivo, fazendo o Qi relaxar e fluir lentamente." (*Simple Questions*, capítulo 39) Quando a alegria é excessiva, conduz um estímulo excessivo do **Coração** (Xin) com sinais de palpitações, hiperexcitação, insônia, inquietação, falar muito e língua com a ponta vermelha. A alegria também pode ser caracterizada como causa de doença quando é repentina, por exemplo, ao ouvir uma notícia inesperada; nessa situação, a alegria é similar ao trauma, e a pessoa pode ter uma enxaqueca.

Preocupação — Abstração significa pensar e preocupar-se demais, exercer um trabalho mental ou estudo excessivos; tentar fazer tudo com pressa, pressionado pelo tempo. A preocupação é a contraparte emocional da energia mental do Baço/Pâncreas, que é responsável pelos pensamentos e pelas ideias, pela concentração e memorização. Quando debilita o Baço/Pâncreas, causa cansaço, desconforto epigástrico moderado, pouco apetite, dor e distensão abdominal, tez pálida. A Preocupação prende o Qi, causando Estagnação de Qi afetando, além do **Baço/Pâncreas**, o **Pulmão** (Fei), observando-se respiração superficial, sensação desconfortável no tórax, ansiedade, dispneia (retenção da Alma Corpórea — Po), rigidez nos ombros e no pescoço, face pálida e algumas vezes tosse seca.

Pensamento forçado — É um pensamento constante — a pessoa fica pensando no passado, na vida, em vez de vivê-la; esse pensamento forçado gera pensamentos obsessivos; gera também esforço mental excessivo no trabalho e nos estudos; afeta o **Baço/Pâncreas**, prende o Qi e causa sintomas semelhantes aos descritos na Preocupação.

Tristeza e pesar — Quando a pessoa fica se lastimando e revivendo o passado; a tristeza inclui a emoção do pesar. A tristeza e o pesar afetam os **Pulmões** e o Coração. O Pulmão governa o Qi, e a tristeza e o pesar esgotam-no. Provocam a Deficiência do Qi do Pulmão (Fei) e afetam o Coração (Xin); o indivíduo apresenta voz fraca, tez pálida, dispneia, sensação de opressão no tórax, cansaço, depressão e choro. Nas mulheres, conduzem Deficiência do Sangue (Xue) e amenorreia.

Medo — Inclui um estado crônico de medo e ansiedade ou um susto repentino. Depaupera o Qi do **Rim** (Shen) e o faz descender; nas crianças causa enurese noturna, e nos adultos, após susto súbito, incontinência urinária ou diarreia. O medo e a ansiedade crônica em idosos e nas mulheres enfraquecem o Yin do Rim (Shen) e geram Vazio-Calor no Coração (Xin), com sensação de calor na face, sudorese noturna, palpitação, boca e garganta secas.

Trauma — Trauma ou choque mental dispersa o Qi e afeta o **Coração** (Xin) e o **Rim** (Shen). Subitamente depaupera o Qi do Coração (Xin), causando palpitação, dispneia, insônia. Sudorese noturna, boca seca, tontura ou zumbido quando afeta o Rim (Shen) e utiliza a Essência (Jing) para suprir a Deficiência do Qi.

Amor — Não significa uma afeição normal, mas um amor obsessivo, descontrolado, mal direcionado e com ciúme obsessivo. Afeta o **Coração** (Xin) e agita o Qi, causando sintomas como palpitações, ponta da língua vermelha, insônia, inquietação mental e face vermelha.

Ódio — Revela-se como uma malícia "fria" e calculada no lugar de crises incontroláveis e espontâneas como as da raiva. Afeta o **Coração** (Xin) e o **Fígado** (Gan); prende e retarda o Qi. Os sinais e sintomas incluem dor no tórax na região do hipocôndrio, insônia, cefaleia e palpitações. Quando o ódio é alimentado por muito tempo, interioriza-se, e a pessoa apresenta dores em algumas partes do corpo.

Desejo — Um estado de constante desejo que nunca é satisfeito, uma ânsia excessiva, inclui desejos por objetos materiais ou por ser reconhecido. Afeta o **Coração** (Xin) e dispersa o Qi; irá causar Fogo do Coração ou Vazio-Calor no Coração. Caso haja tendência para Deficiência de Yin, comum em pessoas propensas ao trabalho excessivo, irá gerar Vazio-Calor no Coração com palpitações, rubor malar, garganta seca, insônia e inquietação mental.

Culpa — O sentimento de culpa pode resultar de transgressão social ou tabu religioso; há pessoas que se cobram por tudo que ocorre de errado e também dos indivíduos que agem de forma errada e depois se arrependem. A culpa afeta o Coração e os Rins e causa Estagnação do Qi no tórax, na região epigástrica ou no abdome, com sensação desconfortável no tórax, dor ou distensão abdominal e aparência dos olhos vacilante, muitas vezes, fechando-se ao falar.

Capítulo 14
1. A busca do aprendizado pela dor
Mirtes de Almeida

> Receberemos a dor de acordo com as necessidades próprias, com vistas ao resgate do passado e à situação espiritual do futuro.
> Emmanuel

Diante das dificuldades do nosso próprio burilamento ou das apresentadas pelo trabalho na seara do Mestre, reflitamos com profundidade nas palavras de Jesus: "Aos homens isso é impossível, mas a Deus tudo é possível. E, se confiarmos Naquele que é a Luz do mundo, e, de nossa parte, fizermos todo o possível, nossos bons propósitos se concretizarão no devido tempo." (*Comentários Evangélicos*, Edgard Armond, espírito Bezerra de Menezes)

Notamos que no acolhimento durante o trabalho realizado na Corrente Médica Espiritual Dr. Luigi, os benfeitores da Espiritualidade, através de um escutar singelo, ouvem atentamente com extremo carinho a queixa principal do querido assistido que solicita "socorro" para o sofrimento da sua dor. Este socorro é para sanar a dor que ele vem vivenciando no transcorrer do seu dia a dia. Entretanto, temos ciência de que, geralmente, o que se nos apresenta é a dor da alma, um sentimento que muitas vezes ele não tem como explicar; e em muitas situações, essa explanação é uma dor explosiva, é um alerta, é a dor de um sentimento desesperador.

Este irmão que procura o atendimento de saúde da casa espírita tem por objetivo "a cura". Em alguns falta-lhes o amor-próprio e o amor ao próximo, o que demonstra também a falta da harmonia, da paz, da fé, da alegria e da felicidade.

Como fazer para este querido irmão possa entender e contribuir nos melhores valores à vida, ao próximo e à humanidade? Isto é, tudo está incluso na sua mudança. E para essa mudança e aperfeiçoamento individual, nossos queridos amigos da espiritualidade, comprometidos com o desejo de servir, mostram três virtudes fundamentais:

1. Boa vontade sincera;
2. Desejo sério de aprender e renovar-se;
3. Esforço em sempre praticar o Bem aos outros, com perseverança e disciplina, abandonando todo o mal, a começar pelo nosso mundo íntimo.

Citaremos algumas frases para reflexão sobre o nosso papel na busca da compreensão e interpretação do nosso comportamento:

> É difícil, nesse momento de socorro, que as pessoas possam entender que nós é que criamos esses quadros dolorosos e tormentosos para a nossa vida, seja na condição de encarnado ou desencarnado. (*Revista Espírita Mensal* — Ano XXV, nº 294, abril/2001)
> A grande ciência que conquista a palma da vitória pode ser resumida em duas palavras: não desanimar. (*Cartas do Coração*, Meimei)
> Feliz daquele que ama, porque não conhece as angústias da alma nem as do corpo. ("A lei do Amor" — *O Evangelho Segundo o Espiritismo*)
> O homem é sempre sua própria doença. (*Médico de Homens e de Almas*)

O tratamento médico espiritual inicia-se com o público assistindo às palestras que são proferidas com os temas específicos planejados semanalmente, e é através dos ensinamentos das preleções do Evangelho que vamos conseguir aliviar e compreender as nossas dores e os nossos sofrimentos.

A Corrente Médica Espiritual é considerada como a medicina sustentada pela visão espiritualista que compreende a doença como uma pulsão energética alterada. Ela procura, através da prática, entender, no ser humano, a motivação de suas dores, levando o assistido a ser mais próximo dos ensinamentos de *O Evangelho Segundo o Espiritismo*, e assim ser mais próximo do nosso Querido Mestre Jesus Cristo.

As pessoas quando consideradas "doentes" sofrem, e sofrem muito; algumas buscam ajuda para aliviar a sua dor, mas que dor é essa que as leva ao desespero?

Quando da primeira vez que procuramos os atendimentos da Corrente Médica Espiritual, durante a entrevista inicial, perante os tarefeiros responsáveis por esse acolhimento, ouve-se, na queixa principal, um relato de socorro; porque quando mencionam o diagnóstico médico (alopático) — e nesse momento, muitas se mostram com a voz embargada, outras, com lágrimas nos olhos e com a voz sufocada —, declaram que: "Com a minha fé, realizarei o impossível."

Com serenidade, o voluntário ouve esse irmão, considerando a globalidade de seus sentimentos como também as suas necessidades momentâneas.

O ser humano vive entre o equilíbrio da razão e da emoção, e superar as suas dores depende sim da forma como ele percebe o seu sistema interior, porque este está enfermo, sobretudo está doente "da alma".

Segundo Emmanuel: "Quanto nos seja possível, estudemos as lições do Senhor e reflitamos em torno delas. Aprendamos, no entanto, a praticá-las, traduzindo-as em ação, no cotidiano, para que a nossa palavra não se faça vazia e a nossa fé não seja vã."

Acrescenta também:

> A fé sincera é ginástica do espírito. Quem não a exercita de algum modo, na Terra, preferindo deliberadamente a negação injustificável, encontrar-se-á mais tarde sem movimento.
> É assim que o cidadão atual sonha em evadir-se da tecnologia médica hodierna e, confiando-se aos cuidados da natureza, terminar seus dias condignamente, sob amparo dos afetos, distante do frio e dispendioso instrumental hospitalar. (*Saúde e Espiritualidade — Uma Nova Visão da Medicina*, capítulo 1)

No transcorrer das entrevistas são dados ao assistido os

seguintes enfoques, dentre outras intervenções:

1. A importância do Evangelho no Lar (que infelizmente não é ainda uma prática frequente das pessoas);
2. A prece diária, mostrando, desta feita, o incentivo à fé;
3. É, sobretudo, orientado para ter um cuidado especial com seu corpo, procurando entender os desequilíbrios internos, tentando explicar-lhes que ele é fluxo de seus pensamentos diários.

"A dor e o sofrimento são consequências naturais da evolução do espírito, como fatores necessários ao despertamento de sua consciência individual no seio da consciência cósmica de Deus. (Ramatis)"

De acordo com *O Evangelho Segundo o Espiritismo*:

> Se os médicos fracassam na maioria das doenças, é que tratam o corpo sem a alma, e que, o todo não estando em bom estado, é impossível que a parte se porte bem. O Espiritismo dá a chave das relações que existem entre a alma e o corpo, e prova que há reação incessante de uma sobre o outro. Ele abre, assim, um novo caminho à ciência e, em lhe mostrando a verdadeira causa de certas doenças, lhe dá os meios de as combater. Quando ela se inteirar da ação do elemento espiritual na economia, fracassará menos frequentemente.

Considerando a mensagem do Evangelho, havemos de admitir que, atualmente, muitos profissionais da área médica tratam o sintoma psicossomático, permitindo às pessoas terem o conhecimento de si próprias, levando o paciente a compreender que a busca de si, o autodescobrimento, o autoconhecimento, é a forma adequada de curar-se. A medicina tradicional, científica, já está percebendo que existem outros meios de curar as moléstias; a própria Organização Mundial da Saúde, após pesquisa sobre a eficiência da medicina primitiva das tribos africanas, solicitou uma observação muito especial para a prática da medicina popular utilizada por algumas pessoas.

Todavia, alguns indivíduos que procuram o tratamento na Corrente Médica Espiritual que apresentam a dor emocional necessitam de consolo, de orientação psicológica e espiritual.

Como já relatamos, essas pessoas nos apresentam como queixa principal alguma dor física; entretanto, no relato percebemos o sofrimento através de vários sintomas psicossomáticos que prevalecem atualmente, assim descritos:

1. Com o relato de uma dor específica, percebemos que existe o sintoma da Síndrome do Pânico; nesse momento são demonstrados os efeitos da preocupação consigo mesmo e/ou um parente muito próximo;
2. A dor, na tristeza da solidão, mesmo tendo em torno outras pessoas;
3. A dor, no remorso com a culpa, por não ter conseguido resolver alguns problemas;
4. A dor, no sentimento da mágoa, denotando, desta feita, a infelicidade pela falta em conseguir concretizar seus objetivos e/ou falta de entendimento com outras pessoas;
5. A dor por encontrar-se com baixa autoestima, demonstrando sentimento de inferioridade;
6. A dor de não conseguir livrar-se de um vício, uma vez que, através desse subterfúgio, tem como propósito a busca do prazer;
7. A dor da perda de um ente querido;
8. Demais dores, tais como as decorrentes de: ansiedade, insegurança, repressão, depressão, inveja, orgulho; e a dor moral, que é a filha da censura social e a mãe universal dos sentimentos.

"Deus nos conceda a precisa coragem de vencer o ódio, e a vaidade, o egoísmo e a inércia, antigos adversários da nossa felicidade que moram em nós mesmos." (Maria Máximo)

Podemos considerar algumas dessas dores da alma como desajustes e/ou desequilíbrios íntimos. Mediante tais situações, jamais haverá condenação, porque há crédito nos tratamentos a que a pessoa se propõe submeter-se, desde que consiga realizar uma autoanálise e a reparação na situação propriamente dita; sobretudo haverá condições de esse ser que encontra-se em tratamento crescer, em especial, espiritualmente.

A dor emocional repercute no corpo inteiro, especificamente nos pensamentos, e, quando o ser humano consegue, através das orientações, entender e compreender os ensinamentos propostos, motivar-se-á para adquirir novas atitudes, melhorando seus procedimentos com relação à vida.

A medicina humana será muito diferente no futuro, quando a ciência puder compreender a extensão e complexidade dos fatores mentais no campo das moléstias do corpo físico. Muito raramente não se encontram as afecções diretamente relacionadas com o psiquismo ... Todos os órgãos são subordinados à ascendência moral. As preocupações excessivas com os sintomas patológicos aumentam as enfermidades; as grandes emoções podem curar o corpo ou aniquilá-lo. (André Luiz)

Na obra *O Evangelho Segundo o Espiritismo*, capítulo V, item 12: "Pelas palavras: 'Bem-aventurados os aflitos, porque serão consolados', Jesus indica, ao mesmo tempo, a compensação que espera aqueles que sofrem, e a resignação que faz abençoar o sofrimento como prelúdio da cura.

A dor não é um castigo de Deus para punir os pecados; peça a Deus força para suportar a dor, sem reclamar (*O Evangelho Segundo o Espiritismo*, capítulo V, item 9), desta forma haverá contribuição para exercitar a inteligência, a paciência e a resignação. O mérito consiste em suportar sem murmurações as consequências dos males que não se podem evitar, em perseverar na luta, em não se desesperar quando não se sai bem, e nunca deixar as coisas correrem descontroladas. (*O Evangelho Segundo o Espiritismo*, capítulo V, item 26)

Por isso Jesus diz que são felizes os que choram, porque já iniciaram o resgate dos débitos anteriores, e, embora a Terra lhes reserve lágrimas, suaves consolações os esperam no mundo espiritual, onde entrarão libertos dos remorsos originados pelos maus atos praticados no pretérito.

> O leito da dor é um campo de ensinamentos sublimes e luminosos. Nele a alma exausta vai estimando no corpo a função de uma túnica. Tudo o que se refira à vestimenta vai perdendo, consequentemente, importância. (Emmanuel)
>
> ... o Espírito é sempre o árbitro do próprio destino, podendo prolongar os sofrimentos pela pertinência no mal ou suavizá-los e anulá-los pela prática do Bem. (Allan Kardec)
>
> Os médicos espirituais são detentores de técnica diferen-

te. No planeta sabia que meu direito de intervir começava nos livros conhecidos e nos títulos conquistados; mas, naquele ambiente novo, a medicina começa no coração, exteriorizando-se em amor e cuidado fraternal. (Emmanuel)

De acordo com os nossos pensamentos, elaboramos os nossos sentimentos e os nossos atos, e desta feita surgem alegria ou tristeza, harmonia ou tortura, paz ou pesadelo, tranquilidade ou remorso, mérito ou culpa. Tudo que elaboramos em nosso campo psíquico permanece conosco por tempo indeterminado.

No que concerne à nossa saúde, somos construtores dos possíveis resultados nocivos que se nos acobertam com o tempo, passando, portanto, a ser escravos de nossas criações mentais.

Devemos estar cientes de que precisamos cuidar das nossas emissões mentais, porque havemos de cuidar do emocional, psicológico e espiritual, para que, dessa forma, surja uma conduta mais eficaz para vivenciarmos o dia a dia com qualidade de vida. (AAFAMA, *Revista Espírita Mensal*, AMA XXVI, nº 312, out.2002).

Considerando a dor um sentimento decorrente da doença física e/ou emocional, não há como não adentrarmos nos conceitos de nossos queridos mestres do plano espiritual para, além de obtermos lições de vida, entendermos que a verdadeira cura é o encontro com o Ser Maior, isto é, o encontro com Deus, que nos despertará para uma nova dimensão da vida — a dimensão espiritual —, porque é através dela que vamos atingir a paz interior, que é a prova maior do nosso despertar com os ensinamentos no Evangelho do Querido Jesus, mostrando-nos que "Deus é Vida Eterna".

2. Fatores energéticos que causam a dor segundo a medicina tradicional chinesa

> Quando não entendemos a dor, ela nos dilacera. Quando entendemos seus fins, ela nos aperfeiçoa.
>
> (Provérbio chinês)

As algias crônicas são as reclamações típicas nas entrevistas dos trabalhos da Corrente Médica Espiritual.

De acordo com a International Association for the Study of Pain: "Dor é uma experiência sensorial e emocional desagradável associada com danos reais ou potenciais em tecidos, ou assim percepcionada como dano ... A dor é sempre subjetiva ... É de forma inquestionável uma sensação em parte ou partes do corpo, mas é também sempre desagradável, e consequentemente também uma experiência emocional."

O conteúdo desse texto foi extraido do livro de Yamamura (2001) *Acupuntura Tradicional — A Arte de Inserir*, capítulo 20, onde o autor conceitua dor como um sintoma que surge toda vez que ocorre uma agressão física, química, mecânica ou psíquica contra o nosso corpo. Na concepção energética, esses fatores promovem uma concentração maior de polaridade Yin ou Yang.

Segundo Yamamura, a dor pode ser classificada em três tipos, dependendo dos fatores energéticos causais:

Dor do tipo Yang (polaridade positiva) — Dor aguda, superficial, do tipo pontada, latejante, localizada, intensa, sensação de choque ou do tipo cólica. Melhora com frio, repouso e imobilização. Piora com calor, exercícios e compressão.

Dor do tipo Falso Yang (polaridade positiva) — Parte de uma deficiência de Yin Qi, dor do tipo queimação, ardor. É uma dor com características intermediárias tipo Yin e Yang.

Dor do tipo Yin (polaridade negativa) — Dor crônica, profunda, constritiva, sensação de peso, de frio e adormecimento. Melhora com calor, exercícios e pressão. Piora com frio, umidade, mudança de tempo e repouso.

Segundo a medicina tradicional chinesa (MTC), os fatores que causam o aumento da polaridade positiva ou negativa e que estimulam os receptores da dor são devidos às alterações que ocorrem nos canais de energia e colaterais.

Os Zang Fu (Órgãos/Vísceras), que dão origem aos Canais de Energia Principais, podem ser agredidos, no adoecer, por fatores internos, como emoções reprimidas, fadiga, alimentação desregrada. Esses fatores alteram o Qi dos Zang Fu, que irá afetar também os canais de energia e colaterais, ocasionando estagnações e bloqueios da circulação energética, causa essencial da concentração de polaridade positiva ou negativa.

Estando os Zang Fu e os Canais de Energia Principais com o Qi em desarmonia, principalmente se há vazio de Qi, favorece-se a penetração de Energias Perversas (Calor, Frio, Umidade e Vento) dentro do corpo, através da pele, da árvore brônquica e do tubo digestivo, o que provoca estagnação e bloqueios do Qi e Xue.

Essas Energias Perversas aumentam de maneira anormal a concentração de polaridade ocasionando as algias.

As estagnações de Qi e Xue ocorrem com mais frequência em articulações; porque o Qi de cada articulação é formado por um determinado Zang Fu, que o nutre energeticamente, e pelos meridianos que ali passam.

Como mencionado no primeiro parágrafo, exemplificaremos as relações energéticas das articulações do corpo com os Zang Fu em relação às articulações da coluna vertebral, que estão regidas da seguinte forma: Cervical pelo Shen (Rins) e Gan (Fígado); Dorsolombar pelo Shen (Rins) e Sacral pelo Shen (Rins); a dos ombros Gan (Fígado) e pelo Shen (Rins), e a dos Joelhos pelo Gan (Fígado).

As Energias Perversas, conforme suas características energéticas, são classificadas em Yang, incluindo o Calor, o Vento e a Secura; em Yin, pelo Frio e pela Umidade.

Calor: sintomas álgicos com sensação de pontada, agulhada, ardor, queimação. Quadro agudo, mais na superfície. Geralmente acompanhado de rubor, calor, tremor e dor.

Vento: quadros dolorosos migratórios (articulares ou musculares).

Frio: dor constritiva, contínua, queimação e profunda sensação de frio doloroso. Os tendões e as articulações tendem a fletir-se, endurecendo-se.

Umidade: dor com sensação de peso, geralmente acompanhada com aumento de volume das partes moles ou de derrame articular. Se houver Umidade-Calor, pode apresentar-se processo inflamatório/infeccioso.

As Energias Perversas podem associar-se formando as combinações: Vento-Calor, Vento-Frio, Vento-Umidade, Frio-Umidade, Umidade-Calor. As Energias Perversas só penetram nos canais de energia (menos o Calor) quando estão em vazio de Qi ou com deficiência de Xue (Sangue), Yong Qi (Energia Nutritiva), Wei Qi (Energia de Defesa).

Quando o Qi Correto (defesa do organismo) está pleno, ele expulsa as Energias Perversas; se ambos estiverem em equilíbrio, as Energias Perversas ficam latentes na epiderme e podem formar nódulos dolorosos; se o Qi Correto estiver deficiente e as Energias Perversas não, estas vão para os Canais de Energia Principais, onde causam as estagnações, provocando os processos álgicos ou afetando os Zang Fu, causando as doenças.

Conforme nos elucida Allan Kardec (1991), o espírito é o princípio inteligente do Universo, e a inteligência é um atributo essencial do espírito, sendo necessária a união do espírito com a matéria (corpo físico) para que esta tenha inteligência.

O espírito, quando pensa, irradia energia mental; esta se propaga como onda, porque tem frequência e velocidade; o emissor retém dessa energia as partículas benéficas ou maléficas; nossas células irão receber essas vibrações e serão estimuladas, tanto para o equilíbrio como para a desarmonia; se os sentimentos forem de alegria, irão trazer bem-estar e ativar o centro coronário e, consequentemente, a glândula timo. Sorrir, cantar, procurar ser feliz e pensar com confiança faz bem e nos estimula; os hospitais estão cheios de pacientes pessimistas, tristes e sem alegria interior.

Por isso a recomendação do Mestre Nazareno sobre o orar e vigiar convida-nos a reflexão.

O estado mental/emocional, a nosso ver, é fator primordial para o equilíbrio ou desequilíbrio do nosso espírito com sintomatologia no corpo físico (não detectada pelos exames), mas se essas persistem, com o tempo passam a ser visualizadas em exames.

Vejamos as funções energéticas do Fígado (Gan):

Armazenar e regular o fluxo do Xue (Sangue) — Segundo Maciocia (1996): "Wang Bing (dinastia Tang) descreveu a função do Fígado assim: 'O Fígado armazena o sangue, e o Coração o move. Se uma pessoa se move quando acordada, então o sangue é distribuído por todos os canais; se uma pessoa descansa, o sangue retorna ao Fígado'."

O Fígado, junto com o Coração, controla a distribuição dos nutrientes que alimentam os tecidos, órgãos, as vísceras etc. Caso o Fígado falhe em ser nutrido apropriadamente pelo Qi derivado dos alimentos através do Baço/Estômago, ou se por algum motivo a função do Fígado de armazenar e regular o Sangue for afetada, podem ocorrer sintomas de visão embaçada, cãibra, dificuldade de mover as articulações, olhos secos, cegueira noturna, tremores de mãos e pés, dormência nas extremidades, unhas secas, quebradiças, malformadas ou acinzentadas, cabelos secos e divididos, menstruação escassa ou amenorreia.

Assegurar o fluxo suave do Qi nos meridianos e órgãos/vísceras — O livre fluir do Qi e do Xue garante a nutrição do Wei (Estômago) e do Pi (Baço), permitindo uma digestão eficiente. Sinais típicos de desordem no Qi do Fígado afetando seus órgãos vizinhos, Baço/Estômago, são arrotos, regurgitação de ácido estomacal, vômito e diarreia. Pessoas com enfermidades crônicas que envolvam estagnação do Qi do Fígado normalmente se apresentam com sintomas de estagnação tanto de Qi quanto de Sangue, como dor em pontada no tórax, tumores e menstruação irregular. A fúria, o estresse e a frustração impedem o livre fluir, causando estagnação do Qi do Gan (Fígado), do Wei (Estômago) e do Pi (Baço/Pâncreas), resultando no agravamento das causas, como a raiva. Ódio, ciúme, hipersensibilidade, passividade, raiva, depressão, choros são os sentimentos comandados pelo Qi do Fígado.

Controlar os tendões — Esta função está relacionada à nutrição, resultante do livre fluir do Xue. O Fígado é responsável pelo movimento e pela coordenação muscular. Os tendões são responsáveis por grande parte de nossos movimentos. "A contração e o relaxamento dos tendões assegura o movimento das articulações ... Esta capacidade depende da nutrição e do umedecimento pelo sangue do Fígado." Tendões não nutridos poderão causar contrações e espasmos, extensão ou flexão debilitada, parestesia dos membros, cãibra muscular, tremores ou debilidade dos membros. Lembremos que o Gan (Fígado) controla os tendões, e o Pi (Baço), os músculos; a estagnação de Qi do Gan afeta o Pi, prejudicando os músculos.

Manifestar-se nas unhas — Na MTC, as unhas são consideradas prolongamento dos tendões; quando as funções do Gan estão em desequilíbrio, temos unhas escuras, com manchinhas brancas, quebradiças, secas e deformadas; em equilíbrio, haverá crescimento/desenvolvimento das unhas.

Abrir-se nos olhos — O Xue do Fígado fornece aos olhos a capacidade de ver. Diversos tipos de Qi contribuem na nutrição dos olhos, como do Xin e do Shen, tal que os olhos refletem o estado espiritual de uma pessoa. Suas patologias mais comuns, se estes estiverem em desarmonia, são as conjuntivites, os olhos vermelhos sem processo inflamatório, os terçóis, os pontos brilhantes que aparecem no campo visual e outras.

Abrigar a Alma Etérea (Hun) — A Alma Etérea é de natureza Yang e nos auxilia no planejamento da vida, porém, se o Xue do Gan for debilitado, ela não se enraíza, prejudicando as perspectivas da pessoa e levando-a a ser indecisa e sem rumo, com incapacidade de planejar à frente.

O Meridiano do Fígado (Gan) - (Zang) começa no pé e termina no tórax — natureza Yin. Todo órgão tem uma víscera acoplada. No caso do Fígado é a Vesícula Biliar (Dan), órgão oco em forma de cápsula. O Meridiano da Vesícula Biliar (Dan) - (Fu) começa na cabeça e termina no pé — natureza Yang.

As principais funções da Vesícula Biliar (Dan) são as seguintes:

Armazenar e excretar a bile — Recebe a bile do Fígado (Gan) e a mantém pronta para excretá-la na digestão. Se as funções do Gan e do Dan forem anormais, e a secreção da bile for obstruída, a digestão e assimilação do alimento serão perturbadas, o que resulta em perda de apetite, distensão do epigástrio e diarreia.

Controlar o julgamento — Está ligada ao aspecto emocional que define a coragem para a tomada de decisões; se esta estiver desequilibrada se manifestará na forma de indecisões ou mesmo desorientações e perda de rumo.

Controlar os tendões — O Fígado (Gan) nutre os tendões com Sangue (Xue), e a Vesícula Biliar (Dan) porporciona o Qi necessário para que eles se movimentem e tenham agilidade.

Relaciona-se com o Fígado (Gan) — Além de armazenar a bile, colabora também para suavizar o fluxo do Qi do Fígado (Gan) para que a bile possa ser excretada no auxílio à digestão.

Aspecto psicológico — O Fígado (Gan) é o responsável pelo raciocínio, e a Vesícula Biliar, pelas decisões e por fazer julgamentos. Por isso, a deficiência ou a desarmonia do Fígado pode ser acompanhada de indecisão e timidez, e o medo associado com a desarmonia da Vesícula Biliar tende a estar associado com a indecisão. Cabe ao Fígado (Gan) influenciar o planejamento de nossas vidas, mas a tomada de decisão depende exclusivamente da Vesícula Biliar (Dan). Uma Vesícula Biliar deficiente pode afetar a Mente, causando debilidade emocional, timidez e insegurança. (Maciocia).

Patologicamente, as doenças do Fígado envolvem a Vesícula Biliar, e as doenças da Vesícula Biliar, às vezes, envolvem o Fígado também. Como resultado, ambos sofrem.

Nos dias atuais, impaciência, raiva (também reprimida), irritabilidade, frustação, indignação, animosidade ou amargura são emoções que se encontram mais evidentes em nosso quotidiano. Qualquer um destes estados emocionais pode afetar o

Fígado (Gan), a Vesícula Biliar (Dan) e afetar indiretamente o Coração (Xin), que abriga a Mente.

Todavia, não podemos nos esquecer de que as emoções, de um modo geral, como elementos causadores de doença, excessivas ou prolongadas, já são estímulos mentais que perturbam a Mente (Shen que reside no Coração), a Alma Etérea (reside no Fígado) e a Alma Corpórea (no Pulmão), alterando o equilíbrio entre os órgãos internos e a harmonia do Qi e do Xue (Sangue).

Analisando as funções do Fígado e da Vesícula Bilar, observamos que com a ação persistente da emoção raiva, as articulações, os músculos e tendões serão afetados, coincidindo com as queixas dos assistidos nos trabalhos da Corrente Médica Espiritual, seguidos dos sintomas de má digestão, problemas visuais, de estômago, labirintite e cefaleia.

Esses sentimentos, por sua vez, podem gerar instabilidade emocional como o medo, a tristeza, a angústia, desestabilizando outros Órgãos, e, se continuados, surgirão outros sintomas.

Não nos restam dúvidas de que os pensamentos ruins são os vilões da nossa saúde espiritual e física, e de que urge a mudança no modo de pensar e de compreender a vida, as pessoas que nos cercam e nós mesmos.

Capítulo 15
A ação energética do passe

> O passe não é unicamente transfusão de energias anímicas. É o equilibrante ideal da mente, apoio eficaz de todos os tratamentos.
>
> AndréLuiz

Todas as pessoas que procuram a Corrente Médica Espírita Dr. Luigi são encaminhadas uma vez por semana, durante um mês, às palestras e aos passes até o retorno com o médico espiritual.

O Espírito André Luiz (1955) nos adverte:

> Na assistência magnética, os recursos espirituais se entrosam entre a emissão e a recepção, ajudando a criatura necessitada para que ela ajude a si mesma. A mente reanimada reergue as vidas microscópicas que a servem, no templo do corpo, edificando valiosas reconstruções. O passe, como reconhecemos, é importante contribuição para quem saiba recebê-lo, com o respeito e a confiança que o valorizam.

As preleções evangélicas e os passes são fundamentais para o refazimento das forças físicas e espirituais. Eles proporcionam o equilíbrio do corpo mental e, principalmente, a fixação e a clareza do conteúdo do Evangelho do Cristo para a reconstrução de um novo ser, entre outros benefícios.

O passe, como define e compara o Espírito Emmanuel (2000), é uma transfusão de energias psíquicas (retiradas de reservatório ilimitado das forças espirituais), assim como a transfusão de sangue representa uma renovação das forças físicas (retiradas de um reservatório limitado).

Essa transfusão de energias físicas e espirituais é realizada com muita vontade e caridade pelos dois lados da vida e, acima de tudo, com muita responsabilidade; para tal, portanto, devemos adquirir conhecimentos teóricos e práticos para compreendermos o seu real objetivo e emprego.

No meio espírita há um termo — papa-passes — comumente utilizado para designar pessoas que adoram tomar passe, por acreditar que só pelo fato de o terem recebido já estão protegidas espiritualmente, e também pelo alívio proporcionado por este. Não possuem consciência da sua aplicação e dos benefícios para a transformação interior.

Emmanuel, no livro *Segue-me!*, nos orienta: "Não abuses, sobretudo, daqueles que te auxiliam. Não tomes o lugar do verdadeiro necessitado tão só porque teus caprichos e melindres pessoais estejam feridos. O passe exprime também gastos de forças, e não deves provocar o dispêndio de energia do Alto com infantilidades e ninharias."

Para a aplicação do passe não necessitamos de gesticulações inúteis, contato físico, muito menos de barulhos e falações, como escreve Kardec, em *Obras Póstumas*: "O passe deverá sempre ser ministrado de modo silencioso, com simplicidade e naturalidade." E na mesma obra afirma que os sentimentos do passista aumentam a ação curativa com "... a pureza dos sentimentos, o desinteresse, a benevolência, o desejo ardente de proporcionar alívio, a prece fervorosa e a confiança em Deus; numa palavra, todas as qualidades morais".

As sábias palavras de Léon Denis (1981) nos dizem que: "O magnetismo vem a ser a medicina dos humildes e dos crentes, ... de quantos sabem verdadeiramente amar." Jesus curava "impondo as mãos" sobre os doentes da alma e do corpo; desse modo, devemos proceder com simplicidade, com o pensamento voltado ao amor, à compaixão e à oração.

O médico austríaco Franz Anton Mesmer (1734-1815) afirmava que as curas realizadas por ele resultavam do uso apropriado de uma energia universal que Mesmer chamou de *fluidum* — um fluido universal de que todos os corpos físicos, animais, plantas e até mesmo rochas, estavam impregnados; por ser de natureza magnética, que ele denominou "magnetismo animal", Mesmer acreditava que esse fluido energético estava de alguma maneira associado ao sistema nervoso. Sugeriu que os nervos e fluidos corporais transmitiam o *fluidum* para toda as regiões do corpo. O conceito de *fluidum* de Mesmer lembra a antiga teoria chinesa da energia Qi, a qual flui através dos meridianos, levando a força vital para os nervos e tecidos do corpo.

Mesmer percebeu que os efeitos reguladores e vivificantes do *fluidum* magnético faziam parte dos processos básicos da saúde e da homeostase, e que se alguma desarmonia ocorre entre o corpo físico e essas forças sutis da natureza, o resultado final é a doença. Teve, então, um palpite de que os pontos de fluxo energético mais ativos eram a palma das mãos. Colocando as mãos do terapeuta sobre o paciente, era possível fazer a energia fluir para o paciente por uma via direta. Devido à influência exercida por Mesmer, a técnica da imposição das mãos, também conhecida como "passes magnéticos", veio a tornar-se bastante popular. (Gerber, 1998)

Na *Revista Espírita* de janeiro de 1864, Allan Kardec transcreveu a mensagem de Mesmer que diz que todas as vezes que uma pessoa pede ajuda para aliviar um enfermo, Deus envia um mensageiro espiritual para derramar sobre o pedinte seus fluidos balsâmicos, e que:

> Também é por isto que o magnetismo empregado pelos médiuns curadores é tão potente e produz essas curas qualificadas de miraculosas, que são devidas simplesmente à natureza do fluido derramado sobre o médium; ao passo que o magnetizador ordinário se esgota, por vezes em vão, a fazer passes, o médium curador infiltra um fluido regenerador pela simples imposição das mãos, graças ao concurso dos bons espíritos.

Da mesma forma, encontramos em Kardec (1987) que: "Se você magnetiza com o fito de curar, por exemplo, e invoca um bom Espírito que se interessa por você e pelo doente, ele aumenta sua força e sua vontade, dirige seu fluido e lhe dá as qualidades necessárias."

Isso nos leva a crer que não é a mão do médium que dirige o fluido, pois dessa forma um médium que não possui mão não poderia dar passe; e que o passista é um instrumento — os fluidos dos bons espíritos são incorporados ao nosso fluido magnético (mais material e condizente com o nosso estado moral), estes penetram no perispirito e passam ao corpo físico.

> O fluido magnético ou vital é patrimônio de todos os seres. Transmitido no passe ou durante cirurgia espiritual, pode ser fator de bem-estar e de cura de afecções e doenças diversas. O passista que serve aos semelhantes de forma ética, dando de graça o que de graça recebeu, é auxiliado por mensageiros da luz, que mesclam suas energias às dele, aplicando utilmente suas forças radiantes. (Nobre, 2012)

Na obra *O Livro dos Espíritos* (1991) encontramos que o fluido vital se transmite de um indivíduo a outro. Aquele que o tiver em maior porção pode dá-lo a um que o tenha de menos, e em certos casos prolongar a vida prestes a extinguir-se.

Por sua vez, na obra *O Livro dos Médiuns* (1987) o Codificador escreve sobre os médiuns de cura dizendo que certas pessoas possuem o dom de curar pelo simples toque, pelo olhar e mesmo por um gesto, sem o concurso de nenhuma medicação.

Acreditamos que todo ser humano, de qualquer credo, quando se coloca em posição de auxílio, suplicando a Deus, ao Médico dos Médicos, o alívio, o remédio e a cura ao moribundo, com toda a certeza receberá a assistência de Espíritos Benfeitores —determinada por nosso Pai —, que irão potencializar os fluidos do doador e transmiti-los ao necessitado através do olhar, do abraço, das mãos, do colo, das palavras, do sorriso.

Não realizamos nada sozinhos, e não temos o direito de falar que não podemos fazer a caridade ao nosso próximo porque não somos médiuns ostensivos.

Pelo fato de o passe ser definido como uma transfusão de energias, podemos qualificá-lo como uma transfusão de amor, que acontece da mãe para seu filho adoentado em seus braços, na recepção de um hospital, no consultório do profissional de saúde doando fluidos ao moribundo, no familiar nervoso e descontrolado quando nos colocamos como apaziguadores. Somos, nesses casos, transmissores, através do pensamento, de ondas mento-eletro-magnéticas equilibradas e com a vontade de socorrer. Não estamos falando aqui de mediunidade, mas de compromisso cristão. Sempre é hora de servir como filho de Deus.

Gerber (1998) discorre sobre vários experimentos a respeito da imposição das mãos por curandeiros espirituais e psíquicos. Ele relatou os experimentos do Dr. Bernard Grad (1960), do Dr. Robert Miller, da Dra. Justa Smith e da Dra. Krieger, que demonstraram que as energias dos curandeiros podiam aumentar os níveis de hemoglobina nos pacientes, e demonstrou que as pessoas podiam aprender a efetuar curas. Os experimentos do Dr. Miller com os curandeiros Olga e Ambrose Worrall mostraram que as energias curativas podiam afetar sistemas vivos e não vivos a uma distância de mais de novecentos quilômetros.

E concluiu que a cura por imposição das mãos poderia ser descrita como cura magnética; ela é realizada com as mãos do curandeiro bem próximas do paciente, e seus efeitos tendem a se manifestar principalmente nos níveis físico-etérico de reequilíbrio. A cura espiritual, por seu lado, atua não apenas nos níveis físico e etérico como também contribui para o reequilíbrio dos níveis de disfunção energética astral, mental e de outros níveis superiores. Além do mais, a cura espiritual pode ser realizada tanto na presença do paciente como com o paciente e o curandeiro separados por grandes distâncias.

Retornando ao tema do passe dentro da centro espírita, quando nos reunimos para as atividades, a sala já se encontra harmonizada pela Espiritualidade, e vamos nos integrando à equipe dos espíritos, conscientes dos preparos durante o dia, com equilíbrio nos pensamentos/sentimentos e perseverança nos trabalhos e nos estudos da Codificação.

Se nos colorcamos como verdadeiros instrumentos de Jesus e nos entregarmos de corpo e alma para sermos juntos com a espiritualidade, e com os canais por onde escoam os fluidos derramados e o coração abastado de amor estendermos nossa mão sobre o centro coronário do irmãozinho, entenderemos verdadeiramente as palavras de Allan Kardec (2013) quando afirma que o pensamento "é a grande oficina ou o laboratório da vida espiritual, e o pensamento e a vontade são para os espíritos aquilo que a mão é para o homem".

Não podemos inventar gestos ou imaginar o que se passa com o companheiro sentado a nossa frente, mas plasmar ao nosso próximo sentimentos de saúde, confiança e paz. Em alguns centros espíritas vemos o dirigente do trabalho realizar, enquanto é aplicado o passe, uma prece, e desse modo, devemos acompanhar a oração.

Pensamento firme em Jesus e vontade de auxiliar, eis a receita do passe. E aquele que recebe os fluidos deve estar receptivo e com o coração escancarado para receber as vibrações.

No perispírito, os fluidos regeneradores penetram através do centro coronário e, sob o influxo mental do espírito, percorrem através da corrente sanguínea, deslizando por todos os outros centros de força e órgãos, interdependentes entre si, perispiritualmente e fisicamente, ativando, desobstruindo, regenerando e harmonizando células, glândulas, órgãos, tecidos, ossos, enfim, todo nosso ser.

O sangue possui papel preponderante na fisiologia do passe, pois, com o comando da mente orientada sobre ele, a energia irá circular livremente e impulsionará a defesa, a formação de anticorpos para a promoção do equilíbrio e da saúde.

A permanência desse fluido benfazejo vai depender do comportamento mental e moral de quem o recebe, da fé e da disposição em seguir os ensinamentos cristãos.

"Se pretendes, pois, guardar as vantagens do passe que, em substância, é ato sublime de fraternidade cristã, purifica o sentimento e o raciocínio, o coração e o cérebro." (*Segue-me!*, Emmanuel)

Capítulo 16
Água fluidificada como remédio divino
Luiz Augusto de Almeida Ravásio

> As mais insignificantes substâncias, como a água, por exemplo, podem adquirir qualidades poderosas e efetivas sob a ação do fluido espiritual ou magnético ao qual elas servem de veículo, ou, se quiserem, de reservatório.
>
> Allan Kardec

A água é uma sustância química composta por hidrogênio e oxigênio (H_2O); é essencial para os humanos e está presente em todas as formas conhecidas de vida na terra. Ela manifesta-se em seu estado líquido sob temperatura entre 0°C e 100°C à pressão de uma atmosfera. Na fase líquida, é uma substância inodora, insípida e transparente.

Nosso corpo é constituído de aproximadamente 75% de água, sendo esta reguladora de temperatura, diluidora de sólido e transportadora de nutrientes e resíduos, entre os vários órgãos do corpo humano.

A molécula de água é a ligação entre um átomo de oxigênio e de dois átomos de hidrogênio. Como o átomo de oxigênio é mais eletronegativo que o átomo de hidrogênio, ele atrai para si os pares de elétrons que deveria compartilhar por igual com os átomos de hidrogênio.

A essa diferença de cargas, ou diferença de densidade de carga entre os constituintes de uma molécula, damos o nome de polaridade. Tal polaridade permite que a água reaja e dissolva inúmeras substâncias polares e iônicas, a exemplo dos sais, facilitando, assim, as interações químicas entre as diferentes substâncias fora e dentro do organismo.

A água é uma molécula polar composta e é facilmente absorvida no nosso organismo. Aproveitando-se de algumas de suas propriedades (condutividade elétrica e magnética), é usada como agente do tratamento de fluidoterapia.

Lembremos que a ciência já demonstrou suas formas de manifestação nas energias, chamadas cinética, térmica, gravitacional, atômica, sonora, de dissolução, ionização, de ligação etc. Mas, por ora, nada sabemos da energia mental, e podemos dizer que muito menos da energia divina. A ciência também já definiu que a matéria é a união de diversas moléculas, e que entre essas existe um espaço, embora invisível aos olhos humanos. Esses espaços estão preenchidos por fluidos.

> Esse fluido cósmico que enche o mundo, mais ou menos rarefeito, nas regiões imensas, opulentas de aglomerações de estrelas; mais ou menos condensado onde o céu astral ainda não brilha; mais ou menos modificado por diversas combinações, de acordo com as localidades da extensão, nada mais é do que a substância primitiva onde residem as forças universais, donde a natureza há tirado todas as coisas. (*A Gênese*, Allan Kardec, capítulo VI, item 17)

Segundo Luiz Gonzaga Pinheiro, "... o fluido universal é uma espécie de substância primitiva originada sob comando divino, e que dará nascimento a todos os elementos constituintes do mundo, através de diferentes arranjos atômicos e moleculares."

Esses fluidos podem ser manipulados por encarnados ou desencarnados, através do pensamento e do magnetismo; e a água, por ser um ótimo condutor de forças eletromagnéticas, é na Terra o corpo mais simples e receptivo para ser manipulado em nosso benefício.

A força eletromagnética projeta fluidos sobre a água, e daí ocorrem alterações nas estruturas moleculares, aumentando os íons e a direção dos elétrons. A fluidificação da água expande os átomos físicos e espirituais, aumentando as vibrações magnéticas dos fluidos vitais, promovendo alterações das características físicas da água.

Conforme definição do Dr. Bezerra de Menezes: "A água, em face da constituição molecular, é elemento que absorve e conduz a bioenergia que lhe é ministrada. Quando magnetizada e ingerida, produz efeitos orgânicos compatíveis com o fluido de que se faz portadora."

Vamos encontrar três técnicas de fluidificação da água: a de origem magnética, a de origem espiritual e a mista.

Na magnética há a necessidade de o médium colocar suas mãos sobre o recipiente com água e deixar fluir sua energia, ou seja, seus fluidos magnéticos, direcionando-os por vontade própria, mas sujeitando-os, pela prece, à Vontade Maior.

O Dr. Bernard Grad, bioquímico e pesquisador de geriatria no McGill University's Allen Memorial Institute, no Canadá, analisou a água quimicamente para verificar se a energização (através do passe pela imposição das mãos) havia provocado alguma alteração física mensurável. Análises por espectroscopia de infravermelho revelaram a ocorrência de significativas alterações na água tratada pelo passista. O ângulo de ligação atômica da água fora ligeiramente alterado, bem como a diminuição na intensidade das ligações por pontes de hidrogênio entre as moléculas de água e significativa diminuição na tensão superficial. (*Medicina Vibracional — Uma Medicina para o Futuro*, Richard Gerber).

A segunda, como o nome já diz, é pela ação dos espíritos, sem intermediários. A água não recebe fluidos magnéticos do indivíduo encarnado, mas somente os trazidos pelos espíritos, sendo esta a técnica mais comum nos centros espíritas, nas reuniões do Evangelho no Lar, em atendimentos a distância. Nesses casos, a participação do encarnado se dá pela fé.

Em *Nos Domínios da Mediunidade*, capítulo 12, André Luiz nos elucida:

> Pequeno cântaro de vidro, com água pura, foi trazido à mesa. E porque Hilário perguntasse se iríamos assistir a alguma cerimônia especial, o Assistente explicou, afável:
> — Não, nada disso. A água potável destina-se a ser fluidificada. ...
> Clementino se abeirou do vaso e, de pensamento em prece, aos poucos se nos revelou coroado de luz. Daí a ins-

tantes, de sua destra espalmada sobre o jarro, partículas radiosas eram projetadas sobre o líquido cristalino, que as absorvia de maneira total.

— Por intermédio da água fluidificada — continuou Áulus —, precioso esforço de medicação pode ser levado a efeito. Há lesões e deficiências no veículo espiritual a se estamparem no corpo físico que somente a intervenção magnética consegue aliviar, até que os interessados se disponham à própria cura.

A terceira é uma técnica de fluidificação onde se misturam os fluidos do indivíduo encarnado com os fluidos trazidos pelos espíritos.

Em *A Gênese*, Allan Kardec (capítulo XIV, item 14):

> Os espíritos atuam sobre os fluidos espirituais, não manipulando-os como os homens manipulam os gases, mas empregando o pensamento e a vontade. Para os espíritos, o pensamento e a vontade são o que é a mão para o homem. Pelo pensamento, eles imprimem àqueles fluidos tal ou qual direção, os aglomeram, combinam ou dispersam, organizam com eles conjuntos que apresentam uma aparência, uma forma, uma coloração determinadas; mudam-lhes as propriedades, como um químico muda a dos gases, ou de outros corpos, combinando-os segundo certas leis.

Podemos notar que a fluidificação da água independe de presença de médiuns curadores, pois os epíritos podem aplicar os fluidos sem intermediários, diretamente sobre os frascos com água. Mas nada impede que qualquer pessoa, dotada de fé, amor, vontade de servir ao próximo, concentrada, realizando uma prece e a imposição das mãos, projetando seus fluidos e recebendo auxílio da Espiritualidade amiga, possa fluidificar a água.

Quanto ao paciente, no entanto, há que se melhorar muito o pensamento, pois ele constrói e destrói, mesmo em nosso meio material. A mudança de hábitos, o cultivo do otimismo, a meditação, o estudo sério, o trabalho edificante e a prece afastam as ideias deprimentes. Muitos medicamentos que são colocados na água ou transmitidos por magnetismo necessitam de um clima psíquico adequado para produzir o efeito desejado. Não se deve esperar curas milagrosas; é necessário o desejo de renovação.

Ao ingerir a água fluidificada, é preciso interiorizar uma luz que ilumine o micro e o macro do seu corpo físico e do seu períspirito. Agradeça a Deus, nosso Pai, que é todo poder e bondade, e ame a si mesmo um pouco mais.

O processo é invisível aos olhos humanos; por isso, a confiança e a fé do paciente são partes essenciais nos efeitos do tratamento. Jesus, quando curava os doentes, pedia "Vá e não peques mais". E a partir daquele momento, era necessária a reforma íntima. O beneficiado não podia continuar na ignorância e maledicência.

Capítulo 17
Os benefícios da respiração no corpo espiritual e no corpo físico

> A respiração estabelece uma solidariedade universal entre os homens, os animais e as plantas.
>
> Camille Flammarion

Conforme escrevemos no primeiro capítulo deste livro, os médicos espirituais constantemente nos orientam em relação ao exercício respiratório como uma forma de harmonizar e clarear nossa mente em momentos de aflição, desespero, dor e desesperança. Em seu livro, o monge Nicéforo, o Solitário, que viveu no século XIV, escreveu:

> Você sabe que nossa respiração é a inalação e a exalação de ar. O órgão que serve para isto são os pulmões, que se encontram em volta do coração, de modo que o ar que passa através deles envolve, assim, o coração. Portanto, a respiração é um caminho natural para o coração. E desse modo, depois de ter recolhido a sua mente dentro de você, leve-a para o canal de respiração através do qual o ar chega ao coração e, juntamente com o ar inalado, force sua mente a descer ao coração e lá permanecer.

Presenciamos em nosso interior a relação entre a emoção e a respiração quando esta se modifica nos momentos de nervosismo, encantamento (paixão), ansiedade, cansaço e felicidade. O exercício respiratório torna-se um treino para nossa conscientização e nosso apaziguamento interior.

Imaginemo-nos nesse instantes sentados em uma poltrona

confortável acompanhando o vaivém do movimento respiratório, acomodados nos braços firmes do Nazareno, cujo olhar sereno envolve nossa alma de paz; a natureza se figura no ambiente, matizando-o com o sol, com flores multicoloridas e perfumadas, com o barulho da água cristalina, os pássaros que voam e a relva fresca que acalenta nosso espírito; e nesse estado de tranquilidade, inspiramos e retemos esse ar com gratidão, para depois expirarmos e nos sentirmos leves como a pluma.

Basta parar alguns minutos para nos abstecer de energia, plasmar em nosso corpo mental as imagens e incorporar em nossas células perispirituais e físicas o oxigênio medicamentoso que irá percorrer simultaneamente com o sangue na corrente circulatória, do perispiritual ao material, passando pelos centros de força com harmonia, eliminando todas as estagnações negativas e de baixa sintonia. O ar é medicamento bendito e gratuito que recebemos de Deus.

A respiração é sustento do corpo espiritual. Basta lembrar a hematose no corpo físico, pela qual o intercâmbio gasoso se efetua com segurança, através dos alvéolos, nos quais os gases se transferem do meio exterior para o meio interno, e vice-versa, atendendo à assimilação e desassimilação de variadas atividades químicas no campo orgânico. (André Luiz, 1987)

No livro *Mecanismos da Mediunidade*, o espírito André Luiz (1994) anunciou que o sistema hemático no corpo físico representa o conjunto das energias circulantes no corpo espiritual, energias essas tomadas em primeiro lugar pela mente, através da respiração, ao reservatório incomensurável do fluido cósmico. Carecemos de estudar o sangue no processo fluidoterápico de saúde.

Temos conhecimento de que o sistema respiratório é responsável pela troca gasosa do CO_2 (gás carbônico) pelo O_2 (oxigênio) no organismo. Nos alvéolos pulmonares, o oxigênio, presente no ar inspirado, passa para o sangue, que é então distribuído pelas hemácias a todas as células vivas do corpo. Ao mesmo tempo, as células vivas liberam gás carbônico no sangue. Nos pulmões, o CO_2 passa do sangue para o interior dos alvéolos e é eliminado para o ambiente externo por meio da expiração.

Os sistemas circulatório e respiratório estão intimamente ligados, assim como perispírito e corpo físico, matéria e energia.

O Imperador Amarelo defende que: "Todas as coisas sobre a terra e no espaço se comunicam com as energias Yin e Yang. O ser humano é um pequeno universo, já que o corpo humano tem tudo o que o Universo tem."

A reflexão polaridade universal Yin e Yang encontra-se no macro e no micro; no Universo e nas células; na inspiração e na expiração; na contração e no relaxamento; todas as coisas possuem Yin e Yang que se alteram continuamente. No princípio do Universo existia uma energia única e primordial que, polarizada, deu origem à dualidade Yin-Yang, ou seja, duas energias complementares e antagônicas de cujas características participam todas as coisas, e também o próprio homem e todos os seres vivos.

Dessa forma, na respiração deparamo-nos com as diferenças de pressão, a pressão intrapleural negativa em relação à pressão atmosférica, que insuflam os pulmões; a retração elástica dos pulmões se opõe a este movimento e auxilia na expiração.

No sistema Zang Fu, o Fei (Pulmão) é o Mestre do Qi, considerado o Ministro, uma vez que acumula o Qi e depois difunde e organiza a sua distribuição. Situa-se no tórax, comunica-se com a garganta e se abre no Nariz. Manifesta-se na Pele, e está ligado aos instintos e aos reflexos.

O Po (Alma Corpórea) é uma manifestação do sopro da vida, pois reside nos Pulmões e está intrinsecamente ligado à respiração. Emoções como Tristeza e Pesar podem afetar o Po diretamente. As desarmonias do Po geram perda de vigor; ele refere-se à força do corpo, e como duplo etérico é o corpo vital, onde circula o ectoplasma ou fluido magnético.

Fei (Pulmão) é o órgão da respiração, e sua função é governar o Qi e a respiração. O Pulmão (Fei) inala o "Qi Puro" (ar) e exala o "Qi Impuro". A troca e a renovação constantes do Qi realizadas pelo Pulmão (Fei) asseguram o funcionamento adequado de todos os processos fisiológicos do organismo, os quais têm o Qi como base. (Maciocia, 1996)

Quando nos achamos em um ambiente com diversas pessoas encarnadas e desencarnadas, estamos mergulhados em gases, fluidos e energias nos dois lados da vida. As moléculas de gás carbônico e de oxigênio que ora percorriam nosso sangue físico e agora bailam no ar já penetraram, através da inspiração, em outros corpos ali presentes e já percorreram e se combinaram na corrente sanguínea, nas células, nos tecidos e órgãos; foram expulsas pela expiração milhares de vezes e se infiltram continuamente em nosso perispírito e corpo físico. É uma permuta incessante entre os seres animais e vegetais; os átomos, as moléculas viajam de um a outro ser, guiados pela sintonia de pensamentos e sentimentos que vibramos.

A respiração está diretamente associada à própria vida — é fonte primeira de energia. Ela representa a vida e a morte, a possibilidade de entrar o novo e sair o velho, o desapego, o incessante movimento da vida, a impermanência. (Campiglia, 2009)

Alexander Lowen, em seu livro *A Espiritualidade do Corpo*, diz que uma das formas de se perceber o corpo é através da respiração. A respiração é uma manifestação da espiritualidade do corpo. O autor complementa que a respiração guarda o segredo da vida. Na respiração nós participamos inconscientemente da Vida Maior. A respiração é um processo de expansão e contração que envolve todo o corpo e é, ao mesmo tempo, consciente e inconsciente.

Quando observamos um bebê respirando, fisiologicamente notamos que a região abdominal se eleva e se abaixa, e o tórax superior não se altera. À medida que vamos vivendo, e com nossas tribulações e preocupações do quotidiano, não percebemos que nossa respiração torna-se mais superficial; acabamos utilizando com maior frequência a musculatura da parte superior do tórax e não a musculatura do diafragma, ou seja, movimentando o abdome.

A respiração diafragmática é benéfica, pois promove o uso correto do diafragma e o relaxamento dos músculos acessórios da respiração, melhorando a ventilação, a troca gasosa e reduzindo o trabalho muscular. Deve ser realizada de preferência deitado em decúbito dorsal (barriga para cima) ou sentado. É orientado que inicialmente a pessoa coloque a mão sobre o abdome e faça uma inspiração nasal lenta e profunda realizando elevação do abdome, mantendo os ombros relaxados; e posteriormente, uma expiração oral, que pode ser associada a técnica frenolabial (lábios franzidos) como resistência para a saída do ar para a contribuição da melhora da oxigenação por manutenção de pressão positiva nas vias aéreas, para aumentar o volume corrente e diminuir a frequência respiratória. Para simplificar, é só comparar o abdome a uma bexiga cheia e ir esvaziando-a pela abertura meio franzida.

Quando a respiração correta é praticada, a multiplicidade de doenças não vai surgir. Quando a respiração está deprimida ou sobrecarregada, doenças surgirão. Aqueles que desejam cultivar suas vidas, acima de tudo, devem aprender os métodos adequados de respiração controlada e equilibrada do Qi. Esses métodos de respiração podem curar as doenças, grandes e pequenas."
(Sunsimiao, dinastia Tang)

Capítulo 18
Os benefícios da alimentação no corpo espiritual e no corpo físico

> Um pedaço de pão comido em paz é melhor do que um banquete comido com ansiedade.
>
> Esopo

Boa noite, queridos companheiros. Felizes nos encontramos nesta casa bendita para elucidar alguns pontos referentes à saúde do corpo físico e espiritual.

Preocupados estamos com a pressa e a correria do dia ordinário que vos convida à ansiedade, à displicência com o equilíbrio do corpo mental e material.

A alimentação saudável, rica em vitaminas, proteínas, cálcio, ferro e demais nutrientes necessários ao organismo, encontra-se no desleixo e na substituição das comidas rápidas.

Enganam-se com as refeições apressadas e lights, com os diversos refrigerantes, doces e outros atrativos comestíveis que tantos malefícios trazem.

Ao substituir a negligência habitual pela harmonia e diversidade dos alimentos, não necessitarão das guloseímas ilusórias das prateleiras dos supermercados e restaurantes, e assim irão se prevenir de doenças e desequilíbrios estomacais, intestinais e emocionais.

Tenham como exemplo os ensinamentos de seus ancestrais ingerindo alimentos salutares com temperança na alimentação, na mastigação, regularidade no horário e ambiente calmo para as refeições; balanceando o repouso e a prática da movimentação do corpo para equilibrada circulação energética.

Cuidem-se para que o Qi dos alimentos possa ser transformado, transportado e unido com os outros Qi para trazer saúde ao corpo e pacificar a mente.

Sempre é tempo para a renovação, para se reeducar, e na alimentação não poderia ser diferente.

Mas não se esqueçam de que além, do alimento material, há o alimento espiritual, que se encontra na meditação, na prece, na oração diária, na respiração, na melhoria dos pensamentos e atos do quotidiano.

Que o Amor do Mestre Jesus traga-lhes força, alegria e serenidade.

Li

(Psicografia recebida no
Grupo de Evangelização Espírita O Samaritano)

Capítulo 19
Os benefícios da palestra no corpo espiritual e no corpo físico
Vera Palmgren

> O único mal a temer é aquele que ainda existe em nós.
>
> Chico Xavier

Para melhor adentrarmos ao tema, mister se faz entender cada um de seus itens: O que é corpo físico? O que é corpo espiritual? O que é palestra espírita? O que é efeito?

Corpo físico é o elemento que permite receber o espírito para estar no plano material, no plano das coisas tangíveis. Para isso, o corpo físico tem necessidade do ar, da água e do alimento. O corpo físico está no ambiente em que possa se desenvolver. Assim, o planeta Terra foi criado para que nele habitassem corpos de acordo com a sua formação.

Corpo espiritual é o corpo que não é tangível. Sua composição é etérea, e guarda na sua memória todas as experiências adquiridas no decorrer do seu desenvolvimento mental e moral. É onde está a inteligência do ser. É formado pelo espírito e, quando encarnado, denomina-se alma.

E entre os dois corpos, temos o períspirito (envoltório fluídico), intermediário elemento para a acoplagem da matéria tênue (alma) à matéria sólida (corpo físico). Seu liame se perfaz pelo cordão de prata, que, ao se romper, rompe a vida do corpo físico (*O Livro dos Espíritos*, questão 134 e ss.).

Palestra espírita é a explanação dos conhecimentos da Doutrina Espírita, que associa essas informações de esclarecimentos às atividades da vida diária. É aplicar no comportamento humano os ensinamentos e as elucidações recebidas dos espíritos através de médiuns sérios e consolidadas em textos edificantes. É a porta de acesso ao melhoramento de nossas ações: tudo o que fazemos é motivo de reflexão e desenvolvimento. O objetivo das palestras é buscar essa conscientização entre os seus ouvintes. É o despertar para a real vida e a oportunidade de oferecer aos ouvintes a possibilidade de se tornarem mais conscientes de seus atos.

O que é efeito advindo de uma palestra espírita? Efeito é o resultado da atuação de algo sobre determinado corpo, seja físico, seja espiritual.

Na questão em voga, trataremos do efeito da palestra espiritual, palavras e ideias sobre o corpo físico e sobre o corpo espiritual.

Assim, entende-se que os corpos humanos são formados pela união do corpo material (físico) e espiritual.

O tema de uma palestra espírita geralmente está relacionado com os ensinamentos fraternos de Jesus Cristo constantes de *O Evangelho Segundo o Espiritismo*. Independente da origem do tema, o essencial é o que o tema abordará. Qual o assunto que será apresentado e que possa trazer algum esclarecimento para o público presente.

A partir do tema escolhido, muitos frequentadores da casa espírita se dirigem à sua reunião por curiosidade ou vontade de entender melhor sobre o assunto.

Sem saber, os ouvintes de uma palestra espírita já são preparados para a sua audição horas ou até mesmo dias antes da sua realização. E de igual forma o seu palestrante.

Como se sabe, cada indivíduo possui o seu mentor espiritual. Ninguém está sozinho nesta caminhada terrena. Assim, para aqueles que trazem em sua rotina diária um momento de interiorização com seus pensamentos e sentimentos mais profundos, essa inspiração para assistir a um específico tema de palestra espírita acontece com mais naturalidade. E isso porque a confiança na comunicabilidade entre os espíritos já é realidade conhecida e praticada por alguns. Para aqueles a quem essa realidade ainda não se faz presente, a sugestão para ir assistir à determinada palestra se faz através de convites de amigos, conhecidos e até mesmo desconhecidos. Somos sempre instrumentos de auxílio à realização do bem, se assim nos dispusermos.

No dia da palestra, o ambiente da casa espírita já se encontra preparado. Os mentores espirituais, através dos trabalhadores de apoio do plano espiritual, deixam o ambiente mentalmente higienizado para que a explanação do orador da noite possa, em sua plenitude, alcançar com clareza o maior número de participantes possível. E aqui é importante registrar que a presença do público não se restringe ao plano material, mas igualmente ao plano espiritual.

Na hora da palestra, chegam com antecedência os trabalhadores da casa espírita e fazem os ajustes necessários para os trabalhos que se seguirão.

Faz-se a abertura dos trabalhos, com as palavras de boas-vindas aos presentes.

Já na oração de abertura, que antecede a palestra, pode-se perceber a atuação da vibração em benefício dos presentes. Aqueles mais conscientes se comprazem do benefício do amor fraterno que envolve o local e, em sintonia com o plano maior, se entregam em oração e agradecimento pela oportunidade do aprendizado. Mas o benefício alcança também os não despertos. E mesmo que alguns participantes do público venham a "cochilar" durante a explanação da palestra, os aconselhamentos podem ser ouvidos pelo seu corpo espiritual.

Se por um lado o questionamento do tema possa intrigar os seus ouvintes, por outro o esclarecimento ali absorvido em relação à prática da vida diária faz com que, em muitos casos, o bálsamo do aprendizado redirecione muitos ao caminho do bem. Por certo que cada aprendizado ou esclarecimento recebido durante uma palestra está diretamente relacionado com o grau de disposição do ouvinte a se entregar a esse tratamento de esclarecimento. Por outro lado, pondera-se sobre a justeza precisa do ouvir as palavras de ensinamento no momento necessário, só o fato de ali estarmos sentados já é um aprendizado para nosso espírito vacilante.

Não se negue que todo o esforço feito para o melhoramento pessoal não deixa de ser uma forma de tratamento. E aqui teremos os tratamentos aceitos com resignação e os tratamentos rejeitados por falta de condições propícias do paciente: as pessoas que ainda não estejam prontas o suficiente para absorver o aprendizado. Na contínua caminhada em busca do aperfeiçoamento moral, a paciência e a resignação são elementos importantes para o seu alcance.

Desta forma, estando o ouvinte já em condições de compreender o que se está sendo explanado, a sua aplicação terá efeito imediato.

Vale dizer que um tema que trata da melhor conscientização em termos de alimentação e cuidados com o corpo físico farão despertar no ouvinte o desejo de se inteirar melhor de seu próprio corpo. E aqui se dá o despertar para uma vida mais saudável, não somente nos hábitos alimentares, mas também na questão da higienização mental, tarefa árdua a considerar a indisciplina de pensamentos a que a cultura ocidental está vinculada. Mas porque a esperança do melhorar-se faz parte da condição humana, os amigos e mentores espirituais não se cansam de estimular justamente o trabalho e os preenchimentos das horas vagas com atividades úteis e de apoio ao próximo.

A aplicação do entendimento de um tema explanado em palestra espírita reflete na máxima "sem caridade não há salvação". E a caridade para consigo mesmo é o primeiro passo a seguir; permita-se um exemplo: "No caso de emergência em viagem aérea, deve-se usar a máscara de oxigênio em si próprio inicialmente, para depois buscar socorrer a outrem." Para auxiliar a outrem, é preciso ter a consciência de se ajudar primeiro. E essa caridade inicial é fundamental para se tornar instrumento útil do amor fraterno ensinado por Jesus Cristo nas passagens de *O Evangelho Segundo o Espiritismo*.

Deixando à parte a questão do plano físico em relação ao público da palestra espírita, descortina-se para alguns a visão do que ocorre no plano espiritual durante esse momento de aprendizado mútuo. Por que aprendizado mútuo? Porque não somente o público no plano físico se faz presente, mas o público do plano espiritual, constituído pelos demais irmãos cujas presenças foram permitidas diante da caridade superior e pelo merecimento de quem ali postulou o comparecimento, além dos grupos de orientadores e legiões de socorristas espirituais.

O esclarecimento se faz igualmente para aqueles cujo invólucro físico já deixou de existir, mas o dito aprendizado também pode ser alcançado. A passagem do plano físico para o plano espiritual nem sempre ocorre de maneira compreensível, e por isso muitos podem encontrar-se atormentados em dúvidas e sentimentos em relação à erraticidade.

Sendo o ambiente da casa espírita preparado para o socorro dos irmãos encarnados e desencarnados, o momento da explanação da palestra espírita também disponibiliza o serviço dos socorristas espirituais a todos que ali buscam atendimento, e também àqueles que são lembrados através das preces e dos pedidos dos que ali se encontram. "Pedi e obtereis." (Kardec, 1978)

Se as pessoas do plano físico recebem por merecimento e resignação o bálsamo do aprendizado e do tratamento dos socorristas espirituais presentes, de igual forma o fazem os irmãos necessitados do plano espiritual. Enquanto o público do plano físico revigora-se com as palavras de estímulo à vida e ao bem-fazer, o público do plano espiritual é encaminhado aos locais de apoio e atendimento no plano espiritual, sendo o livre-arbítrio condição primária para esse serviço. No plano espiritual como no plano físico a vontade da pessoa é respeitada.

Pode ocorrer muitas vezes de o auxílio e tratamento aos irmãos desencarnados ser tão efetivo que casos de ligação mental, como de uma obsessão simples, podem ser ali iniciados. A base maior desse tratamento é justamente o esclarecimento e entendimento dos atos praticados. O autoperdão e o perdão ao próximo.

Por isso, a necessidade de ministrar uma palestra utilizando o amor em todas as suas manifestações: na escolha das palavras, dos exemplos, no olhar, na emanação de bons pensamentos. É preciso que o palestrante esteja em equilíbrio para poder desempenhar essa função primordial que é a divulgação da palavra de Jesus, buscando orientar a todos a realizarem a avaliação de seus atos diários.

O palestrante, sendo já intuído ao desempenho de sua tarefa, também o será em relação aos cuidados com uma alimentação mais leve e à disciplina dos pensamentos.

Esse equilíbrio é necessário justamente para envolver o palestrante em harmonia, evitando-se a absorção de energias advindas de níveis vibracionais baixos, indo de encontro ao objetivo de uma boa palestra.

A sensibilidade do palestrante em observar o seu público também é importante, a considerar a compreensão do tema explanado, o qual deverá ser o mais simples e direto possível, pois a responsabilidade de se divulgar a palavra dos ensinamentos de Jesus é de grande valia.

Desse modo, o sorriso, o olhar, o aperto de mãos, o abraço, a palavra são atos importantes de amor e funcionam como uma chave para abrir muitas portas de corações saudosos de amparo e compreensão. A caminhada espiritual é muito mais rica quando os olhos podem ser levantados para a iluminação interior através do esclarecimento contido nas passagens do Evangelho ou de seus divulgadores. É a tarefa de auxiliar um irmão que se encontra caído em suas faltas morais, trazendo-o à luz do amor e do autoperdão e despertando-o para a essência máxima advinda do "ajuda-te a ti mesmo, que os céus te ajudarão".

Necessário se faz mencionar que nas obras de André Luiz há maravilhoso conteúdo de ensinamento para todos os interessados no esclarecimento, diante do descortinar de informações entre os mundos.

Suely Caldas Schubert, na revista *Reformador*, da FEB (02/04), informa-nos que todos se beneficiam, encarnados e desencarnados, inclusive o próprio expositor, mas que toda programação só se realizará se o centro espírita tiver o seu ambiente preservado de quaisquer frivolidades e mercantilismo; de intrigas e personalismo; se ali se cultivar a conversação sadia e edificante; se naquele local se praticar a verdadeira caridade e o estudo sério, e onde as principais metas sejam esclarecer, aliviar e consolar as almas que por ali aportarem, colocando-se assim à altura da proteção dos espíritos superiores.

A cada dia dentro da vestimenta carnal tem o ser humano a necessidade de melhorar-se, e tanto mais de esclarecer-se, reconhecendo nos atos equivocados o cerne do seu eventual desequilíbrio. E a Doutrina Espírita, como o bálsamo consolador de todas as dores, auxilia nesse desenvolvimento. Eis a função primordial da palestra espírita: o despertar para o questionamento íntimo e a busca do autoequilíbrio e, como consequência, a caridade de divulgar o aprendizado auxiliando a outrem.

Caminhemos unidos em busca do amor fraterno, trazendo vibrante em nossos corações o lema espírita: "Sem a caridade não há salvação."

Capítulo 20
Evangelho no lar e as preces diárias
Rodrigo Palota

> Organizemos o nosso agrupamento doméstico do Evangelho. O lar é o coração do organismo social. Em casa, começa nossa missão no mundo.
>
> Scheilla

Jesus, em sua infinita sabedoria, se achava a caminho de Jerusalém para as comemorações da Páscoa quando passou por Jericó. Na saída da cidade, um cego chamado Bartimeu pedia esmolas aos que passavam, e ao saber que o motivo daquela movimentação era Jesus, pediu ao Mestre por misericórdia. Algumas pessoas tentavam fazê-lo calar, talvez por acharem que incomodava o Senhor, mas ele clamava ainda com mais força, com mais resignação, pois precisava se fazer ouvido, acreditando que poderia ser curado. Jesus lhe pergunta: "O que quer que eu faça?" E Bartimeu, que não era cego de nascença, responde: "Quero enxergar de novo." E Jesus apenas diz: "Vá! Você foi curado porque teve fé!" Imediatamente ele recuperou a visão e foi seguindo Jesus pelo caminho. (Marcos 10: 46-52)

O que conseguimos aprender desta passagem é que Bartimeu demonstrou real desejo de modificação e real vontade de ser curado, e ao se aproximar de Jesus pediu com muita humildade a cura almejada; que pudesse realmente enxergar e não apenas ver. Ou seja, a partir daquele momento ele passaria a enxergar a vida não somente pelos olhos físicos, mas também pelos olhos da fé e do amor que Jesus lhe transmitira.

A dita cura claramente já estava sendo arquitetada e estruturada por toda a equipe espiritual, e foi concretizada pela força da energia amorosa de Jesus. Aqui ele nos ensina o quanto é importante e necessário nos esforçarmos para obtermos as chamadas "bençãos divinas", e que somos engrenagens fundamentais para alcançarmos a chamada "cura".

No capítulo 27 de *O Evangelho Segundo o Espiritismo*, "Pedi e Obtereis", há um ensinamento muito claro e preciso da necessidade de que, para obter algo, precisamos nos resignar e sermos humildes, reconhecendo assim nossa debilidade íntima, nossas carências e, acima de tudo, a necessidade de ajuda, para conseguirmos pedir com fé e amor.

Ainda na obra *O Evangelho Segundo o Espiritismo*, em "Ação da Prece — Transmissão do Pensamento", aprendemos que o fluido universal é impulsionado pela vontade, pois é o veículo do pensamento em que as vibrações se ampliam ao infinito; quando, pois, o pensamento se dirige para algum ser, na Terra ou no espaço, de encarnado para desencarnado ou vice-versa, uma corrente fluídica se estabelece de um a outro, transmitindo o pensamento, como o ar transmite o som. Dessa forma, a prece é ouvida pelos espíritos, onde quer que eles se encontrem, e é assim que os espíritos se comunicam entre si, que nos transmitem as suas inspirações, e que as relações se estabelecem a distância entre os próprios encarnados.

Pela prece, o homem atrai o concurso dos bons espíritos, que o vêm sustentar nas suas boas resoluções e inspirar-lhe bons pensamentos, para que encontre na prece a força para resistir às tentações.

A prece diária assim como o Evangelho do Lar são recomendações para todas as pessoas que participam da Corrente Médica Espiritual, sejam tarefeiros ou assistidos.

Ao longo dos estudos feitos antes de nossas tarefas na casa espírita, percebemos como o poder da prece está arraigado e diretamente relacionado com o que (re)conhecemos como a cura. Acrescentamos ainda, o importante fato de que a cura promovida na direção corpo espiritual corpo físico é muito mais efetiva do que apenas cuidarmos da saúde física.

Inúmeros são os relatos que ouvimos dos assistidos, ao longo de tantos anos de tarefa, que apresentam quadros psíquicos de tristezas, angústias, desesperos, medos, inseguranças, síndromes diversas como a do pânico que refletem diretamente em males físicos da dor e das enfermidades.

Deste modo percebemos que amenizando os ditos "desequilíbrios" naturais e normais dos seres encarnados conseguimos que a energia vital possa fluir melhor e que o organismo (físico e espiritual) possa alcançar a plenitude da saúde.

Constatamos que a prece, o agradecimento sempre impulsionado pela fé, pela vontade e resignação da cura, é parte integrante, e diríamos mais, fundamental para a obtenção da cura.

"Por isso vos digo: todas as coisas que vós pedirdes orando, credes que haveis de ter, e que assim vos sucederá." (Marcos, 9: 2)

Tomando por princípio o dito de Jesus em Mateus, 18: 20 "Porque onde estiverem reunidos em meu nome, lá estarei presente", a prática regular do Evangelho no Lar se mostra uma das ferramentas mais eficazes na manutenção desse contato, em prece, com a equipe espiritual, com nossos mentores individuais e com os mentores que protegem nossos lares.

No livro *Evolução em Dois Mundos*, de Francisco Cândido Xavier e Waldo Vieira, o espírito André Luiz afirma:

> Assim é que orar em nosso favor é atrair a Força Divina para a restauração de nossas forças humanas, e orar em benefício dos outros ou ajudá-los, através da energia magnética, à disposição de todos os espíritos que desejem realmente servir, será sempre assegurar-lhes as melhores possibilidades de autorreajustamento; compreendendo-se, porém, que o amor consola, instrui, ameniza, levanta, recupera e redime, todos estamos condicionados à justiça a que voluntariamente nos rendemos, perante a Vida Eterna, justiça que preceitua, conforme os ensinamentos de Nosso Senhor Jesus Cristo, seja dado isso ou aquilo a cada um segundo as suas próprias obras, cabendo-nos recordar que as obras felizes ou menos felizes podem ser fruto de nossa orientação todos os dias e, por isso mesmo, todos os dias será possível alterar o rumo de nosso próprio roteiro.

Acontece que muito se fala da prática do Evangelho no

Lar, mas, mesmo dentro das mais tradicionais famílias espíritas, ainda existem muitas dúvidas, e até misticismos e crendices, que dificultam a regularidade e manutenção desta prática tão importante.

Do mesmo modo que Jesus sempre nos deixou claro que tudo em seus ensinamentos era na base da simplicidade, humildade e do amor, o Evangelho no Lar precisa seguir as mesmas diretrizes.

Devemos nos convencer de que o maior objetivo desta prática é a exemplificação em nosso lar das palavras de amor do Evangelho, e impregná-lo com vibrações de afeto e carinho dos familiares, aliado às da equipe espiritual, promovendo a manutenção da paz, equilíbrio e harmonia de nossa casa, o lugar onde recarregamos nossas energias e nos preparamos para os desafios da vida.

Dentro do princípio da simplicidade apresentamos um exemplo de como executá-lo, que não é definitivo, nem imutável, que pode ser adaptado e aprimorado a cada realidade familiar.

Para isso precisamos apenas de:

- Jarra com água potável;
- *O Evangelho Segundo o Espiritismo* ou a Bíblia Sagrada;
- Dia da semana e horário predefinidos para que todos os familiares assumam esta prática como um verdadeiro compromisso, respeitando a presença da equipe espiritual do Evangelho no Lar;
- Vontade de crescer e aprender.

Para que todos possam entrar ainda mais no clima de harmonia, sugerimos colocar uma música tranquila ao fundo (e mais uma vez lembramos que não é obrigatório), pois sabemos o quanto a música auxilia na harmonização de cada átomo de nosso ser.

Iniciamos o Evangelho com uma prece curta, pedindo a Jesus Cristo e aos espíritos protetores do nosso lar, assim como aos espíritos familiares e simpáticos que ali se encontram, a harmonização, a higienização de todos os cômodos, dos alimentos, e que a água colocada na jarra possa receber a fluidificação para nossas reais necessidades.

    O Evangelho Segundo o Espiritismo, ou a Bíblia, é aberto (pode ser aleatório ou em sequência, ensejando ainda mais o intuito do estudo e aprendizado), e lê-se um trecho suficiente para gerar um breve comentário sobre o tema, baseado nos ensinamentos do Mestre para a aplicação no nosso cotidiano.

    Finalizamos o Evangelho no Lar com um momento de agradecimento à equipe espiritual presente, pelas bençãos e alegrias recebidas ao longo da semana que passou (mesmo que tenhamos enfrentado momentos difíceis, sempre há algo a agradecer, e nesse momento é importante ressaltarmos as boas coisas que nos acontecem), e pedimos proteção para a semana que se inicia, que estejamos novamente reunidos no Evangelho da próxima semana, reforçando assim o compromisso assumido com a equipe espiritual. Todos então bebem a água, ainda nesse estado de agradecimento e harmonia que o momento proporciona.

    Importantíssimo lembrar que para a prece não há modelos nem padrões. Façamo-la de coração e com amor. Podemos ou não encerrá-la com um Pai Nosso, por exemplo.

    Sabemos que nem em todos os lares há a participação da família inteira, seja por não compartilharem dos mesmos ideais religiosos, ou por simples desinteresse. Mas havendo ao menos uma pessoa disposta e com muita vontade e amor, ela pode e *deve* fazê-lo; o mesmo se aplica a quem reside sozinho.

    Devemos nos recordar que o momento do Evangelho no Lar é um momento nosso, e que os pensamentos devem estar voltados para harmonia, união, alegria, saúde de todos os moradores; não é hora de ficarmos pensando e vibrando para outras pessoas encarnadas e desencarnadas, principalmente nossos desafetos. Essa reunião não é um trabalho mediúnico, não podemos ficar invocando espíritos para mensagens; a assistência espiritual e o trabalho mediúnico devem somente ser realizados dentro da casa espírita.

    O Evangelho no Lar não deve ser suspenso por motivo de visita (convide o visitante para fazê-lo; se sua resposta for negativa, peça que ele aguarde o término); esquecimento do dia e da hora (continuar na próxima semana); ou em caso de viagem (realizar a reunião, se possível, onde estiver, ou dirigir uma prece e pensamentos ao lar).

Não devemos desistir de realizar semanalmente esse encontro familiar com o Mestre Nazareno por nos encontrarmos fisicamente sozinhos. Os familiares que ainda não se entusiasmam em participar se sentirão atraídos com o passar do tempo, nem que seja a princípio por curiosidade; todos começarão a sentir as benesses e se unirão para participar do Evangelho no Lar, ferramenta bendita para nos mantermos sempre em contato com a espiritualidade superior e, claro, com os ensinamentos de Jesus Cristo.

Capítulo 21
Tratamento de desobsessão
Iracy de Freitas

> Dá-nos, Senhor, a força de resistir às sugestões dos espíritos maus, que tentem desviar-nos da senda do Bem, inspirando-nos maus pensamentos.
>
> Alan Kardec

Allan Kardec (*O Livro dos Médiuns*, no capítulo 23) explica a obsessão como um domínio que alguns espíritos inferiores podem adquirir sobre certas pessoas; se chegarem a dominar alguém, identificam-se com o espírito da vítima e a conduzem como se faz com uma criança. Os bons espíritos aconselham, combatem a influência dos maus, mas se não são ouvidos preferem retirar-se. Os maus, pelo contrário, agarram-se aos que conseguem prender.

Explica que há três graus de obsessão — a obsessão simples, a fascinação e a subjugação —, e ressalta que os motivos da obsessão variam segundo o caráter do espírito. A ascendência só pode ser moral, e é por isso que Jesus possuía tamanho poder de expulsar os que então se chamavam demônios. Diz que o meio mais seguro de livrar-se deles é atrair os bons pela prática do bem.

A mesma orientação encontramos na obra *O Evangelho Segundo o Espiritismo* (capítulo XXVIII, 81): "Do mesmo modo que as doenças resultam das imperfeições físicas, que tornam o corpo acessível às influências perniciosas exteriores, a obsessão é sempre o resultado de uma imperfeição moral, que dá acesso a um espírito mau."

Emmanuel, no livro *Seara dos Médiuns*, obra psicografada por Francisco Cândido Xavier, no capítulo intitulado "Obsessores", adverte que: "Obsessores visíveis e invisíveis são nossas próprias obras, espinheiros plantados por nossas mãos."

O que é desobessão?

No sentido exato da palavra, é ficar sem a obsessão; é tirar esse processo doentio do espírito. Mas isso se faz por alguém, ou melhor, por outra pessoa que não seja o obsidiado? Vamos entender que não; o outro pode auxiliá-lo a se libertar da obsessão, mas sempre o processo vai depender da ação do paciente em desajuste.

"Aquele que encontrou Jesus já começou o processo de libertação interior e de desobsessão natural", afirma Eurípedes Barsanulfo em *Sementes de Vida Eterna*.

Emmanuel, na obra *Pão Nosso*, lição 175, p. 362, nos diz: "O tratamento de obsessões não é trabalho excêntrico, em nossos círculos de fé renovadora. Constitui simplesmente a continuidade do esforço de salvação aos transviados de todos os matizes, começado nas luminosas mãos de Jesus."

Assim, vemos que a desobsessão começou com Jesus, que falou e exemplificou a lição de amor como remédio para os doentes de todos os tipos. Quando Ele, após curar os que O procuravam, dizia "vai e não peques mais, para não te acontecer coisa pior", aí queria alertá-los da necessidade da vigilância, da reflexão e de vivenciar as leis morais e o amor, por excelência. Jesus ensinava a necessidade da moralização interior; que não deveriam reincidir nos vícios, praticando, assim, a autodesobsessão.

Para compreendermos melhor, busquemos em *Primícias do Reino*, capítulo 11, pp. 134, 135, de Amélia Rodrigues, um diálogo entre Jesus e Simão:

> Simão: "Por que não puderam eles expulsar o Espírito imundo?"
> Jesus: "Esta casta não pode sair com coisa alguma, a não ser com oração e jejum. Diante deles, nossos irmãos na sombra da ignorância, nenhuma força possui força

> senão a do amor. Não apenas expulsá-los daquele convívio a que se agregam parasitariamente, mas também socorrê-los, enlaçando-os com amor. .... Diante, pois, deles, possessos e possessores ... só a oração do amor infatigável e o jejum das paixões conseguem mitigar a sede em que se entredevoram. .... Se amardes, ao invés de detestardes, se desejardes socorrer e não apenas os expulsardes, tudo fareis, pois que tudo quanto eu faço podeis fazê-lo, e mais, se o quiserdes ..."

Assim, somente através do amor e do "jejum das paixões" — isto é, abstenção e superação dos vícios, das paixões —, da vigilância de pensamentos e sentimentos, pois que os sentimentos nascem nos pensamentos, e também através da prece, da oração cotidianamente, dessa sintonia com Jesus e com os planos superiores do bem e do amor, é que nos libertaremos dos desajustes emocionais e espirituais a que estamos jungidos. Além disso, se faz mister o tratamento espiritual na casa espírita, através do estudo, do diálogo fraterno que deve esclarecer, orientar e amparar, como também o auxílio do passe e da água fluidificada.

Como desenvolver o "jejum das paixões" tão necessário ao nosso equilíbrio emocional e espiritual, isto é, o trabalho de autodesobsessão?

Precisamos lembrar as sábias palavras do Mestre Jesus: "O reino dos céus está dentro de vós ... Vigiai e orai ...", que se referem às potências do ser espiritual, como pensamento, sentimento, vontade, livre-arbítrio, consciência.

O pensamento

Tudo começa no pensamento. Nossos sentimentos e nossas ações nascem em nossos pensamentos. Nossa luz ou nossa sombra, nossa felicidade real ou nossas dores iniciam-se nele.

Léon Denis (*O Problema do Ser, do Destino e da Dor*, pp. 355-57) nos diz:

> O pensamento é criador ... Não atua somente em roda de nós, influenciando nossos semelhantes para o bem ou para o mal; atua principalmente em nós; gera nossas

palavras, nossas ações e, com ele, construímos, dia a dia, o edifício grandioso ou miserável de nossa vida presente e futura. Modelamos nossa alma e seu invólucro com os nossos pensamentos; estes produzem formas, imagens que se imprimem na matéria sutil, de que o corpo fluídico é composto. Assim, pouco a pouco, nosso ser povoa-se de formas frívolas ou austeras, graciosas ou terríveis, grosseiras ou sublimes; a alma se enobrece, embeleza, ou cria uma atmosfera de fealdade. Segundo o ideal a que se visa, a chama interior aviva-se ou obscurece-se. ..... O homem só é grande, só tem valor pelo seu pensamento ... Em qualquer campo das atividades sociais, em todos os domínios do mundo visível ou invisível, a ação do pensamento é soberana; não é menor sua ação, em nós mesmos, modificando constantemente nossa natureza íntima. Primeiro que tudo, é preciso aprender a fiscalizar os pensamentos, a discipliná-los, a imprimir-lhes uma direção determinada, um fim nobre e digno.

Em *Obsessão e Desobsessão*, capítulo 6, pp. 104-5, Suely Caldas Schubert nos esclarece quanto à necessidade da participação do próprio doente da obsessão em relação à vigilância de seus pensamentos:

> A primeira providência será no sentido de mudar a direção dos pensamentos. Modificar o estado mental é arejar a mente, higienizando-a através de pensamentos sadios, otimistas, edificantes. É substituir as reflexões depressivas, mórbidas, que ressumam tédio, solidão e tristeza, por pensamentos contrários a esse estado interior, num exercício constante, que se renova a cada dia, aprendendo a olhar a vida com olhos otimistas, corajosos e, sobretudo, plenos de esperança. É abrir as janelas da alma através da prece, permitindo que um novo sol brilhe dentro de si mesmo, gerando um clima que favorece a aproximação de espíritos bondosos.

Assim sendo, a desobsessão começa num processo de autodesobsessão, de evangelização, através da mudança dos pensamentos e sentimentos, pelo conhecimento e pela vivência do Evangelho de Jesus e da Doutrina Espírita.

Quando alguém procura um centro espírita com problema de obsessão, além de dar-lhe toda a assistência necessária e fraterna, a orientação e o consolo, é preciso conscientizá-lo da necessidade de sua reforma íntima, o quanto sua participação é fundamental para a eficácia do tratamento, como nos diz Yvonne Pereira, na obra *Recordações da Mediunidade*, capítulo 10, p. 211: "O obsidiado, se não procurar renovar-se diariamente, num trabalho perseverante de autodomínio ou autoeducação, progredindo em moral e edificação espiritual, jamais deixará de se sentir obsidiado, ainda que o seu primitivo obsessor se regenere. Sua renovação moral, portanto, será a principal terapêutica..."

No entanto, Suely Caldas Schubert nos diz na obra *Obsessão e Desobsessão*, p. 91:

> Sabemos que existem obsessões incuráveis, na presente encarnação. Que determinados casos de subjugação, de possessão não serão solucionados agora. São aqueles que exigem tratamento a longo prazo — o lento mas belo processo de redenção da alma que se esforça por sua transformação; que luta consigo mesma para superar o passado tiranizante. É uma batalha prolongada.

Assim sendo, há casos de obsessão em que a espiritualidade amorosa entende que, por cautela, não deve atuar de forma a separar abruptamente o obsessor do obsidiado, como nos mostra André Luiz na obra *Entre a Terra e o Céu*, capítulo III, p. 20, no caso de Odila (desencarnada) e Zulmira (encarnada):

> A violência não ajuda. As duas se encontram ligadas uma à outra. Separá-las à força seria a dilaceração de consequências imprevisíveis. A exasperação da mulher desencarnada pesaria demasiado sobre os centros cerebrais de Zulmira, e a lipotimia poderia acarretar a paralisia ou mesmo a morte do corpo. .... Precisamos atuar na elaboração dos pensamentos da infortunada irmã que tomou a iniciativa da perseguição. É imprescindível dar outro rumo à vontade dela, deslocando-lhe o centro mental e conferindo-lhe outros interesses e diferentes aspirações.

Mais uma vez, entendemos, como foi explicado no caso citado acima, que a desobsessão não se faz só por conta de um trabalho em que se tira a obsessão, mas por meio de uma mudança do pensamento, do sentimento e da vontade, quer do obsidiado, quer do obsessor.

O sentimento

A força do sentimento é que dá forma e tonalidade à força do pensamento, como nos diz André Luiz, em *Evolução em Dois Mundos*, capítulo 13, p. 100:

> ... a partícula do pensamento, embora viva e poderosa na composição em que se derrama do espírito que a produz, é igualmente passiva perante o sentimento que lhe dá forma e natureza para o bem ou para o mal, convertendo-se, por acumulação, em fluido gravitante ou libertador, ácido ou balsâmico, doce ou amargo, alimentício ou esgotante, vivificador ou mortífero, segundo a força do sentimento ...

Daí a importância da mudança do pensamento, pelo conhecimento, e do sentimento nos processos obsessivos.

Na obra *A Dinâmica da Mente na Visão Espírita*, p. 52, de José M. Mesquita, vemos que as forças fundamentais da mente são o pensamento, o sentimento e a vontade: "... se o pensamento é o elemento intelectivo e o sentimento é o elemento afetivo, a vontade, por sua vez, é o elemento de controle."

Assim, para mudarmos o pensamento e o sentimento, num trabalho de desobsessão, necessário se faz acionar este poderoso atributo de todos nós, espíritos em evolução: a vontade.

E o que é a vontade?

"A vontade não é um ser, uma substância qualquer; não é, sequer, uma propriedade da matéria mais etérea que exista. A vontade é um atributo essencial do espírito, isto é, do ser pensante." (*O Livro dos Médiuns*, capítulo VIII, item 131, Allan Kardec)

Vemos na obra *Pensamento e Vida*, de Emmanuel, capítulo 2, p. 17, que:

> A vontade é o impacto determinante. Nela, dispomos do botão poderoso que decide o movimento ou a inércia da máquina. O cérebro é o dínamo que produz a energia mental, segundo a capacidade de reflexão que lhe é própria; no entanto, na vontade temos o controle que a dirige nesse ou naquele rumo, estabelecendo causas que comandam os problemas do destino. ... Só a vontade é suficientemente forte para sustentar a harmonia do espírito.

Léon Denis nos ensina em *O Problema do Ser, do Destino e da Dor*, pp. 312-3: "Por que meio poremos em movimento as potências internas e as orientaremos para um ideal elevado? Pela vontade! O uso persistente, tenaz, desta faculdade soberana permitir-nos-á modificar a nossa natureza ... A vontade é a maior de todas as potências; é, em sua ação, comparável ao ímã."

Joanna de Ângelis em *Triunfo Pessoal*, capítulo 2, pp. 43-4, nos fala dessa potência poderosa em todos nós, espíritos em evolução:

> Ninguém é destituído de vontade, porquanto tudo que se realiza, no movimento e na ação, está vinculado a esse fulcro desencadeador de forças para a objetivação. A vontade é, portanto, o motor que impulsiona os sentimentos e as aspirações humanas para a conquista do infinito, sendo sempre maior quanto mais é exercitada. A vontade se radica nos intricados tecidos sutis do espírito que, habituado à execução de tarefas ou não, consegue movimentar as forças internas de que se constitui, a fim de atingir os objetivos que lhe devem representar fator de progresso.

Assim sendo, "o jejum das paixões", isto é, a nossa transformação moral, a nossa evangelização, enfim, o trabalho de desobsessão está intimamente ligado ao exercício dessa valiosa potência: a vontade.

Além do acolhimento e da assistência fraterna, através do diálogo e do esclarecimento, deve-se conscientizar o obsidiado da importância de mudar seus pensamentos e sentimentos, e usar de sua vontade para a eficácia do tratamento, lembrando-o sempre da necessidade de sua participação no tratamento. Assim, deve-se falar-lhe de sua frequência nos estudos da casa espírita para o concurso da aquisição do conhecimento espírita e do Evangelho de Jesus, bem como orientá-lo da importância do passe, da água fluidificada, da leitura edificante, da oração e do Evangelho no Lar, realizado pelo próprio doente ou por alguém da família, para que, dessa forma, ele entre em sintonia com o amparo espiritual dos Benfeitores do amor e do bem. Devemos falar dos recursos interiores de que as pessoas possuem e de que são capazes de buscar esse amparo espiritual.

O valor da oração, do passe e da água fluidificada no tratamento da desobsessão

Joanna de Ângelis nos fala o seguinte na obra *Florações Evangélicas*, capítulo 51:

> Recorre aos recursos espíritas: ora, e ora sempre, para adquirires resistência contra o mal que infelizmente ainda reside em nós; permuta conversação enobrecida, pois que as boas palavras ... renovam as disposições espirituais; utiliza o recurso do passe socorrista, rearticulando as forças em desalinho; ... sorve um vaso de água fluidificada, restaurando a harmonia das células em desajustamento e, sobretudo, realiza o bom serviço.

Em *A Gênese*, capítulo XIV, item 46, Allan Kardec nos orienta: "Em todos os casos de obsessão, a prece é o mais poderoso meio de que se dispõe para demover de seus propósitos maléficos o obsessor."

Em *O Livro dos Médiuns*, capítulo XXIII, item 249, Allan Kardec nos fala da oração como meio de combater a obsessão: "... dirigir um apelo fervoroso ao anjo bom, assim como aos bons espíritos que lhe são simpáticos, pedindo-lhes que o assistam. Quanto ao obsessor, por mau que seja, deve tratá-lo com severidade, mas com benevolência, e vencê-lo pelos bons processos, orando por ele."

Em *Transtornos Psiquiátricos e Obsessivos*, de Manoel Philomeno de Miranda, capítulo 18, p. 279, observamos: "A prece, ungida de amor, intercessória, suplicante, seja qual for sua expressão, produz vibrações perfumadas onde é proferida ... A oração é sempre o vigoroso tônico de que o espírito necessita para poder servir e esclarecer-se, a fim de alcançar a iluminação. Quando se ora, comunga-se com Deus."

E no capítulo 17, p. 259: "Ademais, produzindo vibrações de harmonia no orante, a prece investe-o do equilíbrio que haure na Fonte da vida, adquirindo resistências morais para os enfrentamentos desafiadores e provacionais."

Devemos atuar com a caridade e orar pelos que necessitam, pelos que passam por situações difíceis e que nos pedem preces, como nos diz Tiago: 5: 13;16: "Alguém entre vós está triste? Reze! ... orai uns pelos outros para serdes curados. A oração do justo tem grande eficácia." E Emmanuel completa esse pensamento na obra *Fonte Viva*, lição: 150, p. 340:

> Há processos de solução demorada e respostas que levam séculos para descerem dos Céus à Terra. Mas de todas as orações que se elevam para o Alto, o apóstolo destaca a do homem justo como sendo revestida de intenso poder. É que a consciência reta, no ajustamento à Lei, já conquistou amizades e intercessões numerosas. Quem ajunta amigos amontoa amor. Quem amontoa amor acumula poder ... o justo, onde estiver, é sempre um cooperador de Deus.

A importância dos fluidos benéficos do centro espírita

Devemos lembrar também da importância dos fluidos benfazejos das reuniões de estudo da casa espírita, dos quais se beneficiam aqueles que delas participam com seriedade e fé, como nos diz Manoel Philomeno de Miranda em sua obra: *Transtornos Psiquiátricos e Obsessivos*, no capítulo 15, p. 235: "... toda reunião séria e nobre é de cura, porque as energias que se movimentam no ambiente possuem qualidades para proporcionar o refazimento das organizações física, emocional, psíquica e espiritual daquele que ali se encontra."

Vemos, assim, a importância dos fluidos benéficos no tratamento da desobsessão, através do ambiente da casa espírita, dos passes e da água fluidificada. É a fluidoterapia, como nos diz Allan Kardec em *A Gênese*, capítulo XIV, item 46: "Nos casos de obsessão grave, o obsidiado fica como que envolto e impregnado de um fluido pernicioso, que neutraliza a ação dos fluidos salutares e os repele. É daquele fluido que importa desembaraçá-lo. Ora, um fluido mau não pode ser eliminado por outro igualmente mau. ... preciso se faz expelir um fluido mau com o auxílio de um fluido melhor."

O passe no tratamento da obsessão

Suely Caldas Schubert nos diz em *Obsessão e Desobsessão*, capítulo 10, p. 116:

> O passe é um ato de amor na sua expressão mais sublimada. É uma doação ao paciente daquilo que o médium tem de melhor, enriquecido com os fluidos que o seu guia espiritual traz, e ambos — médium e Benfeitor espiritual — formando uma única vontade e expressando o mesmo sentimento de amor. O passe, por isso, traz benefício imediato. O doente, sentindo-se aliviado, mesmo por alguns momentos, terá condições de lutar por sua vez na parte que lhe compete no tratamento.

Em *Nos Domínios da Mediunidade*, capítulo 17, pp. 169-70, André Luiz nos instrui: "O passe é uma transfusão de energias, alterando o campo celular. ... Na assistência magnética, os recursos espirituais se entrosam entre a emissão e a recepção, ajudando a criatura necessitada para que ela ajude a si mesma. A mente reanimada reergue as vidas microscópicas que a servem, no templo do corpo."

O valor do bem no processo da desobsessão

O obsidiado deve ser orientado da importância de sua ação no bem ao próximo, o que lhe constitui de grande ajuda para a conquista de seu próprio bem.

"Através da disposição que o paciente apresente para esse serviço, de sua perseverança e boa vontade, conseguirá ele, aos poucos, ir convencendo o seu obsessor da sua renovação moral, o que, indubitavelmente, representará um fator positivo a seu favor." (*Obsessão e Desobsessão*, Suely Caldas Schubert, capítulo 7 p. 107.

"... O mais seguro meio de as pessoas se livrarem dos espíritos obsessores é atrair os bons pela prática do bem." (*O Livro dos Médiuns*, Allan Kardec, capítulo XXIII, item 252.

E quando Joanna de Ângelis, na obra *Dimensões da Verdade*, p. 66, nos diz: "Ameniza tuas provações ajudando outros sob a dolorosa cruz de provações sem nome ... há fome de amor perto do teu leito de queixas", ela está ratificando o pensamento de Allan Kardec, em *O Livro dos Médiuns*. Essa mesma benfeitora, em *Estudos Espíritas*, capítulo 17, p. 134, reforça seu pensamento dizendo: "Todo bem que se pode produzir é felicidade que se armazena."

André Luiz, em *Ação e Reação*, capítulo 6, p. 81, também nos esclarece sobre a importância da ação no bem para o tratamento da obsessão, enfim, para todos nós, Espíritos em evolução: "Todo bem realizado, com quem for e seja onde for, constitui recurso vivo, atuante em favor de quem o pratica."

Finalizando, lembremos Jesus, o Mestre dos Mestres, que nos ensina o valor de fazermos o bem ao próximo, pois, assim, estaremos fazendo-o a nós mesmos, quando nos ensina: "O amor cobrirá a multidão de pecados."

Capítulo 22
Lei de causa e efeito, merecimento e fé
Rose Paravela Pelá

> A semeadura é livre, mas a colheita é obrigatória.
>
> Emmanuel

Caros amigos leitores, quando nos encontramos adoentados da alma, do emocional ou do corpo físico buscamos o tratamento dos especialistas terrenos para alcançarmos a cura.

Mas também testemunhamos grande quantidade de encarnados que procuram as casas espíritas, acreditando que lá, com um simples passe, se curarão de suas moléstias. Porém, eu vos digo que essa cura não depende da pessoa que ali se encontra para atendê-los; mas sim, única e exclusivamente, de cada um nós. Por quê? Vamos refletir juntos.

Diante das leis do Universo, tudo o que plantamos em encarnações passadas e nesta encarnação nós colhemos. Plantamos revolta ou amor? Plantamos ódio ou perdão? Plantamos o mal ou o bem? O que fizemos nesta ou em vidas pretéritas para estarmos colhendo estas mazelas em atual encarnação?

Se não pensarmos apenas em uma existência corpórea e compreendermos a imortalidade do Espírito, a pluralidade das existências, a lei de causa e efeito que o Espiritismo nos apresenta, recurso bendito nessa atual encarnação de renovação de sentimentos e comportamentos, e se deixarmos de nos sentir vítimas injustiçadas pelos nossos próprios deslizes morais, obteremos as respostas das desigualdades, das dificuldades, das alegrias e da felicidade, da saúde e da desarmonia dos corpos.

Deixa-nos bem explícito o resultado da nossa ação benéfica

ou maléfica para nós mesmos o comentário de Kardec (1987):

> Todas as nossas ações são submetidas às leis de Deus; não há nenhuma delas, por mais insignificante que nos pareça, que não possa ser uma violação dessas leis. Se sofrermos as consequências dessa violação, não nos devemos queixar senão de nós mesmos, que nos fazemos, assim, os artífices de nossa felicidade ou de nossa infelicidade futura.

Veremos que estamos colhendo apenas aquilo que nós mesmos plantamos. Deus, nosso Pai, em sua infinita bondade e justiça, nos concede oportunidades para que possamos nos redimir de tudo que fizemos de mal e nos beneficiarmos de todas as boas ações.

Com certeza, meus caros amigos, teremos o perdão de Deus, nosso Pai, mas também compreenderemos que devemos perdoar aqueles que nos causaram algum mal e nos lembrarmos de que nós também ocasionamos esse mal, e dessa forma, temos que aprender a perdoar nosso próximo e a nós mesmos.

Neste momento do perdão, damos início a nossa reforma moral, transformando nossos sentimentos, pensamentos e ações, tornando-nos mais puros, e nos voltamos aos princípios de Deus e ao Evangelho exemplificado do nosso Senhor Jesus Cristo.

Precisamos ainda transformar a nossa fé, acreditando que existe um ser superior para nos orientar e nos guiar diante da sabedoria do divino Mestre. Só assim, meus amigos, conseguiremos nosso tão sonhado merecimento para a cura de todas as nossas mazelas.

O Evangelho Segundo o Espiritismo, no capítulo XIX, "A Fé Transporta Montanhas", explica que o poder da fé tem uma aplicação direta e específica na ação magnética. Através da fé o homem age sobre o fluido, agente universal; modifica suas qualidades e lhe dá uma impulsão. Aqueles que acrescentam uma fé ardente a um grande poder fluídico normal podem, através da vontade dirigida ao bem, operar estes estranhos fenômenos, tanto de cura, como outros. Este é o motivo pelo qual Jesus diz a seus apóstolos: se não curastes foi porque não tínheis fé.

Caros leitores, tendo fé em um ser superior, trabalhando o

pensamento e a vontade, modificando os sentimentos de egoísmo, orgulho, raiva, ódio, ciúme em bons sentimentos, transformando-os em amor e caridade, que é o princípio de toda a transformação, conseguiremos enxergar tudo o que nos acontece nesta vida como merecimento e oportunidade de crescimento e amadurecimento diante dos princípios de Deus nosso Pai. E, com a ajuda das reuniões mediúnicas, dos passes e dos espíritos superiores que se encontram nas casas espíritas, conseguiremos, aí sim, a cura da nossa alma, de nossos transtornos emocionais e de nossas mazelas físicas.

Acreditem que o remédio está em "nossas mãos" (em nossos pensamentos e sentimentos), e a ajuda externa é apenas um auxílio para que consigamos trilhar o caminho da regeneração com sabedoria, paz e um conforto maior, que é o que os espíritos de Luz tentam transmitir aos espíritos encarnados. Cabe a estes acolher essas energias com amor no coração, almejando assim a verdadeira cura.

Bibliografia

AKSAKOF, Alexandre. *Animismo e Espiritismo*. Brasília: Federação Espírita Brasileira. Volume I, 6ª edição.

ANDRÉA, Jorge. *Dinâmica Psi*. Petrópolis: Editora Societo Lorenz. 2ª edição, 1990.

— — — *Palingênese, a Grande Lei (Reencarnação)*. Rio de Janeiro: Sociedade Editora Espiritualista F. V. Lorenz. 4ª edição, 1990.

— — — *Psiquismo: Fonte da Vida*. Distrito Federal: EDICEL. 1ª edição, 1995.

ANDREWS, Susan. *Curso de Biopsicologia — Módulo 1*. São Paulo: Parque Ecológico Visão Futuro. 2012.

ARCE, José A. Gallardo. *Medicina Tradicional — China*. Málaga: Editorial Sírio S.A. 2001.

ARMOND, Edgard / espírito dr. Bezerra de Menezes. *Comentários Evangélicos*. São Paulo: Aliança Distr. Edit. de Livros Espíritas.

ARMOND, Edgard. *Passes e Radiações — Métodos Espíritas de Cura*. São Paulo: Núcleo Espírita Caminheiros do Bem. 12ª edição, 1975.

— — — *Mediunidade*. São Paulo: Lake. 3ª edição.

AUTEROCHE B.; NAVAILH, P. *O Diagnóstico na Medicina Chinesa*. São Paulo: Editora Andrei, 1992.

BENDIT, Lawrwnce J.; BENDIT, Phoebe D. *O Corpo Etérico do Homem — A Ponte da Consciência*. São Paulo: Editora Pensamento. 1997.

BERBEL, João / espírito Dr. Ismael Alonso y Alonso. *Medicina do Além*. Franca. São Paulo: Edições Farol das Três Colinas. 1ª edição, 1998.

BERBEL, João / espírito Eurípedes Barsanulfo e outros. *Fluidologia — Estudo das Bionergias sob a Ótica Espírita*. São Paulo: DPL — Editora e Distribuidora de Livros Ltda. 1999.

BESANT, Annie. *O Poder do Pensamento — Seu Controle e Culti-*

vo. São Paulo: Editora Pensamento-Cultrix.

BLOFELD, John. *Taoísmo — O Caminho para a Imortalidade*. São Paulo: Editora Pensamento. 10ª edição, 1979.

BOULGER, Demetrius Charles. *World's Best Histories — History of China*. Nova York e Londres: The Co-operative Publication Society. Sem data.

CAMPIGLIA, Helena. *Psique e Medicina Tradicional Chinesa*. São Paulo: Roca. 2ª edição, 2009.

CAPRA, Fritjof. *O Tao da Física*. Lisboa: Editorial Presença. 1989.

CERQUEIRA FILHO, Alírio de. *Psicoterapia à Luz do Evangelho de Jesus*. EBM Editora. 2004.

CHALLAYE, Félician. *As Grandes Religiões*. São Paulo: IBRASA. 1981.

CHONGHUO, Tian. *Tratado de Medicina Chinesa*. São Paulo: Editora Roca, 2000.

CUNHA, Heigorina / espírito Lucius. *Imagens do Além*. Araras: Instituição de Difusão Espírita. 3ª edição, 1994.

CURTI, Rino. *Mediunato*. São Paulo: Editora Lake.

DENIS, Léon. *Depois da Morte*. Rio de Janeiro: CELD. 3ª edição, 2011.

— — —. *No Invisível*. Rio de Janeiro: Federação Espírita Brasileira. 9ª edição, 1981.

— — —. *O Problema do Ser, do Destino e da Dor*. Rio de Janeiro: Federação Espírita Brasileira. 11ª edição, 1979.

DOMERGUE, Benoit. *Notas Sobre Reencarnação*. São Paulo: Edições Loyola. 1997.

DOUGLAS, ROBERT K. *Confucianism and Taouism*. Nova York e London: Society For Promoting Christian Knowledge. Sem data.

EYSSALET, J-M. *Shen ou o Instante Criador*. Rio de Janeiro: Gryphus Editora. 2003.

FEDERAÇÃO ESPÍRITA BRASILEIRA. *Revista Espírita*. Mensal. Ano XXV, nº 294, abril/2001.

FEDERAÇÃO ESPÍRITA BRASILEIRA. *Revista Espírita*. Mensal. Ano XXVI, nº 310, agosto/2002.

FRANCO, Divaldo Pereira. *Loucura e Obsessão*. Rio de Janeiro: Federação Espírita Brasileira. 11ª edição, 1979.

FRANCO, Divaldo Pereira; TEIXEIRA, J. Raul. *Diretrizes de Segurança*. Catanduva: Intervidas. 2012.

GEISLER, Normam L.; AMANO, J. Yutaka. *Reencarnação*. São Paulo: Editora Mundo Cristão. 3ª edição, 2000.

GERBER, Richard. *Medicina Vibracional — Uma Medicina para*

o Futuro. São Paulo: Editora Cultrix. 14ª edição, 1998.

GOSWAMI, Amit. *O Atavismo Quântico e a Saúde*. Editora Aleph.

GREENE, Brian. *O Universo Elegante*. Editora Schwarcz.

GUITTON, Jean. *Deus e a ciência*. 1992.

HE, Y. H.; NE, B. Z. *Medicina Tradicional Chinesa*. São Paulo: Atheneu. 1999.

IANDOLI, Jr., Décio. *Fisiologia Transdimensional*. São Paulo: Editora FE. 2007.

JIA, Jou Eel; LEITE, Norvan M.; TAKEDA, L. Fumie. *Ch'an Tao: Essência da Meditação*. São Paulo: Plexus. 1998.

JUDITH, Anodea. *A Verdade Sobre Chacras*. Rio de Janeiro: Mauad. 2004.

JUNG, Carl Gustav; WILHELM, Richard. *O Segredo da Flor de Ouro: Um Livro de Vida Chinês*. Petrópolis: Editora Vozes. 1983.

KAI-SHEK, Chiang. *O Destino da China*. Rio de Janeiro: Editora A Noite. Sem data.

KARDEC, Allan. *A Gênese*. Brasília: Federação Espírita Brasileira. 53ª edição, 2013.

― ― ―. *O Céu e o Inferno*. Brasília: Federação Espírita Brasileira. 61ª edição, 2013.

― ― ―. *O Livro dos Médiuns*. Araras: Instituto de Difusão Espírita-IDE. 31ª edição, 1987.

― ― ―. *O Evangelho Segundo o Espiritismo*. Araras: Instituto de Difusão Espírita-IDE. 1978.

― ― ―. *O Livro dos Espíritos*. Brasília: Federação Espírita Brasileira. 5ª edição, 1991.

KUHL, Eurípedes. *Genética e Espiritismo*. Brasília: Federação Espírita Brasileira. 1ª edição, 1996.

KULCHESKI, Edvaldo. *Chacras*. São Paulo: Revista Cristã de Espitiritismo. Bimestral: outubro/novembro de 2002.

KULCHESKI, Edvaldo. *Curso "Mediunidade sem Preconceito"*. Apostila: março de 2006.

LANGMAN, Jan. *Embriologia Médica — Desenvolvimento Humano normal e anormal*. São Paulo: Atheneu Editora São Paulo. 1968.

LEADBEATER, C. M. *O Homem Visível e Invisível*. São Paulo: Editora Pensamento. Sem data.

LEX, Ary. *Do Sistema Nervoso à Mediunidade*. São Paulo: Edições FEESP. 3ª edição, 1997.

LOWEN, Alexandre. *O Corpo em Depressão*. Summus Editorial. 1992.

MACHADO, Irene / espírito Luiz Sérgio. *Cascata de Luz*. Brasília: Livraria e Editora Recanto. 1ª edição, 1995.

MACIOCIA, Giovanni. *Os Fundamentos da Medicina Chinesa: Um Texto Abrangente para Acupunturistas e Fitoterapeutas*. São Paulo: Editora Roca Ltda. 1996.

— — —. *A Prática da Medicina Chinesa: Tratamento de Doenças com acupuntura e Ervas Chinesas*. São Paulo: Editora Roca. 1996.

MANN, Felix. *Acupuntura — A Antiga Arte Chinesa de Curar*. São Paulo: Hemus Editora Ltda. 1982.

MATTOS, Ana Clélia. *O emocional na Medicina Chinesa*. Notandum 30 set-dez 2012. CEMOrOC-Feusp / IJI-Universidade do Porto.

MELO, Jacob. *O Passe — Seus Estudos, Suas Técnicas e Sua Prática*. Rio de Janeiro: Federação Espírita Brasileira. 5ª edição, 1993.

MOORE, Keith L. *Embriologia Clínica*. Rio de Janeiro: Editora Interamericana do Brasil Ltda.1975.

NARBAITZ, Roberto. *Embriologia*. Buenos Aires: Editorial Médica Panamericana S.A. 3ª edição, 1975.

NOBRE, Marlene. *O Passe como Cura Magnética*. São Paulo: Editora FE. 2012.

NOURSE, Mary A. *A Short History of the Chinese*. Nova York: The New Home Library. 3ª edição, 1943.

O'RAHILLY, Gardiner Gray. *Anatomia*. Editora Guanabara. 4ª edição.

PAI, Hong Jin. *Acupuntura — De Terapia Alternativa a Especialidade Médica*. CEMEC. 2005.

PERCHERON, Maurice. *O Buda e o Budismo*. Editora Agir. 1968.

PINHEIRO, Luiz Gonzaga. *O Perispirito e Suas Modelações*. Editora EME, Capivari-SP. 2000.

POMERANZ, Bruce; STUX, Gabriel. *Basics of Acupuncyure*. Nova York: Spinger-Verlag. 1998.

ROSS, Jeremy. *Combinações dos Pontos de Acupuntura: A Chave para o Êxito Clínico*. São Paulo: Editora Roca. 2003.

ROSS, Jerey. *Zang Fu: Sistema de Órgãos e Vísceras da Medicina Tradicional Chinesa*. São Paulo: Editora Roca. 2ª edição, 2004.

SALGADO, Mauro Ivan; FREIRE, Gilson. *Saúde e Espiritualidade*. São Paulo: Editora Inede. 2008.

SANT'ANNA, Hernani T. / espírito Áureo. *Universo e Vida*. São Paulo: Federação Espírita Brasileira — FEB. 1ª edição, 1978.

SANTO, Francisco do Espírito / espírito Hammed. *As Dores da Alma*. Boa Nova Editora. 1998.

SANTOS, Robson Pinheiro / espírito Joseph Gleber. *Medicina da Alma*. Contagem: Casa dos Espíritos. 7ª edição, 2000.

SCHLICK, M. *O Manifesto do Círculo de Viena*.

SELL, João Sérgio. *Perispírito*. Santa Catarina: Fundação Educandário "Eurípedes Barsanulfo". Sem data.

SHANGAI COLLEGE OF TRADITIONAL MEDICINE. *Acupuncture: a Comprehensive Text*. Seatle: Eastland Press. 5ª edição, 1987.

SMITH, D. Howard. *As Religiões Chinesas*. Lisboa: Editora Arcádia. 461 ed., 1968.

TEIXEIRA, Cícero Marcos. "Mecanismos da Reencarnação". *Revista Cristã de Espiritismo*. São Paulo: Editora Escala Ltda. Bimestral julho/agosto 2000.

TUBINO, Matthieu. *Um Fluido Vital Chamado Ectoplasma*. Rio de Janeiro: Lachâtre. 1ª edição, 1999.

UBALDI, Pietro. *A Grande Síntese*. Fraternidade Francisco de Assis, Volume II, 18ª edição. 1997.

UNSCHULD, Paul U. *Chinese medicine*. Massachussetts: Paradigm Publications. 1998.

— — —. *Medicine in China: a History of Ideas*. Berkley: University of California Press. 1985.

WANG, Liu Gong; PAI, Hang Jin. *Tratado Contemporâneo de Acupuntura e Moxibustão*. São Paulo: Ceimec. 1996.

XAVIER, F. Cândido / espírito André Luiz. *Entre a Terra e o Céu*. Brasília: Federação Espírita Brasileira. 11ª edição, 1988.

— — —. *Evolução em Dois Mundos*. Brasília: Federação Espírita Brasileira. 11ª edição, 1989.

— — —. *Libertação*. Brasília: Federação Espírita Brasileira. 11ª edição, 1976.

— — —. *Mecanismos da Mediunidade*. Brasília: Federação Espírita Brasileira. 11ª edição, 1994.

— — —. *Missionários da Luz*. Rio de Janeiro: Federação Espírita Brasileira. 10ª edição, 1976.

— — —. *Nos Domínios da Mediunidade*. Rio de Janeiro: Federação Espírita Brasileira. 10ª edição, 1955.

— — —. *No Mundo Maior*. Rio de Janeiro: Federação Espírita Bra-

sileira. 10ª edição, 1977.
XAVIER, Francisco Cândido / espírito Emmanuel. *O Consolador*. Rio de Janeiro: Federação Espírita Brasileira. 2000.
–––. *Pensamento e Vida*. Rio de Janeiro: Federação Espírita Brasileira. 1971.
–––. *Seara dos Médiuns*. Rio de Janeiro: Federação Espírita Brasileira. 1961.
–––. *Emmanuel*. Rio de Janeiro: Federação Espírita Brasileira. 22ª ed., 1938.
XINNONG, C. *Chinese Acupuncture and Moxibustion* (revised edition). Pequim, China. Foreign Languages Press. 1992.
YAMAMURA, Ysao. *Acupuntura Tradicional: A Arte de Inserir*. São Paulo: Editora Roca. 2ª edição, 2001.
YOGI, S. Vyaghra; DEVI, S. Kamala. "Kundalini e Chacras". *Revista Sexto Sentido*. São Paulo: Mythos Editora. Ano 3, n° 29 (pp.16-9).
YUTANG, Lin. *A Sabedoria da China e da Índia*. Rio de Janeiro: Irmãos Pongetti- Editores. Volume II, 1959.
–––. *Misticismo Chinês e Poesia Chinesa*. Rio de Janeiro: Edições de Ouro. 4ª parte. Sem data.
–––. *Democracia Chinesa e o Caminho do Meio*. Rio de Janeiro: Edições de Ouro. 5ª parte. Sem data.
–––. *O Espírito e a Sabedoria Chineses e Esboços da Vida Chinesa*. Rio de Janeiro: Edições de Ouro. 6ª parte. Sem data.
ZIMMERMANN, Zalmino. *Perispírito*. Editora Allan Kardec. 4ª edição, 2011.

Anexo
Sobre a autora e os colaboradores

Maria Eduarda Vidal

Maria Eduarda de Almeida Ravásio Vidal nasceu em 1961, na cidade de Sertãozinho, SP. É pedagoga, fisioterapeuta, especialista em fisioterapia cardiorrespiratória, acupuntura e aperfeiçoamento de formação de facilitadores de educação permanente em Saúde.

Integra o Conselho Espírita de São Bernardo do Campo, como médium de psicografia; é expositora em cursos e palestras e membro da Associação Médico-Espírita do ABC (AMEABC).

Tarefeira na equipe do Grupo de Evangelização Espírita O Samaritano, de São Bernardo do Campo, participa de atividades nos trabalhos de saúde, desobsessão e psicografia. Também é coordenadora e idealizadora do trabalho voluntariado da Corrente Médica Espiritual Dr. Luigi, com atendimento médico espiritual, desde 2003 e do extinto Projeto de Fitoterapia Grupo da Paz.

mariaeduarda.vidal@gmail.com

Colaboradores

Marcus Vinícius Russo Loures é bacharel em física (PUC/SP) e em filosofia (USJT), mestre em filosofia (USJT) e doutorando em filosofia (USP). Professor universitário de física e filosofia, é membro da Associação Médico-Espírita do ABC (AMEABC).

Victor Manuel Pereira de Passos é natural de Viana do Castelo, Portugal. Palestrante espírita e autor de diversas obras, entre elas: *Sementes da Vida* (2007), *Elucidações Espíritas* (2012), *Ser e*

Parecer (2014), *Oásis de Luz, Adolescentes e a Família* e *Adolescentes e as Drogas*. É ainda orientador de atendimento fraterno e hospitalar membro da direção da Associação Espírita Paz e Amor, Viana do Castelo. Administrador e criador do Fórum Entendimento Espírita, é voluntário em várias Instituições, como: Lar Santa Teresa, Cruz Vermelha e Hospital.

André Luiz Oliveira Ramos é físico e mestre em dosimetria das radiações para uso em medicina pelo Instituto de Física da Universidade de São Paulo (USP). Diretor do Centro Tecnológico de Reabilitação, professor universitário, conferencista nacional e internacional e membro da Associação pela Paz e Fraternidade Universal Francisco de Assis.

Renata Stort é palestrante e escritora espírita. Professora especializada em educação social, utiliza-se de métodos psicossociais na construção coletiva do conhecimento, organiza as ações sociais "Doe Sentimentos" e "Ciranda Social".

Mirtes Cruz de Almeida é psicóloga com pós-graduação em aperfeiçoamento em psicologia hospitalar e especialização em pacientes com dor crônica. Colaboradora do livro *Contribuição à Psicologia Hospitalar — Novos Desafios e Paradigmas* (Editora Vetor), com participação no capítulo "Psicologia hospitalar e humanização no atendimento". Colaboradora do livro *Apoiar — Novas Propostas em Psicologia Clínica* redigindo o capítulo "Dor e cronicidade — desafios para a psicologia hospitalar" (Editora Sarvier). Atualmente atua na psicologia institucional e clínica.

Luiz Augusto de Almeida Ravásio nasceu em 1959, na cidade de Sertãozinho, SP. Foi um dos fundadores, do Centro Educar Meimei, em 2003. Participa atualmente do Centro Espírita Deus e Caridade e do Centro Educar Meimei, ambos na sua cidade natal.

Vera Lucia Borges Palmgren nasceu em Ponta Porã, MS, em 1969. Formou-se em direito pela Faculdade de Direito de Curitiba, em 1992. É trabalhadora do GEEAK-DK Grupo de Estudos Espíritas Allan Kardec, na Dinamarca, exercendo as tarefas de passista, atendimento fraterno, dirigente, e atualmente na função de tesoureira. Atuante na redigitação das obras básicas de Allan Kardec do dinamarquês gótico para o dinamarquês moderno, já concluiu *O Livro dos Espíritos* e *O Livro dos Médiuns*, que foram publicados pelo Geeak-DK. Seu artigo, neste livro, conta com notas de apoio de Marli Freitas Jensen, brasileira, residente na Dinamarca, estudiosa da Doutrina Espírita há mais de 35 anos.

Rodrigo Palota é formado em administração de empresas, pós-graduado em finanças corporativas e marketing. É espírita desde 2006, quando iniciou seus estudos e aprendizado da Doutrina. No movimento espírita, já fez parte do Conselho Espírita de São Bernardo do Campo e atualmente é um dos coordenadores da Mocidade do Grupo de Estudos Espíritas Lírio Branco (SBC), bem como colaborador na Corrente Médica Dr. Luigi como entrevistador e encaminhador.

Iracy de Freitas é pedagoga pela Universidade de Ribeirão Preto (Unaerp/SP), professora de português e inglês pela USP, em Franca,SP, tem especialização em linguística pela Universidade Barão de Mauá de Ribeirão Preto, SP. É também pesquisadora e palestrante da Doutrina Espírita e trabalhadora espírita do Centro Espírita Deus e Caridade de Sertãozinho/SP.

Rosemary Paravela Pelá é enfermeira, pedagoga e médium de psicografia e psicofonia. Nasceu na cidade de Ribeirão Preto em 1962, onde estudou a Doutrina Espírita desde os 15 anos. Hoje participa do Grupo Espírita Octávio de Oliveira Campos na cidade de Sertãozinho/SP.

Pedro Gregori é médico ginecologista/obstetra, palestrante espírita e membro da Associação Médico-Espírita do ABC (AMEABC).